Jan Knauer

Helmut Palmer

Jan Knauer

Helmut Palmer

Der Remstal-Rebell

THEISS

Inhalt

Vorwort

Pomologe, Bürgerrechtler, Idealist, radikaler Demokrat, wortgewandter Redner, „Juxkandidat“ bei zahlreichen Wahlen auf Kommunal-, Landes- und Bundesebene und Remstalrebell – Helmut Palmer haften bis heute viele Etiketten an, in eine Schublade hat er dennoch nie gepasst.

Zeitlebens kämpfte Helmut Palmer für Demokratie, Toleranz und Gerechtigkeit und gegen Bürokratie, blindes Untertanentum, Behördenwillkür und Antisemitismus. Doch sein Kampf war immer auch von dem Wunsch nach Anerkennung seiner Person und seiner eigenen Lebensleistung geprägt. Eine gewisse Kompromisslosigkeit in diesem Kampf hat es den Menschen um ihn herum allerdings häufig schwer gemacht. Das musste auch ich selbst erfahren, als mich Palmers Kandidatur im Landtagswahlkampf 1992 in meinem Wahlkreis, dem Wahlkreis Nürtingen/Filder, zu viele Stimmen kostete und mir dadurch der Wiedereinzug in den baden- württembergischen Landtag verwehrt blieb. Das verbindet mich mit ihm bis heute.

Die Demokratie muss Querköpfe wie Helmut Palmer aushalten. Denn mit ihrer Non-Konformität beleben sie die politische Diskussion, da sie sich abseits der ausgetretenen politischen Pfade bewegen, den Finger in Wunden legen und Alternativen aufzeigen. Und auch wenn er mit seiner unbeugsamen Haltung immer wieder aneckte und mit dem Gesetz in Konflikt geriet, so hat Helmut Palmer bei Kommunal-, Landtags- und Bundestagswahlen letztlich doch stets auf urdemokratische Weise gekämpft – indem er nämlich um die Stimmen der Wählerinnen und Wähler warb.

Eine lebendige Bürgergesellschaft braucht auch kontroverse Figuren vom Schlage eines Helmut Palmer: Er hat gezeigt, dass es Sinn macht, sich in der Gesellschaft zu engagieren und sich einzubringen. Aussagen wie „man kann ja sowieso nichts ausrichten“ oder „die da oben machen ja sowieso, was sie wollen“ wollte er nicht gelten lassen. Vielmehr bewies er Zivilcourage und rebellierte gegen die Obrigkeit und hat damit auch seine Mitmenschen zum Nachdenken gebracht. Auch wenn er dabei häufig über das Ziel hinausschoss, so hat er Demokratie und Zivilgesellschaft doch gestärkt. Schließlich ist die Demokratie nicht dort in Gefahr, wo Menschen sich einbringen und für ihre Standpunkte einsetzen, sondern überall dort, wo sie sich abwenden und gleichgültig werden.

Mit diesem Buch wird nun Helmut Palmers politisches Engagement posthum gewürdigt. Auch wenn sein Wirken auf den ersten Blick scheinbar von wenigen konkreten Erfolgen geprägt war, so hat sein bedingungsloser, idealistischer Kampf doch einiges bewegt: Sowohl in der Politik, die zurzeit über Parteigrenzen hinweg den Weg zu mehr Bürgerbeteiligung und direkter Demokratie beschreitet, als auch innerhalb der Bevölkerung. Denn die Menschen haben in den vergangenen Jahren mehr und mehr erkannt, dass es sich lohnt, sich gemeinsam für eine Sache zu engagieren und seiner Stimme Gehör zu verschaffen und die Bürgergesellschaft auf diese Weise als dritte starke Kraft neben Politik und Wirtschaft zu etablieren.

Und auch in Person seines Sohnes Boris lebt Helmut Palmers politisches Wirken nach: Was Helmut Palmer ein Leben lang verwehrt blieb, gelang seinem Sohn. Nach seiner erfolgreichen Wahl 2001 in den baden-württembergischen Landtag wurde er 2006 zum Oberbürgermeister der Stadt Tübingen gewählt. Boris Palmer profitiert in seinem Amt sicherlich vom rednerischen Talent, das ihm sein Vater hinterlassen hat, sowie den vielfältigen politischen Erfahrungen, die er in Begleitung seines Vaters von klein auf machen konnte. Man kann also sagen – und das würde sicherlich auch der Pomologe Helmut Palmer unterschreiben –, dass der Apfel nicht allzu weit vom Stamm fällt.

Winfried Kretschmann
Ministerpräsident des Landes Baden-Württemberg

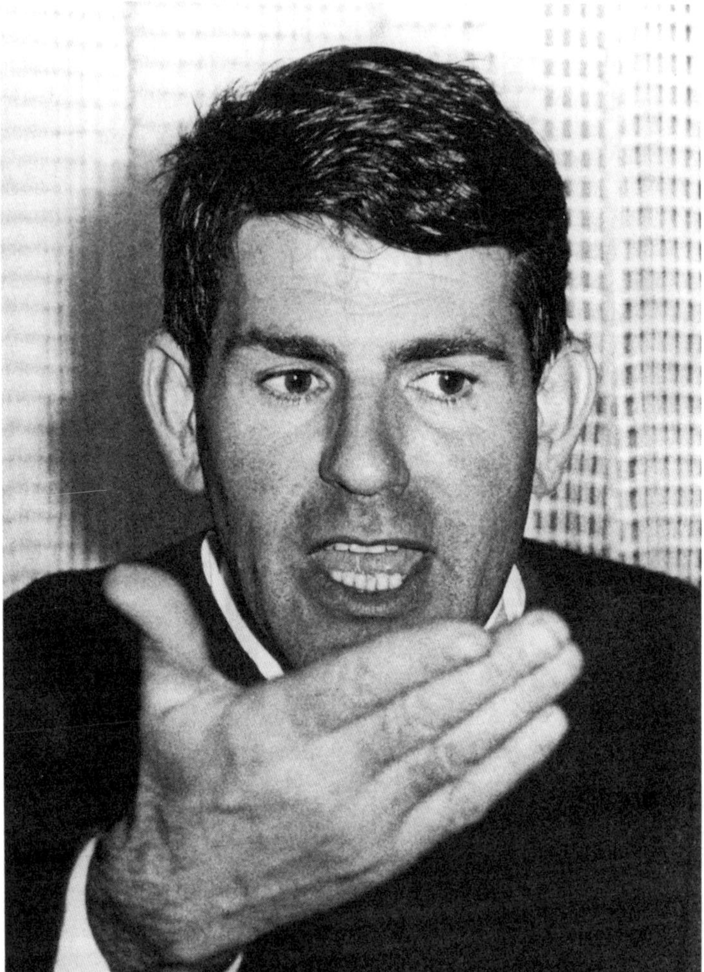

„Die Protestfähigkeit ist dem deutschen Volk seit 1968 abhanden gekommen."

Palmer in einem Vortrag an der Universität Tübingen 2004

1. Einleitung

Obstbauexperte, Kaufmann und Politiker; Mahner, Aktionist und Bürgerrechtler; von der Presse mal als Volkstribun hochgejubelt, mal als Demagoge niedergeschrieben; von den politischen Eliten selten als wichtiger Teil der Demokratie im Land gelobt, häufiger aber als Psychopath gebrandmarkt; von manchen Bürgern als Heilsbringer direkter Demokratie verehrt, von anderen als Querulant abgestempelt – Helmut Palmer, über den so vieles und so Unterschiedliches gesagt und geschrieben wurde, zählt zu den bemerkenswertesten Persönlichkeiten in der Geschichte des Bundeslandes Baden-Württemberg. Durch sein Wirken als engagierter Bürger und politischer Einzelkämpfer sorgte er über Jahrzehnte hinweg für heftige Reaktionen seiner Mitmenschen, auch über den deutschen Südwesten hinaus.

Dabei hat er sich tief in das kollektive Gedächtnis der Menschen eingegraben: Im Großraum Stuttgart genügt es auch noch 10 Jahre nach seinem Tod, von „dem Palmer" zu reden. Meist weiß das Gegenüber sogleich, von wem die Rede ist, und erinnert sich an die vielfache Berichterstattung über spektakuläre Aktionen des Obstgärtners, unzählige Wahlkämpfe und heiß diskutierte Justizprozesse. Am präsentesten war Palmer den Menschen in Baden-Württemberg in der Zeit seiner größten Aktivität, den 1970er- und 1980er-Jahren. So schrieb ein Bürger am 5. Februar 1976 einen zürnenden Leserbrief in den *Stuttgarter Nachrichten*, in dem allgemein vor Radikalen und „Palmerianern" gewarnt wurde, wenn die Verwaltung so weitermache wie bisher.

Helmut Palmer wurde 1930 in Stuttgart geboren und war bis zu seinem Tod 2004 im nahen Remstal zu Hause. Er engagierte sich in ganz Baden-Württemberg, der Schwerpunkt seines Wirkens lag in Zentralwürttemberg. Sein öffentliches Tun begann in den 1950er-Jahren, als er im noch stark ländlich geprägten und kleinteiligen württembergischen Raum als Obstbaufachmann gegen die herrschende Lehre des Obstbaumschnitts vorging. Ab den 1970er-Jahren kam jedoch der Wahlkämpfer und Politiker Palmer zum Vorschein, welcher ohne Parteizugehörigkeit als Einzelperson an fast 300 Wahlkämpfen teilnahm und zum Teil beachtliche Wahlergebnisse – fast 20% bei Bundestagswahlen und bis zu 42% bei Bürgermeisterwahlen in mittelgroßen Städten – erzielen konnte, ohne jedoch jemals ein Amt zu erreichen. Helmut Palmer war mit Abstand der erfolgreichste Einzelkandidat (der nicht zuvor von einer Partei unterstützt worden war) bei baden-württembergischen Landtagswahlen und bei Bundestagswahlen in der Geschichte der Bundesrepublik Deutschland. Durch zahllose Wahlauftritte und meist spektakuläre Aktionen, die die Politik und Verwaltung auf Missstände aufmerksam machen sollten, wurde Helmut Palmer im Land als der „Remstal-Rebell" bekannt und prägte die politische Landschaft Baden-Württembergs über Jahrzehnte mit. Er führte zahlreiche Gerichtsprozesse, und aufgrund seiner zum Teil heftigen Attacken gegen seine politischen Gegner, Verwaltung und Justiz verbüßte er monatelange Haftstrafen in unterschiedlichen Justizvollzugsanstalten des Landes.

Das Beispiel Helmut Palmer zeigt, inwieweit ein einzelner Bürger politisch auf seine Zeitgenossen einwirken konnte. Die Person Palmer und ihr Engagement standen im Kontext gesellschaftlicher Entwicklungen, in denen zunehmend Autorität und Machtausübung etablierter Eliten infrage gestellt, neue Bürgerbeteiligungsformen gefordert und auch erprobt wurden. Wir fragen nach dem gesellschaftlichen, politischen, verwaltungstechnischen und juristischen Umgang unseres demokratischen Gemeinwesens und Rechtsstaates mit einem aufrührerischen, nicht in gängige Schemata passenden Bürger, der aus Idealismus die Gesellschaftsordnung zum – aus seiner Sicht – Besseren verändern wollte. Was das über dieses Gemeinwesen und dessen Wandel erzählt, welche zum Teil gewaltige Resonanzen er mit seinem von Politik, Wissenschaft und Medien so oft geforderten Bürgerengagement auslöste und warum er im Konkreten meist scheiterte – davon soll dieses Buch erzählen.

Die 1950er- bis 1970er-Jahre waren eine Zeit des wirtschaftlichen Booms und einer damit einhergehenden, breit verteilten

Wohlstandssteigerung bisher ungekannten Ausmaßes in der Bundesrepublik. Die stabile Nachkriegsordnung fand jedoch in den 1970er-Jahren aufgrund veränderter globaler Rahmenbedingungen ihr Ende, die Gesellschaft in der Bundesrepublik wandelte sich mit hoher Dynamik. Die mit dem Oberbegriff der Neuen Sozialen Bewegungen zusammengefassten Bürger- und Basisinitiativen machten sich für die Rechte Benachteiligter in Deutschland, Europa und der Welt stark. Sie setzten sich für Umweltschutz und Frieden, gleichzeitig gegen Atomkraft und Aufrüstung ein. Diese Bewegungen hatten ihren Angriffs- und Bezugspunkt in der Krise des industriellen Entwicklungsmodells, denn die Nebenwirkungen des Modernisierungsprozesses wurden ab den 1970er-Jahren immer sichtbarer. Die Ölkrise 1973 sorgte spürbar für eine erstmals tiefer gehende wirtschaftliche Krisenstimmung und bei vielen für ein Ende des Glaubens an immerwährendes wirtschaftliches Wachstum. Die Angst vor Rezession und Arbeitslosigkeit, die 1975 die Millionenmarke überstieg, wuchs. Die Planungseuphorie der etablierten Akteure erfuhr in den Parteien und Regierungen erhebliche Dämpfer. Ab der zweiten Hälfte der 1970er-Jahre nahm das Misstrauen gegen die etablierten Politikakteure zu und ging einher mit dem Aufschwung von Bürgerinitiativen und Protestbewegungen. Immer mehr Menschen störten sich am arbeitsplatzvernichtenden und umweltzerstörenden Produktivitätswachstum. Die Enttäuschung über die Mächtigen, die Politiker, wuchs. Viele Bürger fühlten sich nicht mehr vom parlamentarischen System, den etablierten Parteien und ihrem Politikstil repräsentiert. Bürgerinitiativen wurden hier zum Ausdruck eines basisorientierten, partizipatorischen Demokratieverständnisses und einer neuen Lebensform.

Das politische Wirken Helmut Palmers kann mit eben jenen Protestbewegungen und Bürgerinitiativen verglichen werden. Der Talkmaster Alfred Biolek nahm Palmer 2001 in seiner Fernsehsendung *Boulevard Bio* „auch ein bisschen als den Urvater der Bürgerinitiativen“ wahr. Die gemeinsamen Ziele Palmers und jener Bürgerinitiativen waren die Demokratisierung aller gesellschaftlichen Bereiche und die Steigerung der Lebensqualität. Bürgerferne, Verflechtungen der politischen Akteure und Verfilzungen in Politik und Verwaltung wurden von den Bürgerinitiativen genauso angeprangert wie von Helmut Palmer. Forderungen nach der Einführung von Elementen direkter Demokratie wurden erhoben und beispielsweise von den Grünen in ihrem Programm verankert, die sich ab der zweiten Hälfte der 1970er-Jahre als Protestpartei zu Parlamentswahlen aufstellen ließen. Auch in ihren Werten zeigten sich wichtige Gemeinsamkeiten zwischen Palmer und den neuen Bürgerbewegungen: Massenkonsum und wirtschaftliches Wachstum widersprachen ihrem Ideal einer besseren Gesellschaft. Palmer wie auch die Protestbewegungen hinterfragten die Konzepte, die Ordnungsvorstellungen und Werte ihrer Gegenwart, kritisierten sie und propagierten einen gesellschaftlichen Gegenentwurf hin zu mehr Partizipation und nachhaltiger Lebensführung.

„Grüne sind keine Politiker, sondern dilettantische Flügel von kalten Schwestern und warmen Brüdern."

Palmer im Oberbürgermeisterwahlkampf in Balingen 1991

Auch in Baden-Württemberg brachen sich die Pluralisierung von Lebensstilen und der Wertewandel Bahn. Doch verliefen diese Entwicklungen eingebettet in die dortigen regionalen Eigenheiten. In der Bevölkerung, vor allem im pietistisch geprägten Altwürttemberg, herrschte weiterhin ein starker Arbeitsethos vor. Harte Arbeit war protestantisch-schwäbisches Ideal. Politisch waren viele Bürger liberal und individualistisch eingestellt. Sie hatten eine gehörige Skepsis gegenüber Parteien und deren großen ideologischen Lösungsversprechungen. Württemberg war und ist daher auch das klassische Land der freiwilligen Wählervereinigungen in der Kommunalpolitik, mit Altwürttemberg als Stammland des politischen Liberalismus: sich für die kleinen Leute einsetzend, demokratisch, staatlichem Einfluss grundsätzlich misstrauend und anti-bürokratisch.[1] Die politische Kultur zeichnete sich gerade auf der lokalen Ebene durch eine ausgeprägte Parteienferne aus. Auf Landesebene war Baden-Württemberg fest in konservativer Hand. Von 1953 bis 2011 stellte die CDU ohne Unterbrechung den Ministerpräsidenten. Die Vormachtstellung der CDU auch in traditionellen Arbeitermilieus und in der neu entstandenen Mittelschicht verhinderte größere Erfolge der SPD in Baden-Württemberg. Auch in den sich stärker wandelnden Zeiten ab den 1970er-Jahren konnte die SPD diesen Vorsprung nicht mehr aufholen. Die FDP hatte ihre altliberale Wählerschaft in Baden-Württemberg schon früh an die CDU verloren. Die Grünen hingegen zogen ab Ende der 1970er-Jahre jene städtische Mittelschicht mit hohem Bildungsgrad an, die auch das Wählerreservoir der SPD bildete. Die Öko-Partei etablierte sich so in den 1980er-Jahren als vierte Kraft im Land.

Ein Bundesland, auf der politischen Ebene fest in konservativer Hand; eine Bevölkerung mit liberal-individualistischer Gesinnung und gehöriger Skepsis gegenüber zu viel staatlichem Einfluss, gegenüber den Parteien, deren gesamtgesellschaftlichen Versprechungen und bürokratischen Planungsansätzen; eine Zeit des mentalen Wandels, in welchem Autoritäten, das herrschende Wirtschafts- und Politiksystem und dessen Vertreter zunehmend infrage gestellt wurden: Das war die Umwelt, in der Helmut Palmer wirkte.

Dieses Buch ist die populärwissenschaftliche Version der an der Universität Tübingen verfassten Doktorarbeit *Bürgerengagement und Protestpolitik. Das politische Wirken des „Remstalrebellen" Helmut Palmer und die Reaktionen seiner Mitmenschen* von 2011.[2] Für sie wurden zahlreiche Dokumente, Statistiken und Tonaufnahmen aus Archiven von Ämtern, Gemeinden und Ministerien zusammengetragen sowie Interviews mit Zeitzeugen geführt. Helmut Palmer hatte neben seinen vielen legendären (Wut-)Briefen, die er über Jahrzehnte an Zeitungsredaktionen, Politiker und Beamte im ganzen Land versandte, auch einige Bücher über seine politischen Vorstellungen verfasst. Auch diese wurden für die Arbeit ausgewertet. Im Jahr 2004 erschien die Biografie *Helmut Palmer. Lebensweg eines Rebellen* von Michael Ohnewald, einem damaligen Redakteur der *Stuttgarter Zeitung*.[3] Sie präsentiert die Person Helmut Palmer feinfühlig von den Eltern bis zum Ende seines Lebens (Helmut Palmer starb im Erscheinungsjahr der Biografie). Die Arbeit Ohnewalds brachte vor allem für die frühe Lebensphase Palmers und die familiären Umstände wichtige Erkenntnisse, die in dieses vorliegende Buch einflossen.

1 Vgl. Wehling, Hans-Georg, Politische Kultur, in: Eilfort, Michael (Hrsg.): Parteien in Baden-Württemberg, Stuttgart 2003, S. 201–18.

2 Die Dissertation ist im Internet frei zugänglich unter: http://nbn-resolving.de/urn:nbn:de:bsz:21-opus-61072 (Stand: 1.9.2013).

3 Michael Ohnewald, Helmut Palmer. Lebensweg eines Rebellen, Stuttgart 2004.

„Das Beamtentum ist ein Flaschenzug.
Eine Flasche zieht die andere hoch."

Palmer im Bürgermeisterwahlkampf in Radolfzell 1976

2. Der Rebell

Der Politiker

Helmut Palmer erkannte die Macht des passiven Wahlrechts und nutzte sie ausgiebig mit Lust an der Polemik. Dieses Engagement Palmers, eines Bürgers, der die Politik nicht als Beruf, sondern als Teil seines Bürgerdaseins begriff, der sich in die Politik aktiv einmischte und seine Positionen öffentlich darlegte, Missstände behob und Verbesserungen für die Gemeinschaft erreichen wollte, kann erstaunlich gut mit der Rolle des Bürgers verglichen werden, wie sie in der Antike als Ideal galt: der Bürger als politisches Wesen.

Als Teilhaber an der Herrschaft in der Bürgergemeinde übte Palmer sein aktives und passives Wahlrecht aus, um seine Positionen für die *res publica*, die öffentliche Sache, einzubringen, und damit nicht nur sein Recht, sondern seine Pflicht als freier Bürger wahrzunehmen. Auch dass er als Kaufmann auf dem Marktplatz auftrat, dem klassischen Ort der Bürgerversammlungen in der Antike, und dort seine Meinung den Mitbürgern kundtat und mit ihnen stritt, drängt diesen Vergleich auf. Dass er dies überaus erfolgreich in der modernen Mediendemokratie tat, machte seine politische Aktivität umso einzigartiger. Palmer beschrieb 1993 prägnant in einem Brief an die Redaktion der *Stuttgarter Zeitung*, was das Hauptmotiv für seine Kandidaturen bei Bürgermeisterwahlen war:

> *„Meine Kandidaturen sind dadurch entstanden, als ich gespürt habe, daß man gewissermaßen unten vom Saal aus wenig ausrichten kann, jedoch oben auf dem Podium besitzt ein Kandidat, wenn er dazu fähig ist, eine Hebelwirkung, mit der er seine politischen Vorstellungen verstärken und verbreiten kann. Dies ist ein Forum, das gerade in diesem Land parteilosen Bürgern sonst nirgends angeboten wird. (…) Meine Hauptziele waren in der Regel nicht das Amt zu erreichen, sondern einen möglichst hohen Stimmenanteil als Bestätigung durch das Wahlvolk für meine politischen Vorstellungen."*

Im Zeitalter der Supermärkte, der Zersiedlung und Individualisierung hat der Marktplatz als zentraler Ort eines Gemeinwesens nur noch begrenzte Strahlkraft. Daher wählte Helmut Palmer die baden-württembergischen Bürgermeisterwahlkämpfe und dabei besonders die offizielle Kandidatenvorstellungen als sein Forum. Hier, wo sich die Bürgerschaft in Versammlungen konzentriert wie sonst nur noch selten in unserer repräsentativen Demokratie, konnte er seine ganze Macht als Redner entfalten. Und die lokalen Medien transportierten seine Aussagen in viele Haushalte.

Neben der Rede auf dem Marktplatz und in Versammlungen nutzte Palmer auch die Inserate für seinen Obsthandel in den Zeitungen Zentralwürttembergs, um der Bevölkerung seine politische Meinung mitzuteilen. Dabei vermischte er auf einzigartige Weise seine Obst- und Gemüseangebote mit Ankündigungen für seine politischen Versammlungen, seinen Ansichten zur gesellschaftlichen Lage, mit Wahlaufrufen, Appellen und auch Drohungen gegen Politiker und Beamte. Während Palmers Schaffenszeit gab es nicht wenige Bürger im Land, die die Zeitung vornehmlich der Todesanzeigen und Palmers Inseraten wegen lasen. Stuttgarts langjähriger Oberbürgermeister Manfred Rommel schrieb am 2. März 1999 in der *Stuttgarter Zeitung*: „Seine Annoncen, in denen er nahtlos die Anpreisung seiner Ware mit politischen Aussagen vermengt, sind ein Stück Volksliteratur.“

„Beamter sucht Nebenbeschäftigung – ganztags.“

Palmer über Staatsdiener in einer
Veranstaltung zur Bundestagswahl 1983

Auf den Vorwurf, er habe nicht ernsthaft kandidiert, erwiderte Palmer stets, dass es ernsthafter sei, zu kandidieren, um sich für die Bürger einzusetzen, als nach einem Amt zu schielen. Mit dieser Haltung entsprach er auf seine Weise dem Aufruf, den die Bundespräsidenten, die großen Parteien und andere demokratische Institutionen der Bundesrepublik bis heute immer wiederholen: Die Demokratie werde nur durch den aktiven Einsatz der Bürger getragen und bewahrt. Aus diesem Bürgerideal heraus ist Helmut Palmer durchaus als Politiker zu verstehen, auch wenn er nie ein Amt oder Mandat innehatte. Er war ein *homo politicus*, ein politisch interessierter Mensch und überzeugter Demokrat, der sich höchst aktiv in die politische Meinungsbildung einmischte. Denn zu Anfang seiner politischen Karriere unterstützte Palmer nach eigener Aussage mit seiner Redekraft nur die ihm genehmen Kandidaten der Parteien, hauptsächlich die der SPD. Aber dann, so Palmer in einem SW3-Fernsehinterview 2004,

> *„… ist mir ein Licht aufgegangen. Einmal kommst Du dran, und wenn Du was Unbequemes sagst, dann wird das Wort abgeschaltet, das Mikrofon weggemacht, der Saft weggemacht, und wenn man die Leute lobt, dann ist man der reife Bürger. Und das ist mir zu dumm geworden. Dann habe ich mich erkundigt: die da oben sitzen, von denen kann ja auch nur einer gewählt werden, und die anderen entsprechend auch. Und so sind die Kandidaturen entstanden. Da habe ich gesagt: Schluß damit, jetzt gehe ich rauf auf die Bühne."*

So erwuchs dem politischen Establishment in Baden-Württemberg ein wortgewaltiger Protestpolitiker ohne Amt oder Mandat, der seine politischen Positionen leidenschaftlich vertrat und in Wahlkämpfen öffentlich für sie warb. Er kandidierte aus der besonderen Position heraus, den Sieg nicht um jeden Preis erringen zu wollen, sondern seine Meinung kundzutun, aber auch die anderen Kandidaten zu testen, und häufig auch, um überhaupt erst eine Wahl zu ermöglichen. Seinen Mitbewerbern war Helmut Palmer meist ein Prüfstein für ihre eigene Selbstsicherheit und Argumentationsstärke, wenn sie von ihm in Podiumsdiskussionen, Kandidatenvorstellungen oder per Inserat angegriffen und herausgefordert wurden. So mussten sich die anderen Kandidaten vor den Bürgern offenbaren und zeigen, wie sie auf einen so ungewöhnlichen Gegner reagierten. Wer gegen Palmers rhetorische Attacken souverän bestand, konnte verstärkt auf die Gunst der Wähler hoffen. Manches Mal sprach er bewusst Wahlempfehlungen für einen seiner Gegner aus, oder er setzte sich direkt für einen seiner Gegenkandidaten ein, indem er umso heftiger die anderen Bewerber aufs Korn nahm. In manchen Wahlkreisen oder Städten und Gemeinden kandidierte er nur, um ihm persönlich unliebsame Politiker zu bekämpfen. Palmer bezeichnete sein Verhalten als „Palmer-Hürde", die verhindern sollte, „daß die größten Flaschen drankommen".

Palmers besonderes Wirken als Protestpolitiker lag nicht nur an seinen Angriffen gegen das bundesrepublikanische System und die darin dominierenden Institutionen wie Parteien und Verwaltungen. Er attackierte die Repräsentanten dieses Systems ganz persönlich. Beispielsweise erhielt 1996 der damalige SPD-Landesminister für Umwelt, Harald B. Schäfer, einen Brief Palmers, der nur aus zwei Sätzen bestand:

> *„Sehr geehrter Herr Minister Schäfer,*
> *daß Sie die Frechheit besitzen und sich schon wieder mit einer Mehrwegflasche fotografieren lassen, finde ich unerhört. Ich selber bin der Überzeugung, daß Sie die größte Mehrwegflasche von BW sind."*

Palmer erkannte oft instinktiv die Schwächen einer Person. Die attackierten Politiker oder Beamten waren zwar grundsätzlich durch ihr Amt und die dahinterstehenden Institutionen gedeckt. Doch gelang es Palmer – zumindest für kurze Zeit – deren schützenden Amtspanzer zu sprengen und die Makel und Schwachstellen jener Personen öffentlich zur Schau zu stellen.

Palmer kann, wenn man ihn politisch verorten will, als ökologisch angesehen werden, doch gleichzeitig hatte er auch starke bürgerlich-liberale Züge. Liberal, für die Verantwortung des Einzelnen und für die persönliche Freiheit argumentierend, setzte sich Palmer gesellschaftspolitisch vor allem für eine Entbürokratisierung ein. Wenn er sich für die individuelle Entfaltung des einzelnen Bürgers starkmachte, so war er auf der anderen Seite doch auch bieder, mit einer schwäbisch-protestantischen Leistungs- und Schaffermentalität ausgestattet, die die Pflicht zur Umtriebigkeit als hohen Wert ansah.

Die Ökologie war mithin Palmers wichtigstes Feld, wo er schon sehr früh Positionen bezog, die die Umweltbewegungen, Anfang der 1980er-Jahre dann auch parlamentarisch institutionalisiert durch die Grünen, allmählich aufgriffen. Palmer zielte vor allem auf die Änderung des Verbraucherverhaltens der Bürger ab. Er erhob den Verzicht als Leitlinie zu einem ausgewogeneren Verhältnis zwischen Mensch und Natur. Dazu gehörten für ihn als Obstfachmann und -händler der Vorzug einheimischer und saisonaler Nahrungsmittel ohne Einsatz von Chemie sowie die Stärkung des regionalen Anbaus und der regionalen Vermarktung mit kurzen Transportwegen. Diese trieb er selbst voran. Mit seinen Obstannahmestellen förderte er den alten, lokalen Anbau im Remstal trotz einer zunehmend globalisier-

Palmer und die Leitplanken: Mit provokativen Aktionen wies Palmer unermüdlich auf kritische Stellen im Straßenverkehr hin. Vielen gilt er heute als Initiator, dass die gefährlichen Enden von Leitplanken in die Erde versenkt wurden.

ten Waren- und Konsumwelt. In seinen Obstinseraten belehrte er seine Mitmenschen über ökologisches Kauf- und Konsumverhalten. Legendär wurde die Belohnung von Kunden, die mit Weidenkorb bei ihm einkauften, beziehungsweise die Nichtbedienung inklusive Beschimpfung von Kunden, die arglos mit Plastiktüten kamen. Die Landwirtschaft im Allgemeinen und der Streuobstbau im Besonderen waren für ihn die wichtigsten Felder im Umweltbereich. Doch wetterte er ebenso heftig gegen die sich in seiner politisch aktivsten Zeit ausbreitende Nutzung der Kernenergie, gegen Aufrüstung und Atomversuche.

Das Verkehrswesen war neben dem Umweltschutz das zweite Feld, wo Palmer als Bürger und Redner selbst viel zu der öffentlichen Auseinandersetzung beitrug. So plädierte er schon in den 1960er-Jahren für eine Stärkung der Bundesbahn als sicherstes Verkehrsmittel und für den Ausbau des Schienennetzes, anstatt zunehmend auf den Ausbau von Straßen und auf den LKW-Verkehr zu setzen. Als die größte Leistung, mit der sich Helmut Palmer im kollektiven Gedächtnis seiner Generation in Württemberg hält, wird ihm das Verdienst angerechnet, dafür gesorgt zu haben, dass die Leitplanken auf den Straßen im Land an ihren Enden versenkt und somit diese tödlichen Unfallgefahren vermindert wurden. Dass tatsächlich Helmut Palmer die maßgeblichen Denkanstöße geliefert hatte, kann nicht belegt werden. Tatsache ist jedoch, dass in etlichen Zeitungsartikeln, Leserbriefen und mündlichen Äußerungen noch heute Palmer als der Erfinder der versenkten Leitplanken gilt. Außerdem beriet er Oberbürgermeister wie Manfred Rommel (CDU) oder Bundestagsabgeordnete wie Hermann Scheer (SPD) über mangelhafte Verkehrssysteme in ihrer Stadt beziehungsweise ihrem Wahlkreis. Auch mit seinen zahlreichen Aktionen war Palmer auf dem Verkehrssektor besonders aktiv, wenn er beispielsweise seinen PKW demonstrativ auf einem schlecht gesicherten Bahnübergang parkte oder mit dem Betonmischer anrückte, um unübersichtliche Einfädelspuren auszubauen.

Helmut Palmer äußerte sich zu allem und jedem. Auch dies war ein Markenzeichen, seine Meinung und Stellungnahmen zu fast jedem Thema kundzutun, ob das nun die Bauplanung im Remstal oder die bundesdeutsche Außenpolitik gegenüber der Sowjetunion war.

„Schwarz oder Rot wählen ist,
wie wenn ein Rheumakranker sich von
der einen auf die andere Seite legt."

Palmer 1996 in Bruchsal

Von den etablierten Parteien war Palmer enttäuscht, denn nach seiner Meinung trafen sie „Absprachen übelster Art hinter dem Rücken des Wahlvolks". Vor allem die CDU sah er als von ehemaligen Nazis durchwandert an. Obwohl er Sympathien für die SPD und eine Hassliebe für die gerade im Remstal starken Liberalen hegte, sah er alle drei der damals im Bundestag vertretenen Parteien als einen großen Klüngel an und bezeichnete sie als „westdeutsche Einheitspartei". Die in den 1980er-Jahren hinzugekommenen Grünen bezeichnete Palmer als „Brennesselgärtner" und sich selbst als „einzigen echten Grünen" zu einer Zeit, als die heutigen noch gar keine Farbe gehabt hatten. Sein eigenes Programm konnte er in seinem ersten politischen Buch mit dem Titel *Mein Kampf und Widerstand. Späth-Lese* schlicht auf zwei Seiten abfassen: die Parteien seien von Volksorganisationen zu Staatsinstitutionen verkommen und von Steuergeldern finanziert. Statt Ideologie solle in der politischen Auseinandersetzung Pragmatik den Ton angeben.

Die Bürokratie war neben der Parteienherrschaft das zweite Angriffsfeld Palmers. Sie bezeichnete er als aufgebläht, schwerfällig, arrogant, korrupt und unfähig, ganz im Gegensatz zum Wirken eines freien Unternehmers, der für seine Taten verantwortlich sei und die Konsequenzen selbst (er-)tragen müsse. Wenn die Leute ihm vorwarfen, dass ihm für ein Bürgermeisteramt die verwaltungstechnische Erfahrung fehle, pflegte Palmer zu erwidern: „Erfahrung ist nach meinem Wissen die Summe der gemachten Dummheiten, welche der Privatmann selbst zahlt und beim Beamten die Stadt oder der Staat." Die Lacher waren dabei auf seiner Seite. Gegen das Beamtentum stellte er eine Bürgerselbstverwaltung nach dem Vorbild der Schweizer Gesellschaft.

Der Redner

Doch wie konnte Palmer so viele seiner Mitbürger überzeugen, ihn immer wieder bei Bürgermeisterwahlen zu unterstützen? Wie erklären sich teilweise über 30 000 Erststimmen bei einer Bundestagswahl? Der Stuttgarter Oberbürgermeister Manfred Rommel sah in ihm in einem Beitrag in der *Stuttgarter Zeitung* vom 5. April 2003 einen „wortgewaltigen Rhetoriker, der die Diplomatie aber nicht eben erfunden habe". Und der langjährige SPD-Bundestagsabgeordnete Hermann Scheer zählte ihn noch anlässlich der Präsentation eines Geldgutscheins der Münzenfreunde Rems zu Ehren Palmers im Jahr 2009 zu den „drei bis vier begabtesten [Rednern]", die er je kennengelernt habe.

Posthume Ehre im Heimattal: Zum Gedenken an Helmut Palmer brachten die Münzfreunde Rems 2009 einen Geldgutschein heraus. Mit den „Remstalern" möchten sie verstorbene regionale Größen in Erinnerung rufen.

Palmer redete einfach, klar und verständlich. Auch und gerade wegen seiner schwäbischen Mundart konnte er den Eindruck eines ehrlichen, aus dem Volk und für das Volk sprechenden Tribuns erwecken, der rebellisch gegen die Obrigkeit wetterte. Seine Angriffe gegen politische Gegner – oft waren es kreative Beleidigungen – formulierte er meist im Dialekt und verstärkte damit deren Wirkung. Palmer stieß die Autoritätspersonen rhetorisch von ihrem gesellschaftlichen Sockel und führte sie herunter auf die Ebene der einfachen Bürger. Seine Sprachschöpfungskraft war gewaltig und sicher eine der machtvollsten Eigenschaften des Redners Helmut Palmer, die ihn im württembergischen Raum bis heute legendär machen. Im Wahlkampf sagte er über einen politischen Gegner einmal: „Der sieht aus wie a schwangere Wanz." Von der Stadt- oder Kreisverwaltung falsch gepflanzte Bäume auf Plätzen und an Straßen bezeichnete er als „Architektenpetersilie".

In hitzigen Wortgefechten lief Palmer zur Hochform auf. Dann schuf er Beleidigungen wie: „An dir gehören krumme Eisenbahnschienen gerade geschlagen" oder deftige Vergleiche wie den, dass sich ein Kandidat zur Politik eigne „wie ein Igel zum Arschputzen". Wie die Kandidaten für ein politisches Amt öffentlich mit solchen Palmer'schen Großangriffen umgingen, konnte über ihren Sieg oder ihre Niederlage im Wahlkampf entscheiden. Rommel gab später zu, dass er ihn anfangs, als beide anlässlich der Stuttgarter Oberbürgermeisterwahl 1974 aufeinandertrafen, falsch einschätzte und sich erst über Palmer lustig machte. Dies sei Rommel aber schlecht bekommen, wie er selbstkritisch später anmerkte, da Palmer ihm in puncto Spontaneität, Schlagfertigkeit und holzschnittartiger Argumentation überlegen gewesen sei.

Zu Beginn seiner Reden bei den offiziellen Kandidatenvorstellungen zu Bürgermeister- und Oberbürgermeisterwahlen verfolgte Helmut Palmer mit der Zeit ein bewährtes Muster, welches sich bei den vielen Bewerbungen als erfolgreich gezeigt hatte. So begrüßte er das Publikum gleich zu Beginn seiner meist circa 5–10-minütigen Vorstellungsrede wie zur Bürgermeisterwahl 1983 in Schwendi, Landkreis Biberach:

> *„Herr Vorsitzender, meine sehr verehrten Damen und Herren, verehrte Gegner (Gelächter), liebe bedauernswerte Manipulierte, Belogene und Betrogene (großes Gelächter, anhaltender Applaus). Sie lachen immer an der falschen Stelle, meine Damen und Herren, sagte Tucholsky, und damit möchte ich gleich weitermachen: ‚Sag mal, liebes Publikum, bist du wirklich so dumm? Man führt dich kreuz und quer an der Nase herum. Du bist und bleibst ein Grießbreifresser und dir gehört es auch nicht besser. Es ist der Fluch der Zeit, die verdammte Mittelmäßigkeit'. Die haben wir hier!"*

Ein solcher Einstieg in seine Rede sicherte ihm nicht nur die Aufmerksamkeit des Publikums. Mit diesem wuchtigen Start machte er gleichzeitig die Beziehung zwischen ihm als Redner und dem Publikum klar: Als Kandidat mit Zielen, die sich maßgeblich von denen der anderen Mitbewerber unterschieden, konnte er so in vielen Wahlkämpfen mit einem Angriff gegen das eigene Publikum verdeutlichen, dass er der Wählerschaft einen Spiegel vorsetzen wollte, einem Till Eulenspiegel nicht unähnlich. Aber auch, um die anderen Kandidaten öffentlich anzugreifen und um Missstände in der Gemeinde im Allgemeinen und vermeintlich undemokratisches Verhalten im Wahlkampf im Besonderen anzuprangern. Das Wohlwollen des Publikums erreichte er in seiner Begrüßung oft auch dadurch, dass er explizit die Bürger aus allen Teilorten der Gemeinde oder Stadt begrüßte. Denn nach der großen Gemeindereform in der ersten Hälfte der 1970er-Jahre wetterte Palmer besonders gegen diese in seinen Augen völlig verfehlte Umstrukturierung, die die Überheblichkeit und Weltabgewandtheit der staatlichen Verwaltung am deutlichsten zeige: „Die ganze Gemeindereform halte ich für beschissen wie eine Hühnerleiter, von unten bis oben." Dies kam bei den Bürgern aus den per Verwaltungsakt eingemeindeten Ortsteilen auch Jahrzehnte nach der Umstrukturierung noch sehr gut an, brandender Applaus und Bravo-Rufe waren ihm gleich zu Beginn sicher.

> *„Lassen Sie doch den saudummen Beifall, ich bin unter Zeitdruck!"*
>
> Palmer zum Publikum während einer Rede 1976 in Ludwigsburg

Politische Reden hielt er jedoch nicht nur bei Kandidatenvorstellungen, sondern auch auf dem Marktplatz und in selbst organisierten Versammlungen in Gaststätten oder Gemeindehallen. Dort verlangte er zumeist Eintritt oder eine Spende, um die hohen privaten Ausgaben für die Saalmieten und seine Wahlkampfkosten abzumildern. Gezahlt wurden diese Beiträge von den meisten, und so konnte Palmer sehr oft in vollen Räumen reden. Er verstand es sehr gut, neben seinen Argumenten und Belehrungen auch zu unterhalten und die Zuhörer zu fesseln. Ältere Mitbürger im Remstal berichten noch heute davon, dass sie in ihrem ganzen Leben nur von Helmut Palmer dazu gebracht wurden, einer Rede durchgehend konzentriert zuzuhören und kein einziges Mal gedanklich abzuschweifen.

Helmut Palmer führte ein Leben, das grundsätzlich hohe Wertschätzung in seinem sozialen Raum erwarten ließ: Er arbeitete sehr viel und äußerst hart in einem ehrbaren Beruf und verdiente gutes Geld damit. Als Obsthändler war er weithin geachtet für die Qualität seiner Ware und weil er bereit war, zugunsten des Kunden zu wiegen sowie freigiebig sein Obst gemeinnützigen Zwecken zu spenden. Mit seiner Obstzentrale half er Dutzenden von Nebenerwerbsbauern trotz sich verändernden Konsumverhaltens der Verbraucher mit fairen Abnahmepreisen zu ihrem Einkommen. Seine Frau Erika stand stets an seiner Seite und trug die schwere Arbeit auf dem Markt mit. Erika und Helmut Palmer hatten zwei Söhne: Boris Erasmus wurde 1972 geboren, Patrick Jermolai 1974. Drei weitere Kinder hatte Helmut Palmer mit zwei anderen Frauen in der Zeit vor der Ehe mit Erika: einen Sohn und zwei Töchter.

„Einer meiner Söhne heißt Boris Erasmus, nur um auf Kultur hinzuweisen."

Palmer in der Kandidatenvorstellung zur Vaihinger Oberbürgermeisterwahl 1981

Doch waren Helmut Palmers aufbrausendes Temperament und seine brutale Direktheit, die vor schlimmen Beschimpfungen selten haltmachte, dafür verantwortlich, dass seine vielen Tugenden, seine Großzügigkeit und der unermüdliche Einsatz für seine Mitmenschen davon stark überschattet wurden. Die Beleidigungen konnten zwar in begrenzter Weise, zumindest wenn sie in Wahlkämpfen und anderen politischen Auseinandersetzungen fielen, eine Funktion erfüllen: nämlich viele Bürger aufzurütteln, allzu satte Beamte und Honoratioren aufzuscheuchen und fragwürdig handelnde Mandatsträger anzugreifen. So meinte Palmer selbst im Rückblick: „Ein höflich Recht will gar nichts heißen. Bei diesen Dickhäutern muss man kräftig klopfen, bis die aufwachen." Dennoch sind seine Entgleisungen in den meisten Fällen, in denen es nicht gegen politische Gegner und mächtige Amtsträger, sondern weitaus häufiger gegen einfache Vollzugsbeamte oder Privatpersonen ging, nicht mit dem Ideal eines tugendhaften Ehrenmannes vereinbar. Fast durchgehend fühlte sich Helmut Palmer in der Defensive und in die Enge getrieben, von bösen Mächten gejagt und verfolgt, so in einem Brief 1998 an Ministerpräsident Erwin Teufel und viele andere Amts- und Würdenträger:

> *„Ich sage Ihnen klipp und klar: ich stehe mit dem Rücken zur Wand und ich schlage mit allen erdenklichen und möglichen Mitteln zu, weil ich nichts mehr zu verlieren habe. Die einzige Chance, die mir noch bleibt, ist, daß die Verbrechen – die Sie alle miteinander seit Jahrzehnten tolerieren, negieren, zulassen oder relativieren – in die Öffentlichkeit kommen."*

Dass Palmer seine politischen Gegner im Wahlkampf häufig wie Feinde behandelte, gründete in seiner Wahrnehmung einer ihm böswillig gesinnten Elite und äußerte sich in aggressiven Reden gegen seine Mitbewerber oder in der Vermischung von öffentlichem Amt und Privatleben seiner Widersacher.

Da sich Helmut Palmer auf dem Wege einer höheren Mission sah, nahm er oft keinerlei Rücksicht, wenn dabei die Gefühle seiner Mitmenschen verletzt wurden. Um die Gefährlichkeit von nicht versenkten Leitplanken im Straßenverkehr drastisch zu verdeutlichen, entwendete er beispielsweise vom Straßenrand bei Welzheim ein Trauerkreuz, welches die Familie eines jungen Verkehrstoten errichten ließ. Der 19-jährige Martin starb vermutlich aufgrund einer nicht versenkten Leitplanke. Palmer verwendete das Kreuz bei einer Veranstaltung zur Landtagswahl in Schorndorf 1972 als Mahnung an die Behörden, für mehr Verkehrssicherheit zu sorgen. Nach dem Protest der Eltern des Verunglückten und eines Pfarrers entschuldigte sich Palmer und stellte das Kreuz zurück an seinen ursprünglichen Platz. Jedoch entwendete Palmer das Gedenkkreuz erneut im Schwäbisch Haller Oberbürgermeisterwahlkampf zwei Jahre später, um damit wieder publikumswirksam zu mahnen. Die erneuten Proteste des Vaters des Verunglückten, der diesmal kein Verständnis mehr aufbrachte „für eine Geisteshaltung, die keinerlei Rücksichtnahme auf menschliche Gefühle anderer kennt", wurden von Helmut Palmer abgekanzelt. Er bezeichnete die Proteste der Eltern als „Blödsinn" und als „uraltdeutsche, idiotische Totenverehrung", in einem am 20. März 1974 in der *Neuen Kreisrundschau* wiedergegebenen Telefoninterview: „Wenn Martin heute noch leben würde, so würde er ihm recht geben", meinte Palmer zu wissen.

Glaubwürdigkeit verlieh Palmer jedoch die eigene Lebensführung. Die Lebensart, die er von den Bürgern einforderte, lebte er selbst. Ob es sich nun um Verzicht für den Umweltschutz handelte oder um die Bevorzugung lokaler Nahrungsmittel für seinen Obsthandel, auch wenn Produkte aus ferneren Gegenden günstiger und die Gewinnspannen für ihn höher gewesen wären. Vor allem aber sein Engagement als aktiver Bürger, als streitbarer Demokrat, der sich für das Gemeinwohl einsetzte und Position bezog, auch gegen massive Widerstände und vielfach zum eigenen Schaden, machten seine Aussagen wahrhaftig. Rede und Handlung waren bei Helmut Palmer in vielen Bereichen tatsächlich eins.

Grundsätzlich zwar wahrhaftig, glaubwürdig und ein Vorbild in seiner Lebensweise, disqualifizierten ihn seine eigenen Aussagen und Handlungen jedoch dort, wo er Menschen persönlich beleidigte und in ihren Gefühlen verletzte. Da dies sehr häufig und oftmals völlig ungerechtfertigt geschah, kann man davon ausgehen, dass es ihm auch deswegen nie gelang, in ein öffentliches Amt gewählt zu werden oder ein Mandat zu erringen.

Der Mahner und Aktionist

Helmut Palmer war davon überzeugt, dass die große Mehrheit der deutschen Bevölkerung im Grunde keine demokratische Gesinnung habe. Ihr sei die Demokratie nach dem Zweiten Weltkrieg aufgezwungen worden, Autoritätshörigkeit und Untertanengeist seien weiterhin ausgeprägt. In der politischen Elite, der Verwaltung und der Justiz der Bundesrepublik wären weiterhin Nationalsozialisten beziehungsweise Antidemokraten tätig. Palmer legte diese Haltung auch in späteren Jahren nicht ab, als man allein schon aus demografischen Gesichtspunkten davon ausgehen musste, dass ehemalige Nationalsozialisten aufgrund ihres Alters gar nicht mehr in diesen Positionen tätig sein konnten. Palmer focht dies nicht an. Wenn ein von ihm angegriffener Regierungsdirektor entrüstet entgegnete, er sei erst 14 Jahre alt gewesen, als das „Dritte Reich“ zusammenbrach, entgegnete Palmer, dass das Alter damit nichts zu tun habe, denn auch jüngere Leute würden die Methoden des Nationalsozialismus verwenden. Vermeintliche und tatsächliche antisemitische Tendenzen, die er zumeist in Leserbriefen fand, prangerte er öffentlich an. Palmer verstand sich als Mahner, der der rechten Gesinnung nahestehende Eliten, aber auch gegen das Gemeinwohl handelnde Politiker und Beamte entlarven sowie undemokratisches und skandalöses Verhalten seiner Mitmenschen öffentlich anprangern wollte.

„Angenommen, der Adolf wäre drangeblieben, dann wäre jeder von Euch, das ist sicher, noch in der braunen Uniform beim Mosten."

Palmer 1996 in einem Brief an eine mit ihm verwandte Familie in Geradstetten

Während der Regierungszeit des Ministerpräsidenten Hans Filbinger war selbiger Palmers bevorzugtes Angriffsziel: „Ein Aal hätte gegenüber diesem ‚schwarzen Jesuiten, diesem Klerikalfaschisten' noch Handgriffe", so glatt sei der Ministerpräsident, wurde Palmer in der *Alb-Neckar-Zeitung* vom 23. März 1976 zitiert. Zum Geburtstag Filbingers demonstrierte er regelmäßig vor dessen Amtssitz. Aber auch gegen dessen Nachfolger Lothar Späth („Wenn der Russe da wäre, wäre der Kommissar", zitiert im *Hohenloher Tagblatt* vom 28. Juli 1981) und Erwin Teufel („Lieber ein Remstalrebell als ein Langweiler wie der Teufel, dem das Brot in der Gosch verschimmelt", zitiert in den *Calwer Kreisnachrichten* vom 3. März 1993) polemisierte Palmer und vermischte dabei oft Privates und Öffentliches miteinander, wenn er vor ihren Privathäusern demonstrierte und zuvor in Zeitungsanzeigen dazu aufrief, ihn dabei zu unterstützen.

Legendär waren seine Auftritte bei den jährlichen Dreikönigs-Treffen der FDP vor der Stuttgarter Staatsoper. Helmut Palmer wurde im Laufe der Jahre ein fester Bestandteil als belebender Störfaktor dieses Politikereignisses, was auch regelmäßig von den Medien wahrgenommen wurde. Bei den Treffen mahnte er die FDP, ihren liberalen Zielsetzungen treu zu bleiben, und konfrontierte die FDP-Größen direkt am Eingang zur Oper mit seinen selbst gepinselten Plakaten. 1992 brachte er einen Waschzuber mit und erinnerte die FDP-Politiker mit der Aufforderung, ihr Geld darin zu waschen, an vorausgegangene Korruptionsaffären. Palmer erhielt aufgrund seiner lautstarken Aktionen mehrfach Hausverbot für die Veranstaltung in der Staatsoper. Freilich gelang es ihm einmal, mit falschem Schnurrbart und Perücke verkleidet, trotzdem in den Saal zu gelangen.

Bei landesweit Aufsehen erregenden Prozessen wegen Amtsmissbrauchs oder Korruption war Helmut Palmer sehr oft in den Verhandlungen als lautstarker Zuhörer dabei, verfasste Protestnoten, Leserbriefe und thematisierte die Skandale in Inseraten oder öffentlichen Reden. Doch machte Palmer auch Jahrestage der jüngeren deutschen Geschichte öffentlich, die in den Medien seiner Meinung nach nicht ausreichend aufgearbeitet wurden. So zum Beispiel, wenn er zu Ehren des Hitler-Attentäters Georg Elser in Heidenheim einen Kranz niederlegte und tags darauf am Alten Schlossplatz in Stuttgart am Mahnmal der Gewalt Wache hielt; wenn er am Grab der letzten zwei im Rems-Murr-Kreis getöteten Weltkriegssoldaten eine Rede hielt und mahnende Briefe an die Führer der Supermächte des Kalten Krieges, Michael Gorbatschow und Ronald Reagan, vorlas; oder wenn er auf dem im Dritten Reich in ein Konzentrationslager verwandelten Hohenasperg einen Kranz für die Opfer des Nationalsozialismus niederlegte. Palmer wollte mahnen, die Gewalt und Unmenschlichkeit, die von der deutschen Gesellschaft ausgegangen waren, nicht zu vergessen.

Helmut Palmer sammelte unzählige Unterschriften, häufig für sich selbst im Kampf gegen die Justiz, sehr oft aber für die gemeinschaftliche Sache. So entzündete er mit Gesinnungsgenossen beim Kampf gegen den geplanten Bau der Neckar-Alb-Donau-Autobahn in den 1970er-Jahren des Nachts ein Feuer des Protests auf den Anhöhen des Remstals, um die Durchschneidung des Tals durch ein großes Autobahnviadukt zu verhindern. Und noch in den 1990er-Jahren sammelte er Unterschriften gegen französische Atomtestversuche auf der Südseeinsel Mururoa.

Besonders die Verwaltung nahm er in seinen Aktionen aufs Korn. Wenn er in einer Behörde wie in Ulm, Geislingen, Gaggenau oder Ludwigsburg in unverschlossene Amtszimmer kam und offen herumliegende Akten sah, so steckte er diese flugs ein, um danach öffentlich die Nachlässigkeit der Beamten anzuprangern. In Ludwigsburg nahm er 1976 in einer verwaisten Amtsstube einen Telefonanruf entgegen. Seine Antwort wurde am 4. November 1976 in der *Kornwestheimer Zeitung* wiedergegeben: „Hier gibt es keinen zuständigen Beamten, hier gibt es nur Palmer." Einer seiner aufsehenerregendsten Streiche geschah 1970, als er ein Polizeifahrzeug, das unverschlossen am Wegesrand parkte, entführte, damit einige Straßen weiter fuhr und später den Zündschlüssel im Polizeirevier abgab.

Legendär sind seine eigenmächtigen Straßenausbesserungen, wenn die Behörden nicht oder ihm zu langsam die von ihm angemahnten Missstände auf den Straßen Baden-Württembergs angingen. An vielen Stellen im Land sägte er Bäume am Straßenrand um, die er als sichtbehindernd erachtete. Unfallträchtige Straßenabschnitte wurden mit Hacke und Schaufel, manches Mal sogar mit schwerem Gerät wie Baggern und Betonmischern von Helmut Palmer und Anhängern eigenmächtig bearbeitet. Auf dem kleinen Schlossplatz in Stuttgart errichtete er 1971 demonstrativ eine Pyramide aus dreieckigen Straßenmarkierungszeichen, die er zuvor auf den Landstraßen eingesammelt hatte, um gegen Steuergeldverschwendung zu demonstrieren. All diese Aktionen Palmers sorgten für anhaltende Medienpräsenz und erzeugten sein Image als tatkräftiger Rebell wider die Obrigkeit.

Die Persönlichkeit

Palmer trat unbeugsam für seine Überzeugung ein, sagte seine Meinung direkt heraus und machte diese meist auch gleich öffentlich. Der Geradlinigkeit willen opferte er ohne zu zögern auch das gute Verhältnis zu seinen Freunden und Helfern. Von denen hatte er tatsächlich viele, verlor sie durch diese Eigenschaft wieder, gewann aber auch immer wieder neue hinzu. Er war standhaft bis zum Schluss, ob nun in einzelnen Gerichtsverfahren oder in seinem gesamten Leben als „Rebell". Helmut Palmer beugte sich vor nichts und niemandem. Konsequenterweise lautete sein wichtigster Wahlspruch daher „cedo nulli" – sinngemäß übersetzt mit „ich weiche keinem". Diese Eigenschaft des Unbeugsamen, die viele Menschen bewunderten, hatte zugleich negative Auswirkungen auf ihn und seine Umwelt. In seiner Art extrem rechthaberisch, war mit ihm dauerhaft keine Zusammenarbeit möglich. Er konnte sich nicht integrieren. Sein sehr großes Ego verhinderte eine solche Integration selbst dann, wenn er in einer von ihm selbst gegründeten Partei an der Spitze stand.

Helmut Palmer blieb sich treu: Seinen Idealismus und seine Wertvorstellungen, seine Visionen von Staat und Gesellschaft bewahrte er sich über die Jahrzehnte, auch wenn man in seinen vielen Briefen und öffentlichen Äußerungen eine zunehmende Verbitterung ab den 1980er-Jahren und schon davor eine unnachgiebige Verbissenheit gegenüber den staatlichen Institutionen, den Parteien und schließlich auch der Mehrheit der Bürger selbst sehen kann. Letztere bezeichnete er immer wieder als feige, da sie ihn in seinem Kampf gegen die Obrigkeit nicht ausreichend unterstützen und sich nicht zu ihm bekennen würden.

Seine Standhaftigkeit ließ ihn auf etlichen Themenfeldern im Nachhinein als Vordenker und Vorreiter dastehen, wenn Verwaltungen, Parteien oder gesellschaftliche Strömungen erst viele Jahre später ebenso dachten oder handelten: wenn die Obstbauern in Württemberg ihre Bäume schließlich doch nach dem von Palmer propagierten Öschbergschnitt und seinen modernen Varianten pflegten, die Leitplanken landesweit versenkt wurden, Plastiktüten zunehmend auf den Märkten und in den Geschäften durch ökologischere Varianten ersetzt wurden und die Konsumkultur heimische Erzeugnisse wiederentdeckte; wenn das Rauchen in öffentlichen Räumen immer stärker eingeschränkt wurde; wenn Zersiedelung an den Ortsrändern und das Bauen auf der grünen Wiese zugunsten von Innerortssanierungen und Umstrukturierungen verringert wurden; wenn verstärkt auf positive Energiebilanzen geachtet und über Verzicht zugunsten eines effizienten Umweltschutzes nachgedacht wurde; immer dann fühlte sich Helmut Palmer in seinen Worten und Handlungen bestätigt und gleichzeitig enttäuscht, dass seiner Vordenkerrolle keine Anerkennung oder Ehrung zuteil geworden ist.

„Ich sehe sogar der Kuh am Arsch an,
was der Butter in Frankfurt kostet."

Palmer im Bundestagswahlkampf 1983
über seine Fähigkeiten

Wiederholt verkündete Palmer öffentlich, dass er seine Tätigkeit als „der unbezahlte und unbezahlbare Herzschrittmacher für ein Mehr an Demokratie in diesem unserem Lande" nun einstelle, da ihm die Unterstützung fehle, er von oben kaputtgemacht werde oder es sich schlicht nicht mehr lohne, für die Sache zu streiten. Tatsächlich aufgehört hat er jedoch nie. Sein Biograf Michael Ohnewald verglich die öffentlichen Reaktionen, die Palmer auslöste und die zum Teil hohen Wahlergebnisse, die ja immer auch von vielfacher Anerkennung und Schulterklopfen vonseiten zahlreicher Bürger begleitet waren, mit Rauschmitteln, die Palmer süchtig und immer wieder rückfällig machten. Palmer selbst bestätigte dies Ohnewald: „Das ist wie eine Droge."

Helmut Palmer war und blieb als öffentlich handelnder Mensch im Großen und Ganzen ein Einzelkämpfer ohne substanzielle Hilfestellung anderer. Die Risiken und oftmals sehr negativen Auswirkungen seines umtriebigen und vielseitigen Tuns mussten er und seine Familie alleine tragen, im Gegensatz zu Amtspersonen und Verwaltungen im Gesamten. Wenn diese von ihm angegriffen wurden, so schützte die strukturelle Hierarchie und geteilte Verantwortlichkeit den Einzelnen vor allzu großen persönlichen Risiken. Auch die Politiker, die auf seine

Angriffe reagierten, wurden immer von ihrer Partei unterstützt, im Wahlkampf wie in der öffentlichen Auseinandersetzung, bis hin zum Rechtsstreit. Und so kann es nicht verwundern, wenn wir bei dem hochemotionalen Individuum Helmut Palmer, der es ohne viel zu überlegen gegen jeden und alles aufnahm, was sich seinen Prinzipien und seinem Idealismus in den Weg zu stellen schien, in der Konsequenz auch große Schwankungen in seinem öffentlichen Leben sehen. Sein Wahlkampf und sein Einsatz bei Wahlen konnten je nach verfügbarem Geld, aber auch je nach Motivation oder Gefühlslage, sehr flattrig sein. Ob er gerade durch die Berichterstattung der Medien über ihn oder Gerichtsprozesse und Strafanzeigen gegen ihn kämpferisch gestimmt war oder lieber Schutz und Ruhe suchte, ob sein Obsthandel gerade gut lief oder wegen gesunkener Preise schlechteren Umsatz erwirtschaftete, oder ob er zum Wohle des Haussegens Kompromisse mit der Familie einging und sich mit Kandidaturen und seiner demokratischen Mission etwas zurückhielt – letztlich wollte Helmut Palmer mit seinen Möglichkeiten der Gemeinschaft dienen, stieß dabei aber auch an seine menschlichen Grenzen.

Dass neben seinem ausgeprägten Geltungsdrang und Bedürfnis nach größtmöglicher Anerkennung aber zweifellos Idealismus, Liebe zur Natur und zu Menschen die Grundlage, das tragende Motiv und die Antriebskraft für seinen Einsatz waren, davon zeugen seine Bücher, die vielen Briefe und Äußerungen Helmut Palmers in Inseraten, in Wahlkämpfen und Interviews. Bis diese positive Sicht auf Palmers Engagement in der öffentlichen Meinung dominierend wurde, sollten jedoch Jahrzehnte ins Land Baden-Württemberg ziehen, in denen sein Wirken manches Mal spektakulär, häufig komisch und oftmals tragisch verlief. Davon handeln die folgenden Kapitel.

„Veredeln, das macht Spaß, das ist fast wie ein Liebesakt".

Palmer während eines Obstbaumschnittkurses 1998 im Hohenlohischen

3. Kindheit und Schweiz: 1930–40er-Jahre

Geburt und Familienumstände

Helmut Palmer wurde am 8. Mai 1930 in Untertürkheim als uneheliches Kind geboren. Seine Mutter, damals Verkäuferin in einer Metzgerei, war Emma Palmer, die 1909 geborene Tochter einer Bauernfamilie aus Geradstetten, 25 km östlich von Stuttgart im Remstal gelegen. Sein Vater war der verheiratete Siegfried Kilsheimer, Metzgermeister aus Pforzheim, ein Jude. Wurde es in dieser Zeit als Schande angesehen, ein uneheliches Kind zur Welt zu bringen, so galt dies als besonders verwerfliche Sünde im stark evangelisch-pietistisch geprägten Remstal, auch im damals circa 1500 Seelen zählenden Dorf Geradstetten. Trotzdem nahm Emma Palmers Vater August Palmer, Jahrgang 1876, den unehelich geborenen Enkel in den Kreis seiner vier Kinder auf. Helmuts Mutter heiratete 1933 den Metzgermeister Ernst Strauß in Schnait (ebenfalls im Remstal) und gründete eine neue Familie. Helmut wuchs aber weiter bei den Großeltern in Geradstetten auf. August Palmer und sein jüngster Sohn Reinhold wurden somit zu Helmuts wichtigsten Bezugspersonen, die ihn gegenüber Anfeindungen in Schutz nahmen. Denn als unehelicher Sohn eines jüdischen Vaters konnte seine Heimat, das wegen seiner vielen Obstbäume und Weinreben liebliche Remstal, für ihn nicht nur sehr abweisend, sondern unter der aufkommenden nationalsozialistischen Herrschaft und deren Durchdringung der dörflichen Gesellschaft lebensgefährlich werden.

Geradstetten unter dem Hakenkreuz

Ein besonders ausgeprägter Realitätsverlust der lokalen NS-Führer in Geradstetten führte dazu, dass wir heute für das Dorf während der NS-Zeit eine sehr gute Quellenlage haben. Denn noch in der Nacht, als die US-Armee im April 1945 Geradstetten kampflos einnahm, wurden fast alle Parteiakten und -bücher aus dem Geradstettener Rathaus in Metallkisten verstaut und am

Ortsrand vergraben. Die NS-Eliten des Dorfes glaubten selbst zu diesem Zeitpunkt noch fest an den Endsieg. Sie wollten die Akten für die Zeit einer kurzfristigen Besetzung durch die Alliierten sichern, ehe Hitlers Wunderwaffen die Wende bringen sollten. Durch diese Aktion ist Geradstetten unter der nationalsozialistischen Herrschaft so gut durch Quellen dokumentiert wie kaum eine andere Ortschaft in Baden-Württemberg. Der Inhalt der Metallkisten lagert heute im Staatsarchiv Ludwigsburg.

Eine Handvoll besonders fanatischer und eifernder Geradstettener Bürger, die bereits lange vor 1933 Parteimitglieder waren, wollten nach der Gleichschaltung das Dorf zu einer NS-Mustergemeinde gestalten. An den Ortseingängen wurden Schilder mit der Aufschrift „Hier sind Juden unerwünscht" aufgestellt. Aus einem gegen diese Maßnahme gerichteten Protestbrief „christliche[r] Geschäftsleute aus Stuttgart" an das Bürgermeisteramt vom 10. Juli 1935 geht hervor, dass Geradstetten zu diesem Zeitpunkt wahrscheinlich das einzige Dorf zwischen Stuttgart und Schorndorf war, welches Reisende mit einem solchen Schild empfing. In der Geradstettener Schule wurden die Inhalte des antisemitischen Hetzblattes „Der Stürmer" abgefragt. Wie häufig auch andernorts war die Zeitung öffentlich in einem Schaukasten am Rathaus angebracht. Die Kirche im Ort wurde zielstrebig bekämpft und treue Kirchgänger unter Druck gesetzt, der Männergesangverein und die Feuerwehr wurden infiltriert. So erklärt sich die ziemlich hohe Zahl von ungefähr 290 Parteimitgliedern bis Februar 1945 in Geradstetten.

„Sie hätten sich beim Adolf auch in keine Widerstandsgruppe eingereiht."

Palmer in einem Brief an einen Bürgermeister 1994

Die NSDAP-Zelle, später -Ortsgruppe im Nachbardorf Grunbach war eine Gründung der Geradstettener Ortsgruppe. In Grunbach war der Bewegung jedoch weniger Erfolg beschieden, da die dortige Elite aus alteingesessenen Bürgern und dem Pfarrer stark pietistisch geprägt war und sich deshalb gegenüber Neuem und besonders gegenüber dem Nationalsozialismus sehr zurückhaltend zeigte. Vor allem mangelte es hier zu Beginn vermutlich an solch eifernden und intensiv werbenden Persönlichkeiten, die Geradstetten in geringer Zahl und wohl zufällig aufwies. So zeigten die Wahlergebnisse zum Reichstag vom 5. März 1933 in den beiden etwa gleich großen Dörfern, dass die Geradstettener mehr als doppelt so häufig die NSDAP gewählt hatten wie die Grunbacher. Mehr Grunbacher als Geradstettener gaben ihre Stimmen an den Württembergischen Bauern- und Weingärtnerbund oder an die Kampffront Schwarz-Weiß-Rot (ein Koalitionsbündnis aus Deutschnationaler Volkspartei, Stahlhelm und Landbund). Beide Dörfer nahmen unter den 15 Gemeinden im Oberamtsbezirk Schorndorf entgegengesetzte Extrempositionen ein: In Geradstetten erhielt die NSDAP 69,10 % der gültigen Stimmen und damit das zweitbeste Ergebnis im Bezirk, in Grunbach waren es 32,61 %, das zweitschlechteste. Der Durchschnitt im Oberamtsbezirk Schorndorf lag bei 47,43 %.

Wenn Helmut Palmer zeit seines Lebens die starke Durchdringung seines Heimatdorfes durch den Nationalsozialismus anprangerte, so fußte das auf dieser Grundlage. Der kleine Helmut hatte das Pech, als Sohn eines jüdischen Vaters in einem Dorf mit besonders aktiven NS-Eliten aufwachsen zu müssen.

Die Schulzeit

Wie in den anderen Volksschulen des Remstals fanden sich unter der Lehrerschaft der Dorfschule Geradstettens sowohl NS-Eiferer wie auch Pädagogen, die mit der Bewegung wenig anfangen konnten. Der Schulleiter in Geradstetten war in Personalunion auch der Propagandabeauftragte der NSDAP-Ortsgruppe. Psychisch gelitten hat Helmut Palmer auf jeden Fall stark unter der organisierten Hetze gegen die Juden, die auch, wie überall im Deutschen Reich, im Schulunterricht betrieben wurde. Palmer sollte später in seinen Büchern und in Interviews immer wieder eines seiner traumatisierenden Erlebnisse dieser Zeit erzählen. In seiner Autobiografie *Mein Kampf und Widerstand. Späth-Lese* von 1979 schrieb er:

> *„Oft erschien dieser unser Klassenlehrer in blankgewichsten Reitstiefeln, die Tür flog auf und knallte ins Schloss. Nach dem markigen ‚Heil Hitler!', alle Hände flogen hoch, kam die gebrüllte Frage: ‚Wer ist schuld am Krieg?' und wir mussten zurückschreien: ‚Die Juden!' (...) Vor Angst schiss ich anfangs in die Hose, gnädig wurde ich nach Hause zur Reinigung entlassen."*

In Geradstetten wussten viele, dass Helmut das uneheliche Kind eines Juden war. Er wurde häufig von den anderen Kindern „Jud" oder auch „Mose" genannt. Noch heute verwenden einige Einwohner Geradstettens die Bezeichnung „Mose", wenn sie über Helmut Palmer sprechen – selbst manche, die erst nach dem Krieg nach Geradstetten gezogen sind. Von seinen Schulkameraden wurde er gehänselt, manchmal verprügelt. Ob dabei neben seiner jüdischen und unehelichen Abstammung auch sein Verhalten eine Rolle spielte – von seinen damaligen Freunden wurde er jedenfalls schon damals als aufbrausend und impulsiv wahrgenommen – lässt sich nach so langer Zeit nicht mehr feststellen.

Der kleine Helmut reagierte auf die Ausgrenzungen durch seine Umwelt mit besonderem Fleiß. Er sammelte massenweise Teekräuter, um bei seiner Lehrerin ein Plus zu bekommen. Schließlich wurde er auch in die Hitlerjugend aufgenommen. Auch dort stach Palmer mit besonderem Fleiß und Ehrgeiz hervor. Er wollte unbedingt dazugehören – wie die meisten anderen Jungen in seinem Alter. Einschneidend war für den heranwachsenden Palmer, als sein Onkel Reinhold auf Heimaturlaub aus Polen von Erschießungen von Juden berichtete. Reinhold Palmer fiel 1942 im Russlandfeldzug vor Charkow.

Helmut Palmers frühere Lehrerin sagte in einem Prozess vor dem Amtsgericht Esslingen 1963 aus: „Er hat damals viele Demütigungen hinnehmen müssen. Immer wieder hat er versucht, diese Scharte durch besonderen Fleiß für die Schule auszuwetzen. Ich bin sicher, daß all diese Umstände Helmut einen Knacks fürs Leben gegeben haben.“, zitierte die *Esslinger Zeitung* am 15. Mai 1963 die Lehrerin. Jedenfalls sollte er für den Rest seines Lebens extrem empfindlich gegenüber jeglichen Äußerungen bezüglich seiner jüdischen Abstammung werden. Er wies sowohl in Gerichtsverhandlungen als auch in den Wahlkämpfen immer wieder auf sein für ihn so schmerzhaftes Schicksal als Sohn eines jüdischen Vaters hin. So dürften es die meisten seiner Zeitgenossen außerhalb Geradstettens erst erfahren haben.

Am 20. April 1945 nahmen amerikanische Truppen die Dörfer des Remstals ein. Und Helmut Palmer erlebte, wie sich mancher Einwohner Geradstettens vom überzeugten Nationalsozialisten sehr schnell zurück zum eifrigen Christen wandelte und die Dorfkirche ab Mai 1945 wieder voll wurde. In dieser Zeit, so Palmer in seiner Autobiografie, habe er den Entschluss gefasst, sich niemals, durch welche Machthaber auch immer, bevormunden zu lassen. Nicht durch Taten würden die Menschen schuldig, sondern durch das Untätigsein.

„Die Wendehälse haben sich gedreht wie Pirouetten … mit ihrem Hakenkreuz, das haben sie einfach weggemacht, die Haken, dann blieb das Kreuz, so schnell ging das.“

Palmer über das Verhalten vieler Deutscher nach dem Krieg, 2001 in der Fernsehsendung *Boulevard Bio*

Noch in den letzten Wochen des Krieges begann Palmer eine Lehre als Obstbauer in einer Fellbacher Baumschule, die er erfolgreich abschloss. 1948 zog es ihn als Achtzehnjährigen in die Schweiz, um sich im Obstbaumschnitt, seinem zukünftigen Fachgebiet, fortzubilden.

Bürgergesellschaft und Öschbergschnitt, 1948–1950

In der Schweiz ging Helmut Palmer ab 1948 für zwei Jahre bei Fachleuten der Obstbaukunde – der Pomologie – in die Lehre. Das gesellschaftliche Zusammenleben in der Schweiz beeindruckte Helmut Palmer sehr, da es sich aus seiner Sicht fundamental von jenem in seiner kriegsversehrten Heimat unterschied. Begeistert haben ihn bei der tief verwurzelten demokratischen Kultur der Eidgenossen besonders zwei Dinge: der Umgang mit den Behörden und die Diskussionskultur der Schweizer. In seinen Erinnerungen und politischen Äußerungen wird Palmer immer wieder die Schweiz als „Gelobtes Land" preisen und als Kontrast nutzen, um das ihm verhasste deutsche Berufsbeamtentum anzuprangern. Palmer erschienen die Schweizer als freie Bürger, die ungezwungen mit ihren (gewählten) Behördenvertretern umgingen. Man habe sich mit ihnen gleichsam zivil unter Bürgern verständigt. Die Schweizer Gesellschaft lasse kein obrigkeitsstaatliches Denken zu. Die Streitkultur lernte er auf Versammlungen der eidgenössischen Bauern seines Aufenthaltsortes kennen, die oft in freier Rede und in derber Sprache ihre Positionen darlegten. In seinem Buch von 1979, also einer Zeit, in der viel über Terrorismus und dessen Entstehung in der Bundesrepublik nachgedacht wurde, schrieb Palmer:

> *„Und ich glaube noch heute, daß das Fehlen eigener eidgenössischer Terroristen hauptsächlich mit dieser bürgerlichen Freiheit zu tun hat, damit, daß es in der Schweiz Obrigkeit in unserem Sinne nicht gibt: Der Beamte ist abwählbar. Schon über Fahrradwege redet und bestimmt der Bürger dort völlig selbstverständlich mit, bei uns muß er beim Bau von Autobahnen sein Recht auf freie Meinungsäußerung erkämpfen, muß er, sobald er freie Rede führt, mit Behördenschikanen, Finanzamtsfahndern und ähnlichem Ungemach rechnen."*

Nach arbeitsreichen Tagen auf einem Bauernhof in Mettmenstetten bei Zürich nahm Palmer an den Wochenenden an weiteren Baumschnittkursen teil. Von seiner Schweizer Umwelt wurde er als temperamentvoll und aufbrausend, aber auch als sehr arbeitsam und kämpferisch wahrgenommen. Sein Lehrmeister, auf dessen Hof er arbeitete und lebte, meinte im Jahr 2003 zu Palmers Biograf Michael Ohnewald: „Der isch uffbrusig gsi. (…) Der isch a Kampfr gsi."

„Bern statt Brüssel wäre die Erlösung für Europa."

Palmer in einem Vortrag an der Universität Tübingen 2004

In der Schweiz lernte der junge Palmer nicht nur eine andere politische Kultur kennen, sondern auch eine in Württemberg zur damaligen Zeit noch lange nicht etablierte Technik, Obstbäume zu schneiden: den Öschbergschnitt. Vier bis fünf Leitäste nur bilden vom Stamm weg einen Trichter und sorgen so dafür, dass alle Äste ausreichend Licht bekommen. Wenige, dafür aber starke Äste können so viele Früchte tragen, ohne dass eine Stütze erforderlich wäre. Der große Abstand zwischen den Ästen sorgt wiederum dafür, dass die Blätter genug Sonneneinstrahlung erhalten und die Früchte groß und süß werden. Die Ernte und Pflege wird durch den Schnitt ebenfalls erleichtert: der Baum schießt nicht in die Höhe, die Äpfel können im Idealfall direkt vom Boden geerntet werden, und eine Leiter findet im lichten Baum ausreichend Platz. Mit dem Öschbergschnitt bekommt man einen leicht bearbeitbaren Obstbaum, dessen Ertrag zunächst nicht quantitativ, später aber vor allem qualitativ sehr gut abschneidet. Der Erfolg ist freilich erst nach einigen Jahren sichtbar.

LANDES
POLIZEI
Landespolize
Kreiskommissariat

„Ein Baum ist nicht so blöd wie du."

Eine von Palmers sanfteren Beleidigungen

4. Obstbaukrieg und Beginn des Justizdramas: 1950–60er-Jahre

Der württembergische Obstbaukrieg: die 1950er-Jahre

Im Württemberg der 1950er-Jahre, und gerade im obstbaumreichen Remstal, war der Öschbergschnitt entweder kaum bekannt oder er wurde falsch angewendet. Vorherrschend war der württembergische Baumschnitt. Dabei wächst der Baum in sogenannten Serien. Jede Serie besteht aus vier bis fünf starken Fruchtästen. Die einfache Schnittvariante liefert in den ersten Jahren schnell und viel Ertrag, aber auf Kosten der Qualität. Mit der Zeit nehmen die oberen Äste den unteren das Licht und manche Obstbaumarten schießen in die Höhe, was deren Pflege und Ernte erschwert. Palmer kontrastierte die beiden Schnitttechniken und übertrug sie auf die Gesellschaftssysteme Deutschlands und der Schweiz. Die Deutschen würden ihre Obstbäume nach dem Führerprinzip schneiden: Einem Hauptast wird alles untergeordnet, die oberen bekommen das ganze Licht, die unteren dagegen nichts. Der Schweizer Öschbergschnitt würde hingegen demokratisch die Last auf mehrere Trägeräste verteilen, sodass alle Zweige ausreichend Licht bekämen.

„Woher der Helmut das Schwätze herhat, das hat mich oft gewundert“, sagte ein Schulfreund später in einem Interview 2003, welches Michael Ohnewald führte. Palmers Freunde waren erstaunt über sein rhetorisches Talent, das er als 20-Jähriger nach seiner Rückkehr aus der Schweiz einsetzte, um die Lehre des Schweizer Öschbergschnitts und eine bessere Obstvermarktung zum Wohle seiner geliebten Heimat Württemberg zu verbreiten. Die Reaktionen auf seinen Enthusiasmus waren jedoch geteilt. Denn Palmer wollte den württembergischen Obstbau revolutionieren. Und gegen große Umwälzungen standen zu Anfang nicht nur die meisten Obstbauern mit ihren bisherigen Anbaumethoden, die schnellen, aber qualitativ niedrigwertigen Ertrag lieferten, sondern auch die amtlichen Obstbaumwarte, die sich auf ihrem Fachgebiet von Palmer angegriffen fühlten. Palmer wollte die Obstbauern dazu befähigen, selbst ihre Bäume zu schneiden, was bisher traditionell berufsmäßige Baumwarte durchführten. Es war zum einen ein Generationenkonflikt zwischen diesen Beamten und Bauern auf der einen Seite, die eine hergebrachte und verankerte Anbaumethode vertraten, und dem Anfang 20-jährigen Palmer, der in jugendlichem Feuereifer seine Schweizer Anbaumethode öffentlich vertrat. Zum anderen lag es an der Persönlichkeit der Beteiligten, wie sie auf diesen Konflikt reagierten. Helmut Palmer nahm in seinen Ausführungen zum Öschbergschnitt kein Blatt vor den Mund und brandmarkte die bisherigen Anbaumethoden und deren Verfechter in scharfen und oft auch beleidigenden Worten. Zudem legte Palmer auch immer mehr selbst Hand an Bäume, die ihm nicht gehörten. Da er sich des Erfolgs seiner neuen Methode absolut sicher war, maßte er sich an, das Eigentum der Obstbauern auch eigenhändig nach seinen Vorstellungen zu ändern und die Obstbäume nach dem Öschbergschnitt umzuschneiden. Das Resultat eines solchen Beschnitts auf einer Obstbaumanlage, die zuvor jahrelang nach dem württembergischen Schnitt bearbeitet worden war, glich aber dem eines Orkans: Sehr viel Holz wurde radikal abgesägt, um mehr Licht an die übrig bleibenden Äste zu bringen. Der bessere Ertrag stellte sich nach einer solchen Behandlung jedoch erst Jahre später ein.

Die unmittelbaren Reaktionen, die eine solche Palmer'sche Radikalkur an den Obstbäumen Württembergs bei deren zuvor nicht konsultierten Besitzern auslöste, waren zum Teil drastisch. Schließlich drohten ihm sein eigener Großvater und sein Onkel mit Gewalt, sollte er es noch einmal wagen, Hand an ihre Obstanlagen zu legen.

Diese Eigenart Palmers, fremde Grundstücke zu betreten und ungefragt Obstbäume nach seiner Methode zu schneiden, sollte er sich bis an sein Lebensende bewahren. Ein halbes Jahrhundert wird Palmer in ganz Baden-Württemberg unterwegs sein, für seinen Obsthandel, für Wahlkämpfe, Schnittkurse oder sonstige Aktionen. Und immer wieder wird er auf der Strecke anhalten, um fremden Obstbäumen den aus seiner Sicht einzig richtigen

Schnitt zu verpassen. Die Motivation für dieses eigenmächtige Verhalten wird nur dann erklärbar, wenn man Palmers tiefe Liebe zur Natur, besonders zu Bäumen berücksichtigt. So wie er sich über gesunde, kraftvolle Bäume freuen konnte, so litt er mit Gewächsen, die aufgrund von falschem Schnitt oder falscher Pflanzung nicht gedeihen konnten.

„... daß ich ihm den Schädel mit der scharfen Seite meiner Axt spalte, daß die Dummheit rauslauft, wenn er net sofort abhaut."

Wiedergegebenes Zitat eines Obst- und Gartenbauvereinsvorsitzenden, der 1998 in seinem Vorgarten Palmer beim unerlaubten Schneiden seiner Obstbäume erwischte

Was in den 1950er-Jahren noch neu war und wo Palmer zweifelsohne als privater Obstbaumlehrer viel zur Kenntnis des neuen Schnitts beigetragen hatte, setzte sich im Laufe der Jahre zunehmend durch. Der Öschbergschnitt und seine Varianten wurden zum Standard für den modernen Obstbau, sodass man sicherlich Palmer zugute halten kann, dass er in der damaligen Zeit als Visionär auftrat, der auf seinem Fachgebiet den amtlichen Lehrmeistern voraus war. Nur waren die Methoden, die Palmer einsetzte, oft nicht geeignet, eine positive Resonanz auszulösen. Palmers Wirken als Obstbaulehrer, der im ganzen Land Vorträge und Schnittkurse hielt und oft sehr hart und beleidigend gegen Obstbaumbesitzer und Obstbauinspektoren redete, der selbst viele Obstbauanlagen beschnitt, der seine Techniken in einem erfolgreichen Fachbuch veröffentlichte und selbst alternative, dem neuen Schnitt zugetane Obstbauvereine im Land gründete, reizte die Anhänger der althergebrachten Methode so sehr, dass es zu Handlungen kam, die als „Württembergischer Obstbaukrieg" in die Landesgeschichte eingingen.

Zu dieser Zeit hatten die Landwirtschaft und der Obstbau in Württemberg noch eine hohe wirtschaftliche Bedeutung. Staatlicherseits wurde die Schaffung neuer Obstbaumanlagen gefördert, die alten Bäume sollten gerodet werden. Dagegen wandte sich Palmer, der die alten Anlagen nach seinem neuen Schnitt veredeln und damit ertragreicher machen wollte. Dieses Vorgehen fiel jedoch nicht unter die staatlichen Subventionsbestimmungen. Palmer sah darin eine Benachteiligung der kleineren Obstbauern, die sich teure Neuanlagen nicht leisten konnten. Deshalb griff er die staatliche Subventionspolitik heftig an.

Helmut Palmer schaffte es schon als junger Mann, viele Obstbauern und selbst einige Baumwarte für sich und seine Vorstellungen zu gewinnen, die ihn auch unterstützten. Die Stellung der amtlichen Baumwarte und deren Monopol auf das Wissen über die richtige Anbaumethode wurden durch sein revolutionäres Auftreten und das Aufwiegeln der Obstbauinteressierten zunehmend gefährdet. Palmers Gegner reagierten zum Teil sehr unfair auf seine Angriffe. In Versammlungen wurden ihm eine mangelhafte Ausbildung, stümperhafte fachliche Tätigkeit und sogar seine uneheliche Geburt und jüdische Herkunft vorgeworfen. Zurufe wie „lasst Euch von dem Juden Eure Bäume nicht kaputt schneiden“ und „der Jude zieht Euch nur das Geld aus der Tasche“, sowie „da kommt Moses mit seinen Jüngern“ waren häufig. Manches Mal war die Stimmung so gereizt, dass es gar zu Handgreiflichkeiten kam, wobei Helmut Palmer mehrmals geschlagen wurde.

„Was ist der Unterschied zwischen Hitler und Palmer? Antwort: Der Hitler hat die Leut' he'gmacht, der Palmer die Bäum.'“

Ein in den 1950er-Jahren gängiger Witz über Palmer

Helmut Palmer finanzierte sich in dieser Zeit, den 1950er-Jahren, durch Zuwendungen seiner Mutter, die mittlerweile in Esslingen wohnte, sowie im Sommer als Hilfsarbeiter in Fabriken und als Fahrer für das Unternehmen Spielwaren-Kurz in Stuttgart. In den Wintermonaten trieb er seine Mission der Verbesserung des Obstbaus in seiner Heimat Württemberg aber voller

Eifer voran. Von dem geringen Honorar, das er für seine Schnittkurse erhielt, konnte er allein nicht über die Runden kommen.

Enteignung und die erste Gefängnisstrafe

Ende der 1950er-Jahre wollte sich Helmut Palmer mit einer eigenen Obstbaumanlage selbstständig machen. Er pachtete in den Gemeinden Köngen und Denkendorf, Kreis Esslingen, mehrere Grundstücke und legte darauf Beerenfelder und eine Baumschule an. Sein Plan, dort auch ein Haus zu bauen, scheiterte jedoch, weil er keine Baugenehmigung bekam. Zwei seiner Pachtgrundstücke verlor er durch staatliche Enteignung beim Bau einer Autobahnraststätte, da Feldwege verlegt werden mussten, die durch seine Grundstücke führten. Der Streit um die Baugenehmigung und um die Höhe der Entschädigung für seine Grundstücke und deren Pflanzungen durch das Autobahnamt eskalierte zwischen Palmer und den betreffenden Behörden. Palmer behauptete, die Baugenehmigung sei ihm verweigert worden, weil die verantwortlichen Beamten ihn nicht in ihrer Gemeinde haben wollten, und das Autobahnamt habe seine Pflanzungen heimlich zerstören lassen. Der Gutachter, der den Wert seines Grundstücks für die Bestimmung der Entschädigungssumme schätzen sollte, war ein Obstbauinspektor, mit dem Palmer schon zuvor Auseinandersetzungen über den Obstbaumschnitt hatte. Palmer sah dessen Schätzung als viel zu niedrig an und prozessierte. Zum Schluss wurde ihm tatsächlich das Doppelte dessen, was der Inspektor schätzte, als Entschädigung ausbezahlt. Doch sah sich Palmer von nun an als von den Behörden Betrogener und Verfolgter. Vermutlich waren es diese Schlüsselereignisse, die ihn zu einem unablässigen Behördenkritiker, für andere pathetischer zum Rebellen gegen Behördenwillkür gemacht haben.

„Wer einen Baum spreizt, dem gehört beim Sonntags-spaziergang eine Dachlatte in den Schritt geklemmt, damit er spürt, wie sich so was anfühlt."

Palmer während eines Obstbaumschnittkurses 1998 im Hohenlohischen

Der erste große Prozess vor dem Amtsgericht Esslingen

Seine Streitigkeiten mit Obstbauinspektoren und Beamten von Gemeinden und vom Autobahnamt ließen Helmut Palmer immer wieder explodieren. Seinen hochkochenden Zorn entlud er je nach Situation entweder direkt von Angesicht zu Angesicht in üblen Schimpftiraden, oder er schrieb sich seine ungestüme Wut von der Seele und beleidigte seine Widersacher in Inseraten und Postkarten. Doch er wurde auch körperlich tätlich. Schließlich sammelten sich die Strafanzeigen Ende der 1950er- und Anfang der 1960er-Jahre auf zwanzig Vergehen der Beleidigung, ein Vergehen der üblen Nachrede, ein Vergehen der gefährlichen Körperverletzung und des fortgesetzten Widerstands, ein Vergehen der Körperverletzung und ein Vergehen der Nötigung. Helmut Palmer wurde schließlich 1963 der Prozess vor dem Amtsgericht Esslingen gemacht. Die Staatsanwaltschaft beantragte im Laufe der Ermittlungen gegen Palmer dessen Einweisung in ein psychiatrisches Landeskrankenhaus zur Vorbereitung eines Gutachtens über seinen Geisteszustand. Es wurde der Verdacht erhoben, Palmer sei eine „abartige Charakterstruktur" zu eigen und er leide möglicherweise an einer Manie. Palmer widersetzte sich jedoch der Einweisung in die Psychiatrie und protestierte öffentlich dagegen. Auch 40 Personen des Kreisobstbaurings Vaihingen-Enz beklagten sich beim Justizminister, dass hier mit psychiatrischen Mitteln versucht werde, Palmer mit seinen neuen Obstbaumethoden mundtot zu machen.

Palmer floh in seine geliebte Schweiz, ließ sich von einem dortigen Psychiater untersuchen und bescheinigen, keinerlei geistigen Störungen zu unterliegen. Damit kehrte er nach Baden-Württemberg zurück und ließ sich schließlich doch von einem Oberarzt der Universitäts-Nervenklinik Tübingen untersuchen. Der Arzt sprach Palmer ebenfalls eine psychische Krankheit ab. Palmers Sendungsbewusstsein und seine ausgeprägte politische Haltung, eine Vielzahl neonazistischer Einstellungen in der Gesellschaft wahrzunehmen, teile er zudem mit bekannten Publizisten und Politikern. Jedoch diagnostizierte der Gutachter eine „neurotische Fehlhaltung“, die sich aus Palmers Lebensgeschichte seit seiner Kindheit größtenteils erklären ließe, und empfahl eine Therapie. Er zweifelte jedoch daran, dass Palmer sich zu einer solchen einverstanden erklären würde. Besonders betonte der Arzt am Schluss seines Gutachtens, dass er eine harte Strafe für Palmer als ungeeignet ansehe, da Palmer sich dadurch in seiner Wahrnehmung als Verfolgter erst recht bestätigt fühlen würde.

Das Amtsgericht Esslingen ordnete Helmut Palmers Vergehen zunächst einzelne Strafen zu. So erhielt er drei Wochen Gefängnis für beleidigende Postkarten, die er an den Bürgermeister seines Heimatortes Geradstetten, Wilhelm Gayer, im Mai 1961 geschrieben hatte. Anlass waren Auseinandersetzungen über neue gemeindeeigene Obstbaumanlagen. Einem Kreisobstbauoberinspektor warf Palmer vor, sich „sittenwidrig, beschämend und schmarotzerisch“ verhalten zu haben – was ihm ebenfalls drei Wochen Gefängnis einbrachte.

Palmer bezeichnete das Landwirtschaftsministerium in einer anderen Postkarte als „Unterschlupf und Deckungsbehörde für ehemalige und jetzige NS-Leute“ und sprach den Bediensteten die Eignung für den Staatsdienst ab. Den Minister redete er „Exzellenz Landwirtschaft Ernährung Forsten Weinbau Blut und Boden Reichsnährstandzweigstelle Stuttgart“ an. Das Gericht sah wegen dieser einen Postkarte allein eine Gefängnisstrafe von sechs Wochen für geboten, aufgrund „der Intensität der Ehrenkränkungen und der Zahl der Verletzten", wie das Gericht argumentierte. Von Berlin schrieb Palmer in einer weiteren Postkarte an einen Oberlandwirtschaftsrat: „Im Kittchen sind noch Zimmer frei in Spandau." Palmer erhielt für drei solcher skurril beleidigender Postkarten zusätzlich zwei Wochen Gefängnisstrafe.

Ob Palmers Nazivorwürfe Personen trafen, die während der NS-Zeit Parteimitglieder der NSDAP waren und/oder Schuld auf sich geladen hatten, wurde nicht thematisiert. Palmers schriftliche Attacken gegen Beamte wurden vom Gericht hauptsächlich als Werturteile eingeordnet. Auch Palmers konkrete Äußerung, das Landwirtschaftsministerium von Baden-Württemberg sei eine „Unterschlupf- und Deckungsbehörde für ehemalige und jetzige NS-Leute", wurde lediglich als Beleidigung eingeordnet. Ob Palmers Äußerung den Tatsachen entsprach, wurde nicht nachgegangen. Heute ist erwiesen, dass bis in die 1960er-Jahre gerade das baden-württembergische Landwirtschaftsministerium Beamte in wichtigen Positionen aufwies, die auch schon während der NS-Diktatur aufgrund ihrer Parteitreue Karriere gemacht hatten.

Doch Palmer wurde auch dafür bestraft, dass er in blindem Zorn einen älteren, ihm körperlich unterlegenen Oberlandwirtschaftsrat mit Fäusten und Tritten traktierte. Der so Verletzte habe mehrere Beulen, eine blutende Wunde am Kopf und Prellungen am Oberkörper davongetragen. Diese Tat brachte Palmer zwei Monate Gefängnisstrafe ein.

Als Ergebnis bildete das Gericht eine Gesamtstrafe von sechs Monaten Gefängnis ohne Bewährung. Damit blieb es zwar noch vier Monate unter der von der Staatsanwaltschaft beantragten Haftzeit. Die Warnung des psychiatrischen Gutachters, dass eine harte Strafe Helmut Palmers Sicht, von Behörden und Justiz verfolgt zu werden, nur bestärken und verfestigen werde, berücksichtigte das Gericht damit aber nicht. Es begründete das sehr harte Urteil vom 16. Mai 1963 damit, dass Palmer im Prozess zweifellos gezeigt habe, dass er in der Lage gewesen sei, sein Unrecht erkannt zu haben. So befand die Staatsanwaltschaft:

> *„Es muß ihm mit einer fühlbaren Strafe gezeigt werden, daß er für seine Taten einzustehen hat. Er hat sich immer wieder bitter über ungerechtes Verhalten sich selbst gegenüber beklagt, daß seine Gegner ihn tief verletzt und gekränkt haben. Er selbst aber hat bei seinen Taten, seinen Beleidigungen und Kränkungen nicht daran gedacht, wie heftig er selbst anderen Unrecht zugefügt hat."*

Dies wurde ihm strafverschärfend angerechnet. Seine schwere Kindheit in einer ihm gegenüber feindlichen Umwelt wurde besonders berücksichtigt. Palmer sei unter anderem aufgrund seiner jüdischen Abstammung nie im Dorf integriert gewesen. Sein monarchistischer Großvater, bei dem er aufwuchs, habe seine Haltung als Gegner des Hitler-Regimes auch dem Jungen gegenüber geäußert. „Unter diesen Umständen war es für den Angekl. schwer, sich zurechtzufinden", meinte das Gericht: „Er sah sich in der Gemeinschaft ohne festen Halt". Palmers strafwürdiges Verhalten und seine Unangepasstheit in der Bundesrepublik seien somit Folge der ausgeprägten Gegnerschaft seiner Großeltern zum damaligen nationalsozialistischen Unrechtssystem gewesen, so die bemerkenswerte Argumentation des Amtsgerichts Esslingen.

„Wahre Worte sind nicht schön und schöne Worte sind nicht wahr."

Palmer in der Kandidatenvorstellung zur Vaihinger Oberbürgermeisterwahl 1981

Helmut Palmer legte gegen das Urteil Berufung ein. Tatsächlich senkte das zuständige Landgericht Stuttgart am 17. April 1964 die Strafe um ein Drittel auf vier Monate und setzte sie vor allen Dingen zur Bewährung auf drei Jahre aus. Als besonders erforderlich sah es das Landgericht an zu betonen, dass Palmer im „Obstbaukrieg" harte Angriffe gegen seine Abstammung widerfahren seien. Diese Anfeindungen hätten bei Palmer „Hass gegen seine Gegner" ausgelöst und „bestärkten ihn in seiner sicherlich weitgehend unrichtigen Überzeugung, jede ihm nachteilige

Entscheidung irgendeiner Behörde sei von unsachlichen Erwägungen getragen und aus einer verwerflichen antisemitischen Haltung heraus erfolgt".

Das Gericht sah es als „besonders schwierig" an, die Frage der Bewährung zu entscheiden. Die Hartnäckigkeit seines strafbaren Treibens über einen längeren Zeitraum und sein Verhalten bei der Verhandlung in Esslingen hätten erhebliche Zweifel geweckt, ob sich Palmer bewähren werde, wenn er die Strafe nicht verbüßen müsste. Doch überwog für das Gericht die Erkenntnis, dass Palmer nun das Verfehlte seiner Handlungsweise einsehe, er bereit sei, sich zu entschuldigen und vorhabe, sich zu ändern. Daher schloss die Strafkammer:

> *„So mag der Angeklagte, dessen Persönlichkeitsbild neben manchen negativen Zügen von überwiegend positiven Eigenschaften geprägt ist, eingedenk bleiben, daß er bisher durch eigene Schuld viel Unglück über sich gebracht hat. Es wäre bedauerlich, wenn er – entgegen der Erwartung des Gerichts – das in ihn gesetzte Vertrauen mißbrauchen und er seine Arbeitskraft und seine Begabung weiterhin mit unerfreulichen und nutzlosen Streitereien und Übergriffen vergeuden würde."*

Das Trauma auf dem Hohenasperg

Bei der Gerichtsverhandlung vor dem Amtsgericht kam es schon damals zu spektakulären Szenen: Als Palmer den Richter fragte, ob er nicht NSDAP-Parteigenosse in Sachsen gewesen sei, verhängte dieser gleich zwei Tage Ordnungsstrafe gegen ihn. Palmer floh jedoch aus dem Gerichtssaal und versteckte sich in Göppingen bei seiner damaligen Freundin und späteren Ehefrau Erika. Da er einem erneut anberaumten Prozesstermin fernblieb – Palmer war zwei Tage zuvor am Hals operiert worden – erging Haftbefehl. Dieser gründete sich jedoch auf falschen Annahmen des Gerichts, da der beauftragte Amtsarzt den

Der „Demokratenbuckel": Auf dem Hohenasperg (Aufnahme von 1950) waren im 18. Jahrhundert bereits der sozialkritische Absolutismusgegner und Dichter Christian Friedrich Daniel Schubart und im 19. Jahrhundert der Reutlinger Bürokratiegegner und Nationalökonom Friedrich List inhaftiert.

Chefarzt der Klinik missverstanden hatte. So wurde Palmer in Esslingen festgenommen und in Untersuchungshaft gebracht, wo er massive Gegenwehr leistete und die Vollzugsbeamten beleidigte, weil er sich ungerecht behandelt fühlte. Als er in den Hungerstreik ging und sich verbarrikadierte, drangen die Gefängnisbeamten mit Gewalt in seine Zelle ein. Palmer schlug in Zorn und Angst mit einem leichten Wandschrank um sich, schließlich wurde er von den Gefängniswärtern niedergeknüppelt. Beide Seiten trugen leichte Verletzungen davon.

Den Rest der 51-tägigen Untersuchungshaft saß er daher im Gefängniskrankenhaus Hohenasperg ab. Palmer berichtete, dort weiter mit Schlägen körperlich misshandelt und gedemütigt worden zu sein. Besonders bitter beklagte er sich später, dass er als Untersuchungshäftling in die psychiatrische Abteilung gesperrt worden sei, mit Mördern in einer Zelle, von den Wärtern verhöhnt und misshandelt: „Sie warfen mich zu Geisteskranken, die ihren Kot jubelnd an die Decke schmissen und das Wasser aus dem Klo tranken." Palmer fühlte sich als Opfer der Justiz, welche schon seit jeher „politische Überzeugungstäter zu den Höchstkriminellen" werfe, um sie auszuschalten. In seinem Buch von 1979 schrieb er:

„Ein durch richterliche Verfügung zu Geisteskranken gesperrter geistig gesunder Mensch wird selten über diese Scham seines Lebens sprechen. Ich kenne Menschen, die in der DDR politisch zum Schweigen gebracht wurden mit dem unerhört dreckigen Hammer der Psychiater. Dieser faule Zweig der Medizin ließ sich seit langem schon … für die Machthaber als Peitsche benützen. Die Hinrichtung erfolgt gewöhnlich unblutig und langsam."

Die Staatsanwaltschaft Stuttgart klagte Palmer aufgrund der Vorkommnisse bei seiner Verhaftung im März 1963 im Gefängnis des Amtsgerichts Esslingen wegen Widerstand in Tateinheit mit Beleidigung, gefährlicher Körperverletzung, Beamtennötigung und Sachbeschädigung an. Anfangs ermittelte die Staatsanwaltschaft gegen Palmer sogar wegen Verdachts des versuchten Totschlags. Doch später ließ sie von diesem Anklagepunkt ab, da sie den Tötungsvorsatz für nicht beweisbar hielt. Zudem ordnete die Staatsanwaltschaft eine sechswöchige Einweisung Palmers in eine öffentliche Heil- oder Pflegeanstalt an, um ihn dort stationär zu untersuchen. Da Palmers Rechtsanwalt versicherte, dass sein Mandant niemals freiwillig einer psychiatrischen Einweisung Folge leisten würde, ließ die Staatsanwaltschaft auch davon ab. Untersucht wurde Palmer dennoch erneut: noch während seines Aufenthalts auf dem Hohenasperg und abermals ambulant.

Helmut Palmer wurde für sein Verhalten während der Haft im Amtsgericht Esslingen zu insgesamt acht Monaten Gefängnis verurteilt, da die vorhergehende Bewährungsstrafe mit eingerechnet wurde. Die Strafe wurde aber erneut zur Bewährung ausgesetzt, trotz Zweifel, so das Urteil des Amtsgerichts Ludwigsburg vom 9. Juli 1964,

„… ob diese unverbesserliche Michael Kohlhaas-Natur sich in Zukunft straffrei führen wird. (…) Das Gericht will aber dem Angeklagten eine Chance geben, um den Angeklagten durch eine Strafvollstreckung nicht noch weiter in eine Sackgasse der Verbitterung zu treiben. Der Ange-

klagte wird sich aber darüber im klaren sein müssen, dass er in Zukunft nicht mehr wird erwarten können, bei weiteren einschlägigen Delikten, dass er mit Glacéhandschuhen angefaßt werden wird."

In den 1960er-Jahren zeigte auch Palmer seine Widersacher immer wieder an, doch führten die Ermittlungen der Staatsanwaltschaft nur in den seltensten Fällen zu einem Gerichtsprozess. Die Verfahren wurden meist mit der Begründung eingestellt, dass die Beweislast nicht ausreiche, die Palmer vortrug. Nur ein Fall ist bekannt, wo eine Anzeige Palmers Erfolg hatte und zu einer Bestrafung führte. Freilich handelte es sich hier nicht um einen Beamten, sondern um eine Privatperson, die verurteilt wurde: Ein betrunkener Straßenbauarbeiter bezeichnete Helmut Palmer in einer Juni-Nacht 1966 vor dessen Haus als „Saujud". Da der Bauarbeiter ein Messer zog, habe Palmer sich gewehrt, so der Bericht des ermittelnden Staatsanwalts, und den Bauarbeiter „berechtigterweise geohrfeigt und mit einem Besen auf ihn eingeschlagen". Palmer zeigte den Bauarbeiter an. Das Gericht verhängte gegen Letzteren eine Geldstrafe von 500 D-Mark, was einem Monatsgehalt des Angeklagten entsprach, oder 15 Tage Gefängnis. Hingegen findet sich heute kein einziger Beleg, dass eine Strafanzeige Palmers gegen einen Beamten je zu einer Verurteilung geführt hätte. Auch darin gründeten sich Palmers tiefer Groll gegen das Justizwesen und seine Wahrnehmung einer Verschwörung gegen ihn.

Öffentlichkeit gegen Justiz

Die Bewährungszeit für Palmers Gefängnisstrafe war auf drei Jahre ausgelegt. Da er aber innerhalb dieses Zeitraums wegen Beleidigung erneut für zwei Monate Gefängnis verurteilt wurde, sollte Palmer 1968 eine Gesamtgefängnisstrafe von zehn Monaten antreten – unter anderem für Taten, die er viele Jahre zuvor noch am Anfang des Jahrzehnts begangen hatte.

Palmer stellt sich: Unter Beschimpfungen durch seine Nachbarn und mit Tränen in den Augen wird Palmer am 9. November 1968 von der Polizei in Geradstetten abgeholt, um seine zehnmonatige Haftstrafe anzutreten.

Gegen seine Haftstrafe und die Justiz protestierte Palmer in öffentlichen Kundgebungen. Dabei solidarisierten sich viele Bürger mit ihm, nicht nur die jungen, die zunehmend Autoritäten infrage stellten und Mitbestimmung einforderten. In dem Schorndorfer Kulturzentrum „Manufaktur“ sprach Palmer an einem Samstagabend Mitte März 1968 in einem überfüllten Saal vor einer bunten Bürgerschaft aller Altersgruppen. Auch der Oberbürgermeister Schorndorfs war bis lange nach Mitternacht anwesend. Der Berichterstatter der *NWZ Göppingen* meinte am 18. März 1968 über die Veranstaltung:

> *„Das Gehörte, so war die Ansicht der überwiegenden Mehrheit, sei bei aller Skepsis gegenüber den vielleicht subjektiv-gefühlsbetonten Ausführungen des temperamentvollen Redners, zumindest dazu angetan, zum Nachdenken anzuregen. Nachzudenken über die Zustände in einem Rechtsstaat. Nachdenken und Überprüfen, ein wichtiger Faktor in jeder freiheitlichen Demokratie!“*

Von sämtlichen Anwesenden wurde Beifall gespendet, als Schorndorfs Oberbürgermeister dazu aufrief, dass die Jugend im Staat mitarbeiten solle und sich nicht einfach in eine „Anti-Demokratie-Stellung" abdrängen lassen dürfe.

Unterschriftenaktionen für Palmer gingen im Land um. In Reutlingen hielt Palmer im Juli 1968 eine Freiluftkundgebung vor fast 3000 Zuschauern, die teilweise aus dem entfernten Heilbronn anreisten. Sie zeigten sich mit Palmer solidarisch und glaubten Palmers Äußerungen, er sei misshandelt worden und man wolle seine Existenz vernichten. Man nahm sich vor, auch in den Kirchen am Sonntag darüber zu diskutieren. Zahlreiche Telefonanrufe bei Zeitungen belegen, dass die Bürger über Palmer und die Frage, ob er ins Gefängnis muss, lebhaft sinnierten und diskutierten.

„Wenn Palmer ins Gefängnis geht,
der Fortschritt bei uns stille steht."

Aufschrift eines Transparents auf der Solidaritätskundgebung für Palmer im Juli 1968 in Reutlingen

Teile der Öffentlichkeit ereiferten sich über die in ihrer Wahrnehmung zu harten und unfairen Strafen gegen Helmut Palmer. Er selbst und die Medien vermittelten vielfach jedoch ein vereinfachtes, empörendes Bild einer unbarmherzigen Justiz, die Palmer wegen Nichtigkeiten ungerecht oder gar zu Unrecht bestrafe – deshalb, weil er die Verwaltung und Justiz des Landes angreife und ihnen eine menschenverachtende, antidemokratische Haltung vorwerfe.

Zum Ende der 1960er-Jahre hin brach sich zunehmend der Wertewandel in der bundesrepublikanischen Gesellschaft Bahn, vor allem bei der jüngeren Generation. Statt Nüchternheit, Pragmatismus und materieller Sicherung wie noch in der Zeit des Wiederaufbaus, standen für viele vor allem junge Bürger nun Emanzipation von tradierten Autoritäten und Moralvorstellun-

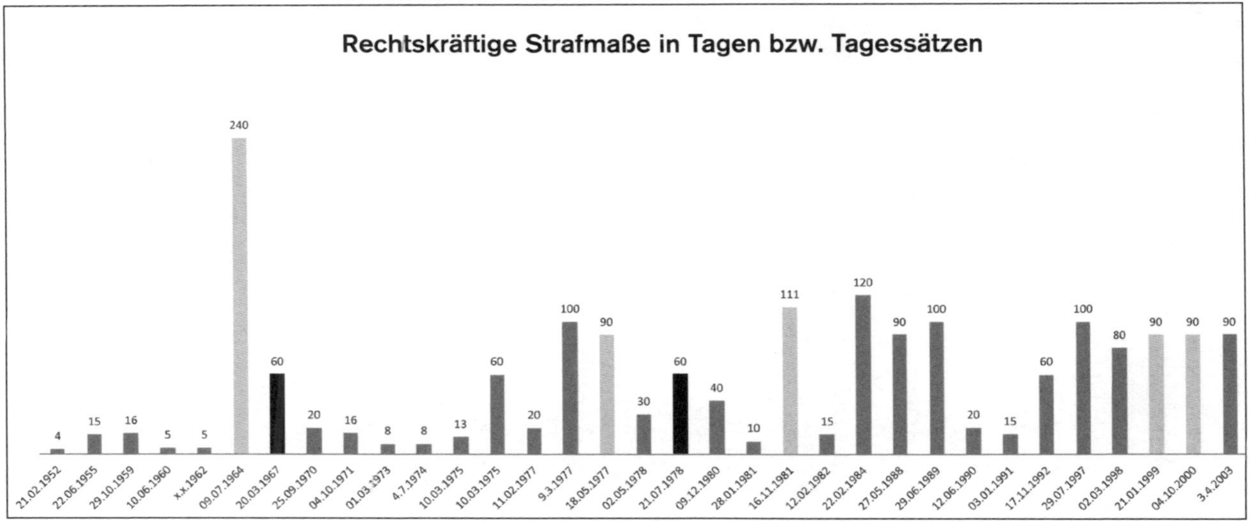

Strafen über ein halbes Jahrhundert: Palmer wurde zwischen 1952 und 2003 zu Geldstrafen in Höhe von 1060 Tagessätzen, zu 621 Tagen Gefängnisstrafe auf Bewährung und zu 120 Tagen Gefängnisstrafe ohne Bewährung verurteilt. Manche Bewährung für eine Gefängnisstrafe wurde aufgehoben, da Palmer innerhalb des Bewährungszeitraums erneut straffällig wurde.

Geldstrafe
Gefängnisstrafe auf Bewährung
Gefängnisstrafe ohne Bewährung

gen im Vordergrund. Weitergehende Demokratisierung, Abkehr von der kapitalistischen Wirtschaftsform und die Überwindung herrschaftlicher, obrigkeitlicher Strukturen wurden eingefordert. Ausgehend von studentischen und unterschiedlich ausgerichteten Linksgruppen bildete sich die Außerparlamentarische Opposition. Proteste und gewaltsame Demonstrationen, die sogar zu Toten führten, trugen am Ende der 1960er-Jahre zu einer tiefen Verunsicherung in der bundesrepublikanischen Gesellschaft bei.

In dieser Zeit des Hinterfragens von Autoritäten und Zweifeln am rechten Handeln des Staates sorgten Helmut Palmers öffentliche Klagen über die baden-württembergische Justiz für starke Reaktionen in der Bevölkerung. Viele Menschen glaubten Palmers Ausführungen, zweifelten an ihrem Rechtsstaat und wurden durch Unterschriftenaktionen, Leserbriefe oder Teilnahme an Kundgebungen für Palmer aktiv. Helmut Palmer zählte dabei nicht zu jenen jungen Menschen, die typischerweise den neuen Protestbewegungen angehörten. Er ging Ende der 1960er-Jahre schon auf die Vierzig zu und musste als äußerst hart arbeitender Kaufmann mit zum Teil sehr bürgerlichen Ansichten eher jenem „Establishment" zugerechnet werden, welches gerade in den Protesten angegriffen wurde. Doch Palmer, der in seiner Wahrnehmung aus einer Verteidigungshaltung heraus die politischen Eliten, Amtsträger und das Justizwesen ohne jegliche Scheu vor Autoritäten wüst angriff und dafür sehr hart bestraft wurde, fand Sympathie und Verständnis nicht nur bei den jungen Protestierern und deren Organisationen. Mit ihm solidarisierten sich zahlreiche Menschen aus unterschiedlichen Sozial- und Altersgruppen.

Palmers Bekanntheitsgrad hatte in den 1960er-Jahren in der württembergischen Bevölkerung weiter zugenommen. Dies lag zum einen am starken Interesse der lokalen Zeitungen gegenüber diesem ungewöhnlichen Bürger, zum anderen an Palmer selbst, der in Marktinseraten in den Zeitungen und auch auf den Marktplätzen selbst über seinen Kampf mit den Behörden

Lange Schlangen: Palmers Verkaufstalent und die hohe Qualität der Ware sorgten manches Mal dafür, dass sein Stand schon nach wenigen Stunden ausverkauft war.

und der Justiz informierte. Denn nach der verlorenen Auseinandersetzung um seine Obstbauanlagen gründete er schließlich einen Obsthandel. Zwar haderte er zeitlebens mit der Tatsache, nun als Händler sein Geld verdienen zu müssen. Denn er sah sich darin bestätigt, als Sohn eines jüdischen Vaters weiterhin von der Gesellschaft ausgestoßen zu sein, dem nur der Handel als Betätigungsfeld bleibe. Auf der anderen Seite war er in seinem neuen Beruf aber außerordentlich erfolgreich. Sein profundes Wissen im Obstbau, die hervorragende Qualität der von ihm angebotenen einheimischen Ware, seine Ortskenntnis, eine eiserne Arbeitsdisziplin und sein rhetorisches Verkaufstalent sorgten dafür, dass sein Geschäft florierte. Dazu trug nicht unerheblich seine Frau Erika (geborene Kröner, Jahrgang 1940) bei, die er 1969 heiratete. Sie war gelernte Sekretärin aus Göppingen und trug nun die schwere Last der Markttätigkeit mit ihm – und wenn er wegen Prozessen, Wahlkämpfen oder Inhaftierungen nicht da war, musste sie die Arbeit alleine stemmen.

Helmut Palmer errichtete Sammelstellen zur Obstannahme von kleineren Bauern im Rems-Murr-Kreis und im Kreis Esslingen. Er achtete dabei stets auf erstklassige Ware. Durch dieses Netzwerk brachte er das einheimische Obst auf kurzen Wegen an die Kunden in Zentralwürttemberg und sicherte vielen lokalen Lieferanten ein Einkommen. Palmer belieferte unter anderem die Märkte in Ulm, Schorndorf, Reutlingen, Tübingen, Göppingen, Esslingen, Kirchheim und Nürtingen. Die Obstzentrale richtete er in seinem Fachwerkhaus in Geradstetten ein, das er durch Renovierungsarbeiten verschönern ließ. Auf das Gefache schrieb er im Laufe der Zeit verschiedene Zitate und Leitsätze und listete seine besten Wahlergebnisse auf. Doch auch eine Liste von Namen „unvergeßlicher Richter und Staatsanwälte“ malte er gut sichtbar in ein Gefache seines Hauses. Es waren die Namen von Staatsanwälten, die ihn angeklagt hatten und von Richtern, die ihn zu hohen Strafen verurteilt hatten.

Bauern, die ihr Obst bei Palmer abliefern konnten und faire Preise dafür bekamen, Kunden auf dem Markt, Teilnehmer seiner Schnittkurse und zahlreiche Interessierte, die die Auseinandersetzungen zwischen Palmer und den Behörden und Gerichten aufmerksam verfolgten, wuchsen so zu einer Lobby, die ihm Ende der 1960er-Jahre öffentlich beistand, als er aufgrund seiner Straftaten ins Gefängnis sollte. Zahlreiche Petitionen und Versammlungen bewirkten zunächst, dass das Justizministerium seine Haft verschob und Palmer über die Sommermonate 1968 das Obst seiner Zulieferer, die wirtschaftlich von ihm abhängig waren, weiter annehmen konnte. Von November 1968 bis April 1969 musste Palmer dann aber seine zehnmonatige Strafe in der Justizvollzugsanstalt Stuttgart-Stammheim absitzen, wurde jedoch durch einen Gnadenerlass des Justizminis-

Obst und Politik: Palmers Wohnhaus in Geradstetten diente als Annahmestelle für zahlreiche Nebenerwerbslandwirte der Region. Die Fassade seines Hauses nutzte er auch, um seine Meinung zu Politik, Justiz und Gesellschaft kundzutun.

ters nach fünf Monaten bereits entlassen, trotz Einwänden der Staatsanwaltschaft und des Amtsgerichts. Der Rest der Strafe wurde zur Bewährung ausgesetzt.

Vor allem die erste Haft im Gefängniskrankenhaus Hohenasperg grub sich Palmer tief ins Gedächtnis ein, als ein Komplott seiner amtlichen Widersacher in gemeinsamer Sache mit den Justizbehörden, die ihm damit schweres Unrecht zugefügt hätten. Helmut Palmer sah die Eliten des neuen Bundeslandes Baden-Württemberg, die Behörden, das Justizwesen und die Parteien als weiterhin durchwandert von Nationalsozialisten, die ihn aufgrund seiner jüdischen Herkunft und seiner Aufmüpfigkeit verfolgten. Die Urteile in den 1960er-Jahren, die mit hohen Gefängnisstrafen Helmut Palmers Beleidigungen gegen Amtsträger unterbinden sollten, hatten den gegenteiligen Effekt: Der baden-württembergischen Justiz erwuchs ein unbeugsamer Gegner, der Generationen von Richtern und Staatsanwälten mitsamt der Öffentlichkeit in Atem halten sollte.

„Palmer hilft, wenn nur ein Triebel zur Wahl steht.“

Palmer in einer Kandidatenvorstellung 1983

5. Der Kommunalwahlschreck: 1970–80er-Jahre

Neben seinen spektakulären öffentlichen Streitigkeiten mit Justiz und Verwaltung des Landes wurde Helmut Palmer in erster Linie durch seine politische Aktivität in Wahlkämpfen berühmt im Land. Sein Engagement bei Bürgermeisterwahlen bewegte viele Menschen. Doch auch sein Einsatz bei Parlamentswahlen sorgte für rege Berichterstattung, heftige Auseinandersetzungen mit den politischen Eliten und starke Reaktionen in der Bevölkerung.

„Jung und redegewandt, wie er nun eben ist“, nahm die Presse Helmut Palmer erstmals 1957 in Hofen im Landkreis Ludwigsburg als Kandidaten für ein Bürgermeisteramt wahr. Der *Enz- und Metter-Bote* merkte am 21. Januar 1957 über Palmers ungestümen Redestil vornehm zurückhaltend an, dass in dessen Wahlveranstaltung „nicht immer sachliche Punkte“ erörtert worden seien, doch sei sie der „Höhepunkt“ des ansonsten „äußerst ruhig verlaufenen“ Wahlkampfs gewesen. Palmer erhielt bei drei Gegenkandidaten 22,3 % der Stimmen. Dabei stand sein Name nicht einmal auf dem Wahlzettel – jeder fünfte Bürger trug Palmers Namen per Hand ein, weil dieser sich zu spät beworben hatte. Im Frühjahr 1995, machte hingegen nur noch eine Handvoll Wähler ihr Kreuz bei Helmut Palmer, als er in Lörrach zum letzten Mal für ein Bürgermeisteramt kandidierte. Zwischen Palmers erster Wahl in Hofen und seiner letzten in Lörrach lagen 38 Jahre und mindestens 289 Wahlkämpfe in ganz Baden-Württemberg. Helmut Palmer wurde in dieser Zeit zu einer festen Größe auf der kommunal- und landespolitischen Bühne Baden-Württembergs. Die *Stuttgarter Zeitung* blickte am 4. Mai 1995 anlässlich seiner letzten Kandidatur auf Palmers Werdegang: „Wie kein anderer artikulierte er, rhetorisch und demagogisch begabt, die Klischees und Vorurteile der Kleinbürger (...) Palmer – das war schon eine Klasse für sich.“ Und *Die Zeit* hörte am 2. Juni 1995 „förmlich das Stöhnen des Wahlvolks – halb vor Erleichterung, halb vor Bedauern.“ Durch seine Kandidaturen habe er einen Bekanntheitsgrad erreicht, „der dem des Ministerpräsidenten in nichts nachsteht.“

Palmers Kandidaturen bei Bürgermeisterwahlen

Die hohe Anzahl der Kandidaturen Helmut Palmers resultierte zu einem großen Teil aus Bürgermeisterwahlen in kleinen bis sehr kleinen Gemeinden, besonders in den 1980er-Jahren, in denen seine Chancen auf ein hohes Wahlergebnis in den allermeisten Fällen aus verschiedenen Gründen gering waren: Palmer selbst investierte weder viel Zeit noch viel Geld in diese Wahlkämpfe, sondern begnügte sich oft mit sehr wenigen bis gar keinem Inserat in der lokalen Zeitung beziehungsweise im Amtsblatt der Gemeinde. Oft trat er nur bei der offiziellen Kandidatenvorstellung im Ort auf. Und manchmal tat er nicht mal das, wenn er die Modalitäten des Abends für undemokratisch hielt und aus Protest fernblieb. Nicht selten stellte sich Palmer zur Wahl, ohne auf dem Wahlzettel zu stehen. In diesen Fällen mussten die Bürger seinen Namen eigenhändig auf ihrem Wahlzettel notieren. Häufig handelte es sich um Wahlen, in denen der Amtsinhaber der einzige Kandidat gewesen wäre, hätte Palmer nicht kandidiert.

„A paar Panseela en an Saubetontrog neisetza, daß d'Hond neibronza kennet."

Palmer 1981 über städtische Pflanzungen in Fußgängerzonen

Palmers Gründe, an diesen vielen Wahlen teilzunehmen, wo doch die Chance auf das Amt sehr gering bis meist aussichtslos war, sind in seinem Sendungsbewusstsein zu suchen: Er wollte in erster Linie seine Ansichten durch die öffentlichkeitswirksame Plattform der Bürgermeisterwahlen einer breiten Masse an Bürgern vorstellen. Bei Wahlen, in denen nur der Amtsinhaber wieder antrat, wollte er eine demokratische Wahl ermöglichen, die ihren Namen erst dann verdient, wenn mindestens zwei Kandidaten zur Auswahl stehen. Um dies plastisch darzustellen, verglich er die Wahl eines Bürgermeisters mit einem Marktstand, dessen Auswahl sich auch nicht nur auf ein Produkt beschränken dürfe: „Der Vergleich von Waren aller Art und Menschen ist das Kennzeichen westlicher Freiheit. Nur im Vergleich

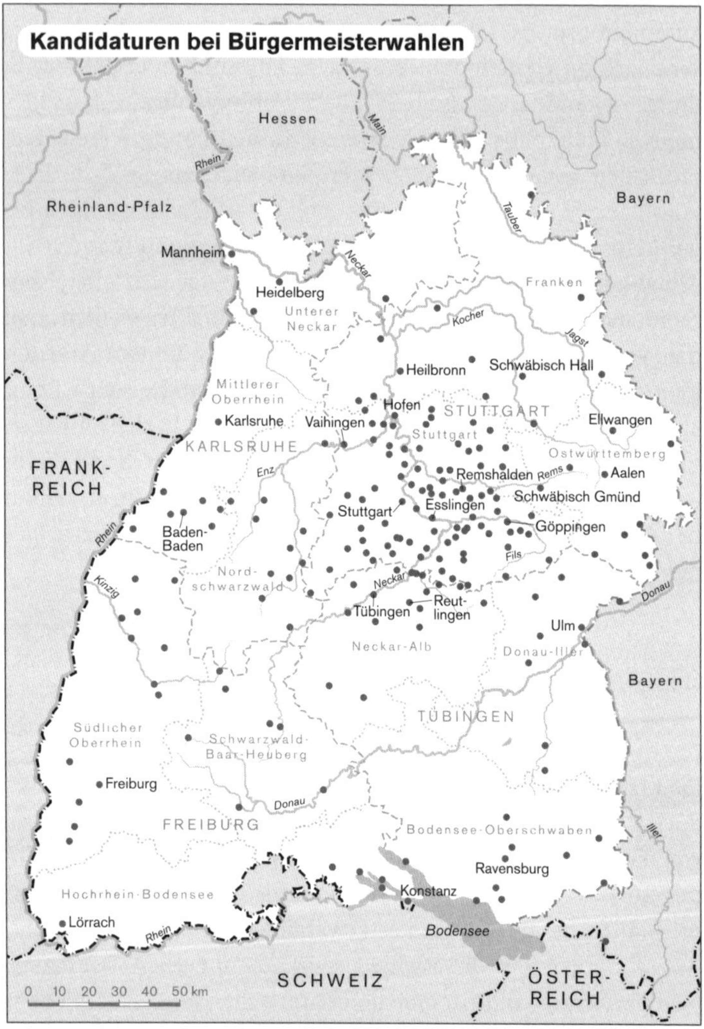

Palmers Reichweite: Die meisten Bürgermeisterwahlkämpfe gestaltete Palmer in Zentralwürttemberg mit. Aber auch im Badischen oder in Oberschwaben musste man immer damit rechnen, dass Palmer ins Rennen ging. Oft kandidierte er im gleichen Ort erneut.

können die Bürger feststellen, wer der beste Kandidat ist", so Palmer in einem Brief an einen Gemeindewahlausschuss 1984. Helmut Palmer zürnte auch gegen die Regelung, dass bei Bürgermeisterwahlen theoretisch eine Stimme ausreiche, um die Wahl rechtskräftig zu machen, unabhängig von der Anzahl wählender Bürger. Im Gegensatz dazu benötigte man bei Bürgerbegehren extrem viele Stimmen, um das erforderliche Quorum zu erreichen.

Zählt man alle bekannten Wahlkämpfe zusammen, in denen sich Palmer offiziell oder inoffiziell als Wahlalternative präsentierte, so waren dies besagte 289. Diese unterteilen sich in 167 Bürgermeisterwahlen in Gemeinden bis zu 20 000 Einwohnern und 122 Oberbürgermeisterwahlen in Städten mit mehr als 20 000 Einwohnern. Dabei sammelte Helmut Palmer insgesamt von 1957 bis 1995 circa 157 000 Stimmen. In mindestens 143 dieser Wahlen bewarb sich der Amtsinhaber erneut, und in mindestens 75 davon trat Palmer als einziger Gegenkandidat an. In den Jahren 1985 und 1986 war Palmer am rührigsten: 95 Mal bot er sich allein in diesen beiden Jahren dem Wahlvolk als Alternative an und trug damit zur kommunalen Demokratie bei.

In 73 Wahlkämpfen erreichte Helmut Palmer mehr als 10 % der Stimmen, in 21 davon mehr als 20 %. Hohe Ergebnisse erhielt Palmer aber nicht nur dann, wenn er die einzige Alternative darstellte und sich der Unmut über den wiederkandidierenden Amtsinhaber auf die Wahl Palmers konzentrierte. Von den 73 Wahlkämpfen, in denen Palmer mehr als 10 % der Stimmen erhielt, waren nur 22 Wahlduelle zwischen Palmer und dem Amtsinhaber. In den übrigen 51 Wahlkämpfen musste er sich gegen mehrere, zum Teil auch starke Gegenkandidaten behaupten. Dass er dennoch häufig sehr gut dabei abschnitt, lässt vermuten, dass viele Bürger ihn nicht nur aus Protest wählten. Seine größten Erfolge erlebte Helmut Palmer verteilt über die 1970er- und 1980er-Jahre. Warum so viele Menschen Palmer ihre Stimme gaben, lassen die Wahlstatistiken jedoch nicht erkennen. Hierfür lohnt es sich, einzelne Wahlen genauer zu betrachten.

Palmers Einbruch in etablierte Politikstrukturen

Helmut Palmer bewirkte vor allen Dingen zu Beginn seiner Karriere als Wahlkämpfer großes Aufsehen bei Bürgermeisterwahlen. In den 1970er-Jahren sorgte er erstmals für stärkere Beachtung durch sein zweistelliges Wahlergebnis bei der Oberbürgermeisterwahl in Reutlingen 1973. Kurz darauf folgte sodann das wohl größte und spektakulärste Ereignis in seinem politischen Leben: die Wahl zum Oberbürgermeister in Schwäbisch Hall 1974.

In Reutlingen war 1973 Helmut Palmer schon seit vielen Jahren eine Person des öffentlichen Interesses. Bis zu dreimal wöchentlich stand er auf dem Markt und verkaufte dort sehr erfolgreich sein Obst. In unzähligen Inseraten im *Reutlinger Generalanzeiger* vermischte er über Jahre seine Marktankündigungen mit seinen politischen Ansichten und Ratschlägen. Besonders aber seine Proteste gegen die Strafverfahren, die hauptsächlich aufgrund von Beleidigungen gegen ihn liefen, verschafften ihm Ende der 1960er-Jahre eine starke Resonanz bei den Bürgern und den Medien in der ehemals Freien Reichsstadt. Reutlingen zählte zur Zeit der Oberbürgermeisterwahl 1973 rund 90 000 Einwohner und wuchs aufgrund seiner Anziehungskraft als Industriestadt und verschiedener Eingemeindungen in den Jahren zuvor recht stark. Der private Wohlstand in Reutlingen lag über dem Bundes- und Landesdurchschnitt und war breit gestreut. Auch die städtische Finanzsituation war gut, ausreichend Wohnraum durch sozialen Wohnungsbau und eine gute Ausstattung an Kindergärten, Volksschulen und Sporteinrichtungen waren vorhanden. Es gab zur Zeit der Wahl 1973 in Reutlingen keine besonderen Probleme, die großen Unmut bei den Wählern hervorgerufen hätten. Da sich der bisherige Amtsinhaber nicht mehr zur Wahl stellte, konnte man dessen Politik durch das eigene Abstimmungsverhalten weder unterstützen noch abstrafen.

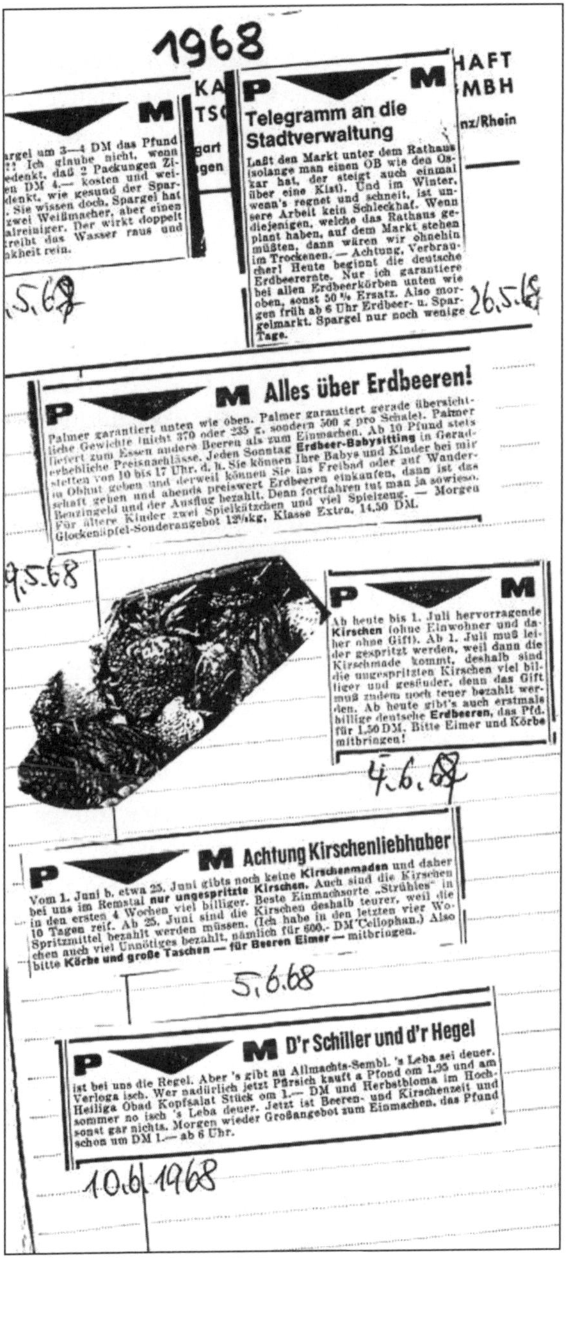

1968

KA
TSC
gart
gen
HAFT
MBH
nz/Rhein

P M

rgel um 3—4 DM das Pfund
?! Ich glaube nicht, wenn
edenkt, daß 2 Packungen Zi-
en DM 4.— kosten und wei-
denkt, wie gesund der Spar-
. Sie wissen doch, Spargel hat
zwei Weißmacher, aber einen
alreiniger. Der wirkt doppelt
treibt das Wasser raus und
kheit rein.

.5.68

P M

Telegramm an die Stadtverwaltung

Laßt den Markt unter dem Rathaus
(solange man einen OB wie den Os-
kar hat, der steigt auch einmal
über eine Kist). Und im Winter,
wenn's regnet und schneit, ist un-
sere Arbeit kein Schleckhaf. Wenn
diejenigen, welche das Rathaus ge-
plant haben, auf dem Markt stehen
müßten, dann wären wir ohnehin
im Trockenen. — Achtung, Verbrau-
cher! Heute beginnt die deutsche
Erdbeerernte. Nur ich garantiere
bei allen Erdbeerkörben unten wie
oben, sonst 30 % Ersatz. Also mor-
gen früh ab 6 Uhr Erdbeer- u. Spar-
gelmarkt. Spargel nur noch wenige
Tage.

26.5.68

P M **Alles über Erdbeeren!**

Palmer garantiert unten wie oben. Palmer garantiert gerade übersicht-
liche Gewichte (nicht 370 oder 235 g, sondern 500 g pro Schale). Palmer
liefert zum Essen andere Beeren als zum Einmachen. Ab 10 Pfund stets
erhebliche Preisnachlässe. Jeden Sonntag **Erdbeer-Babysitting** in Gerad-
stetten von 10 bis 17 Uhr, d. h. Sie können Ihre Babys und Kinder bei mir
in Obhut geben und derweil können Sie ins Freibad oder auf Wander-
schaft gehen und abends preiswert Erdbeeren einkaufen, dann ist das
Benzingeld und der Ausflug bezahlt. Denn fortfahren tut man ja sowieso.
Für ältere Kinder zwei Spielkätzchen und viel Spielzeug. — Morgen
Glockenäpfel-Sonderangebot 12%kg, Klasse Extra, 14,50 DM.

9.5.68

P M

Ab heute bis 1. Juli hervorragende
Kirschen (ohne Einwohner und da-
her ohne Gift). Ab 1. Juli muß lei-
der gespritzt werden, weil dann die
Kirschmade kommt, deshalb sind
die ungespritzten Kirschen viel bil-
liger und gesünder, denn das Gift
muß zudem noch teuer bezahlt wer-
den. Ab heute gibt's auch erstmals
billige deutsche **Erdbeeren**, das Pfd.
für 1,30 DM. Bitte Eimer und Körbe
mitbringen!

4.6.68

P M **Achtung Kirschenliebhaber**

Vom 1. Juni b. etwa 25. Juni gibts noch keine **Kirschenmaden** und daher
bei uns im Remstal **nur ungespritzte Kirschen**. Auch sind die Kirschen
in den ersten 4 Wochen viel billiger. Beste Einmachsorte „Strühles" in
10 Tagen reif. Ab 25. Juni sind die Kirschen deshalb teurer, weil die
Spritzmittel bezahlt werden müssen. (Ich habe in den letzten vier Wo-
chen auch viel Unnötiges bezahlt, nämlich für 600,- DM Cellophan.) Also
bitte **Körbe und große Taschen — für Beeren Eimer** — mitbringen.

5.6.68

P M **D'r Schiller und d'r Hegel**

ist bei uns die Regel. Aber 's gibt au Allmachts-Sembl. 's Leba sei deuer.
Verloga isch. Wer nadürlich jetzt Pärsich kauft a Pfond om 1,95 und am
Heiliga Obad Kopfsalat Stück om 1.— DM und Herbstbloma im Hoch-
sommer no isch 's Leba deuer. Jetzt ist Beeren- und Kirschenzeit und
sonst gar nichts. Morgen wieder Großangebot zum Einmachen, das Pfund
schon um DM 1.— ab 6 Uhr.

10.6.1968

„Ein Stück Volksliteratur": Palmers originelle Obstinserate, die er mit Haushaltstipps und seiner politischen Meinung garnierte, wurden von einigen Bürgern in liebevoll gestalteten Alben über Jahrzehnte gesammelt.

Für das Amt des Oberbürgermeisters der Stadt Reutlingen und damit für die Nachfolge des langjährigen Oberbürgermeisters Oskar Kalbfell (SPD) kandidierten 1973 vier Männer: Dr. Manfred Oechsle (CDU), Dr. Andreas von Bülow (SPD), Karl-Heinz Langner (Deutsche Sex-Partei) und – als einziger Parteiloser – Helmut Palmer. Der Kandidat Langner wollte lediglich seine kleine Nischenpartei bekannter machen und schied rasch aus dem Wahlkampf aus. Die Kandidaten der CDU und SPD glichen sich sehr: Oechsle und von Bülow waren beide um die vierzig, hatten also beide das richtige Alter, um als gestandener Mann und gemeinhin als „gscheit" zu gelten, beide waren verheiratet mit je drei Kindern, beide evangelisch wie die Mehrheit der Wähler Reutlingens. Das Kandidatenangebot der beiden Volksparteien war also genau nach dem Geschmack der württembergischen Wähler, konnte man meinen.

Wer keine Partei oder Initiative hinter sich hat, verfügt nur über wenig Werbemacht. Man muss sich den Entwurf und die Produktion der Werbematerialien nicht nur finanziell leisten können, es werden auch viele Personen über einen längeren Zeitraum hinweg benötigt, die sie in der Stadt in den Wochen des Wahlkampfs verteilen. Plakate, Prospekte, Flugblätter, Luftballons, Aufkleber, Ansteckplatten und Postkarten wurden von den beiden großen Parteien in Massen eingesetzt, um ihre Kandidaten zu unterstützen. Palmer hingegen legte den Schwerpunkt auf seine Rede in den Wahlveranstaltungen, auf Werbereisen mit einem gemieteten Bus und vor allen Dingen auf Anzeigen in der Zeitung. Bereits Monate vor dem Wahltermin inserierte Palmer im *Reutlinger Generalanzeiger* häufig. Nach einer Veranstaltung der Volkshochschule im September stellte er jedoch das Annoncieren im Monopolblatt Reutlingens ein, weil er den *Reutlinger Generalanzeiger* beschuldigte, gegen ihn zu hetzen. Palmer nutzte also die mit Abstand wichtigste Zeitung als Medium für seine Wahlwerbung in der entscheidenden Zeit direkt vor der Wahl nicht mehr.

„Der CDU-Wähler ist das Lamm Gottes.
Dem kann man alles aufbürden."

Palmer im Bürgermeisterwahlkampf
in Radolfzell 1976

Zweieinhalb Wochen vor der Wahl fand die erste öffentliche Gegenüberstellung der vier OB-Kandidaten statt. Der Veranstalter, die Reutlinger Volkshochschule, sah jedoch trotz vorheriger Warnungen vor hohem Publikumsandrang einen viel zu kleinen Saal vor, der nur 350 Leute fassen konnte. Rund 1500 Personen begehrten jedoch Einlass. Helmut Palmer nutzte die Situation entschieden für sich aus, verließ „unter Protest" die Versammlung in der Volkshochschule und brachte Hunderte Bürger, die draußen warteten dazu, ihm auf den Rathausplatz zu folgen. Da den Organisatoren keine andere Lösung einfiel, folgten ihm schließlich alle anderen Zuhörer und Kandidaten ebenfalls dorthin. Doch die „in schöner Einhelligkeit aufmarschierten Lautsprecherwagen von CDU und SPD kamen gegen die Markterfahrung eines Palmers nicht an", berichtete der *Reutlinger Generalanzeiger.* Palmer gewann durch sein rhetorisches Talent die Menge an diesem Abend für sich und erklärte als Konsequenz dieses Erfolgs, dass er nun nicht mehr nur einen Achtungserfolg bei der Oberbürgermeisterwahl in Reutlingen erzielen wolle, sondern eine echte Chance sehe, den Bürgermeistersessel zu erobern.

Die Kandidaten der SPD und der CDU selbst jedoch nahmen Palmer weiterhin als Außenseiter wahr, auf den man nicht weiter eingehen sollte. Damit folgten beide in ihrem Wahlkampfverhalten der Erkenntnis, dass Gezänk und Polemik bei Bürgermeisterwahlen selten vom Wähler honoriert werden, positive Aussagen und der Eindruck, über Parteienstreit zu stehen und integrativ zu wirken, dagegen das Wohlwollen der Bürger hervorruft. Zugleich läuft diese Art des Wahlkampfs freilich Gefahr, zur konturlosen Selbstdarstellung mit schönen, aber sehr vagen Versprechungen zu verkommen. Da die aussichtsreichen Kandidaten das fast gleiche Profil aufwiesen, erhielt Helmut Palmer viele Lacher und Zustimmung, wenn er einen solchen Wahlkampf mit langweiliger Waschmittelwerbung verglich, bei der man nur die Wahl zwischen Omo, Persil und eben ihm, Palmer, habe. Zum Teil heftige Reaktionen aus der Bürgerschaft auf Palmers Kandidatur in Zeitungsinseraten im *Reutlinger Generalanzeiger* zeigen, dass man ihn in manchen Reutlinger Kreisen durchaus nicht unterschätzte, aber auch nicht viel von ihm hielt. So betitelte man ihn als „Lügner“, „Wortverdreher“ und „Großmaul“. Andere jubelten ihn jedoch in Leserbriefen oder selbst geschalteten Anzeigen himmelhoch: „PALMER weiß ALLES, PALMER kann ALLES, PALMER macht ALLES“, und hoben seine Parteilosigkeit und seinen Kampf gegen das Beamtentum hervor.

Zwei Tage vor der offiziellen Kandidatenvorstellung hielt Helmut Palmer eine eigene Versammlung in Reutlingens großer Friedrich-List-Halle ab. Zuvor hatte er, wie er das auch später stets zu tun pflegte, auch seine Mitbewerber eingeladen, diese kamen jedoch zunächst nicht. Hingegen wollten 2000 Bürger den Politikrebellen sehen, die Halle war überfüllt. Alle Kommentare und Artikel über die Veranstaltung hielten fest, dass seine Rede sehr gut beim Publikum ankam, wohingegen Diskussionsteilnehmer und die zu späterer Stunde doch noch erschienenen Kandidaten Oechsle und von Bülow teilweise vom Publikum angefeindet wurden. Tatsächlich rechneten wohl weder von Bülow noch Oechsle im Vorfeld mit einem solchen Ansturm an Interessierten und trafen daher erst spätabends in der List-Halle ein, um sich dem Wahlvolk zu präsentieren. Ein Pressekommentator machte Palmer dafür verantwortlich, die Menge aufgeheizt zu haben. Zu sehr negativen Kommentaren im *Reutlinger Generalanzeiger* kam es wohl auch deshalb, weil Palmer scharf gegen die Zeitung redete und ihr Manipulation vorwarf, zudem deren Journalisten als unfähige Schreiberlinge darstellte, die ihm entweder in den Rücken fallen oder ihn gar nicht erwähnen würden.

„Ich war schon Demokrat, als andere noch um Entnazifizierungsscheine gebettelt haben."

Palmer bezüglich seines kritisierten Demokratieverständnisses in einer Pressekonferenz in Waiblingen zur Landtagswahl 1980

Das Ergebnis war schließlich bereits im ersten Wahlgang eindeutig. Manfred Oechsle erhielt knapp 55 % der Stimmen, sein Konkurrent von Bülow nur 35 %. Palmer wählten 4395 Reutlinger, das entspricht einem Prozentsatz von 10,4 %. Die Wahlbeteiligung betrug recht hohe 72,9 %. Für Palmer war es der Startschuss für eine Serie zweistelliger Wahlergebnisse in größeren Städten Baden-Württembergs in den 1970er-Jahren. Der Reutlinger Wahlerfolg sicherte Palmer erstmals größere Beachtung in den Medien und der Landespolitik. Politisch war er nun kein Niemand mehr.

Ein Kommentator des *Reutlinger Generalanzeigers* scheute sich nicht, den Wahlkämpfer Palmer, der nicht in die gängige Politiker-Schablone zu passen schien, in die Nähe von Feinden der Demokratie zu rücken, wenn er ihn in einem Artikel vom 1. Oktober 1973 als „Demagogen" bezeichnete und gar die leidvolle Erfahrung der jüngsten deutschen Vergangenheit gegen ihn aufrief. Er würde von „Unverbesserlichen" unterstützt. Doch die wirklich „Unverbesserlichen" in der Bevölkerung gingen ganz anders gegen Helmut Palmer vor. Die überschütteten ihn mit antisemitischen Beleidigungen und bedrohten ihn unverhohlen. Hier wurde ein Ton angeschlagen, bei dem einzelne Bürger ihn über all die Jahre seines politischen Lebens anfeindeten und schwer beleidigten. Auch mit Gewalt bedrohten sie ihn immer wieder. Nur wenige dieser Briefe sind erhalten geblieben, so wie jener nach der Reutlinger Oberbürgermeisterwahl:

„Es ist an der Zeit, daß Ihnen endlich einmal Ihre dreckige Judenschnauze gestopft wird. Den Rabatz, den Sie jetzt machen, können Sie sich ersparen.

> *Diese Art kennzeichnet so recht Ihre jüdische Rabulistik mit der Sie ja auch Ihren Marktverkauf betreiben. Wenn Sie glauben das Zeug für einen OB zu besitzen, so darf ich Ihnen sagen, daß Sie eventuell das Zeug für einen Mostapfelzüchter haben könnten.*
>
> *Nehmen Sie sich in acht. Die unterzeichnete Organisation überwacht Sie und schlägt gegebenenfalls zu."*

Der Verfasser war mit hoher Wahrscheinlichkeit deutscher Abstammung, dessen Sprachgebrauch durch die Goebbel'sche Propagandasprache („jüdische Rabulistik") geprägt war. Doch von diesen Drohungen ließ sich Palmer nie einschüchtern und zitierte auf solcherlei Anfeindungen häufig Goethe: „Ich kann mich nicht bereden lassen, macht mir den Teufel nur nicht klein, ein Kerl, den viele hassen, der muss was sein!"

Nach der Wahl in Reutlingen führten Wissenschaftler der Landeszentrale für politische Bildung Baden-Württemberg eine Wahlanalyse durch: Die Wähler Helmut Palmers waren demnach überwiegend männlich und stammten fast ausschließlich aus der breiten Mitte der Gesellschaft, während weder die Elite noch die sozial schwachen Bürger in nennenswerter Zahl Palmer wählten. Für die jungen Palmer-Anhänger war seine Wahl ein „bewusster Protestakt". Drei von vier Wählern Palmers gaben an, aus ihrer Sicht eine „wichtige politische Entscheidung" mit ihrer Stimmabgabe getroffen zu haben. Die Forscher der Befragung sahen dieses Ergebnis und damit Palmer selbst als das „Symptom einer latent vorhandenen Krankheit der Kommunalpolitik". Zwei Drittel aller Wähler waren in irgendeiner Form mit dem politischen System unzufrieden. Daher rieten sie, dass die Verwaltung und die Parteien sich nicht nur des Symptoms (Palmer), sondern vor allen Dingen der Krankheit selbst (Politikverdruss) annehmen sollten. Doch nur eine kleine Minderheit hielt Palmer für einen gefährlichen Volksverführer. Die tendenziell gelassene oder gar positive Einstellung von 90 bis 95 % der Reutlinger Bürger zu Palmer hob sich markant ab von den zum Teil hysterischen Reaktionen der Eliten und der Medien auf Palmers Wahlerfolge. Reutlingen kann dabei als typisch angesehen werden für die Reaktionen in den Städten und Gemeinden Württembergs, in denen Palmer in den 1970er- und 1980er-Jahren kandidierte: Eine große Mehrheit der Bürger gab ihm in seinen Ansichten in vielerlei Hinsicht recht, sah in seiner Person aber kein geeignetes Gemeindeoberhaupt.

Der Höhepunkt: Schwäbisch Hall 1974

Der Höhepunkt seiner Tätigkeit als Wahlkämpfer, vermutlich aber auch der Höhepunkt in Palmers der Öffentlichkeit verschriebenen Leben, war die Oberbürgermeisterwahl in Schwäbisch Hall im Jahr 1974. Grund für Unmut gab es in der Stadt reichlich – sie war hoch verschuldet und der nach zwei Jahrzehnten scheidende Oberbürgermeister hinterließ ein verkrampftes Verhältnis zwischen Stadtverwaltung und Bürgerschaft. Hinzu kamen unbewältigte Probleme der Stadtsanierung und des innerstädtischen Verkehrs. Die Eingemeindung kleiner Ortschaften im Zuge der Gemeindereform des Landes hatte für weitere Spannungen gesorgt. Es war die aufgewühlte Zeit der Gemeindereform Anfang der 1970er-Jahre, die großen Unmut und Protest in den Kommunen des Landes hervorrief: Durch die Zusammenlegung kleinerer Ortschaften zu größeren Gemeinden sollten Effizienzsteigerungen für Verwaltung und Planung auf Kommunalebene erreicht werden. Gegner sahen darin jedoch vielmehr den Versuch der Parteien, ihre Macht auch auf die Gemeindepolitik auszudehnen, in der traditionell Honoratioren und freie Wählervereinigungen das Sagen hatten und Parteipolitik mit Skepsis begegnet wurde. Palmer wusste den Unmut vieler Bürger zu nutzen, indem er die verantwortlichen Beamten und Politiker als „Planungsverbrecher" bezeichnete und ihnen Bürgerferne, Kungelei und das Walten und Schalten über die Interessen der Bürger hinweg vorwarf.

„Jeder ist ein Scharlatan, der mit dem Dukatenesel in den Wahlkampf geht."

Palmer in der Kandidatenvorstellung zur Oberbürgermeisterwahl 1983 in Balingen

Ein ungenügendes Bewerberangebot an die Wähler – neben Palmer ein als unsympathisch wahrgenommener CDU-Kandidat und ein rhetorisch schwacher Sozialdemokrat – führte dazu, dass zusätzlich der parteilose Bürgermeister Nellingens, Karl-Friedrich Binder, ins Rennen geschickt wurde. Er sollte es mit Palmer aufnehmen, der nach der Wahl in Reutlingen von manchem Haller Bürger als echte Gefahr wahrgenommen wurde. Denn Palmer heizte die Stimmung in der Stadt durch heftig anschuldigende Reden und eine ganze Flut an Zeitungsanzeigen an. So beleidigte er Mitglieder alteingesessener Familien und bezichtigte verschiedene Honoratioren der Korruption. Mehrere Strafbefehle ergingen gegen Palmer.

Die Parteien, das Rathaus mitsamt dem Gemeinderat sowie übergeordnete Behörden stellten Helmut Palmer als einen gemeinsamen Interessenklüngel wider den kleinen Mann dar. Das entsprach seinem Weltbild, dieselbe Argumentation entwickelte er immer wieder in seinen Wahlkämpfen. Doch nirgendwo scheint Palmer einen so guten Resonanzboden für seine pauschalisierende Sicht der Dinge und sein Bild einer Verschwörung der Beamten und Parteien vorgefunden zu haben wie 1974 in Schwäbisch Hall. Palmer wetterte aber nicht nur gegen das politisch-administrative Establishment, sondern warb auch mit seinen eigenen Vorstellungen, wie er als Oberbürgermeister in Schwäbisch Hall wirken würde. Während die beiden Parteikandidaten in ihren Wahlprogrammen zwar bodenständige, aber doch recht vage Ideen vorgaben, wie sich die Stadt unter ihrer Führung entwickeln sollte, lieferte Palmer zwei spektakuläre Vorschläge, die den Wahlkampf inhaltlich bestimmen sollten: Er wollte eine Seilbahn vom Stadtzentrum zu einem höher gele-

Palmers größter Moment: In der Nacht der Oberbürgermeisterwahl 1974 in Schwäbisch Hall hörten ihm Tausende Menschen zu, wie er „gegen Idiotie und Bürokratie" vorgehen wollte, damit „diese Bewegung weitergeht und weite Kreise schlägt in der Bundesrepublik".

genen Erholungsgebiet bauen lassen; und zur Verbesserung der Verkehrssituation plante er ein Parkhaus – ein Betonklotz mit Aussichtsterrasse direkt über dem Fluss Kocher.

Helmut Palmer konnte in Schwäbisch Hall deswegen so intensiv im Wahlkampf mitmischen, weil er bereits am Anfang Unterstützung durch einen ortsansässigen Unternehmer fand. Dieser war verbittert über einen früheren Streit mit der Stadtverwaltung und fand in Palmer einen starken und unerschrockenen Behördenfeind mit großer Strahlkraft. Mit der finanzkräftigen Hilfe eines Unternehmers konnte Helmut Palmer somit seinen Wahlkampf weitaus stärker führen, als ihm dies vorher möglich gewesen war, da er sonst fast alle Wahlkampfkosten aus eigener Tasche hätte bezahlen müssen. In Schwäbisch Hall 1974 konnte Palmer also zum ersten und auch einzigen Mal bei einer Bürgermeisterwahl mit den Parteikandidaten finanziell konkurrieren. Am sichtbarsten wurde die finanzielle Unterstützung darin, dass Palmer täglich mehrfach im *Haller Tagblatt* mit launigen Neuigkeiten, seiner eigenen Meinung und Werbung für sich selbst inserierte. Gepaart mit seinen gut besuchten Auftritten in den Teilorten wurde Palmer so tägliches Gesprächsthema.

Helmut Palmer attackierte in seinen Versammlungen hart und beleidigend das politische und gesellschaftliche Establishment Schwäbisch Halls. In einer seiner Großveranstaltungen bezichtigte Palmer einen Stadtrat vor 1400 Personen der „Schiebung und Machenschaften", da die Stadt zuvor von der Frau jenes Stadtrats ein Grundstück aufgekauft hatte. Von einem Regierungsdirektor behauptete Helmut Palmer, er gehe mit den Leuten um, als sei er „Reichsprotektorator [sic] von Böhmen, Mähren und Künzelsau". Die im Naturschutz tätigen Personen auf dem Landratsamt hieß er „Halbdackel" und „Naturschutzeindünster". Der Stadtrat, die Stadt Schwäbisch Hall, der Regierungsdirektor sowie der Leiter des Landratsamtes erstatteten daraufhin alle Strafantrag gegen Palmer. Diesen beeindruckte das jedoch wenig. Er heizte die Stimmung weiter emotional durch seine polemischen Zeitungsanzeigen und heftig anschuldigenden Reden auf, zum Beispiel wenn er vor circa 200 Personen einen Bürger und dessen Familie der Erpressung bezichtigte und den Mann durch das Megafon mit den Worten verhöhnte: „… das ist doch kein Mann, das ist ein Männle, ein Schleimscheißer; jetzt wird er ja schon ganz blaß, dem zittern ja schon die Knie".

Zusammen mit bis zu 200 Bürgern führte er Aktionen durch, die Missstände im Verkehrsbereich Halls beheben sollten. Die Aktionen kündigte er in seinen Anzeigen an und warb um Mitstreiter. Beispielhaft eine Zeitungsanzeige im *Haller Tagblatt* vom 12. Februar 1974:

> *„Vor der Versammlung und nach der Versammlung in der Rollhofturnhalle muß heute etwas laufen. Die letzten unversenkten Leitplanken müssen entschärft werden. Verkehrshindernisse aller Art, darunter auch ein Baum, müssen fallen. Ich hoffe auf die erste Arbeitsgruppe um 17.00 Uhr vor dem Hotel ‚Hohenlohe'. Bitte dringend Pickel, Schaufeln, Winden, Schneidbrenner, Vorschlaghämmer etc. mitbringen."*

Er versenkte Leitplanken, legte sichtbehindernde Hinweisschilder um und versuchte, einen 90 Jahre alten Kastanienbaum zu fällen, was ihm und seinen Helfern jedoch nicht gelang. Kurz zuvor hatte die Stadt noch 4000 D-Mark in die Erhaltung der Kastanie investiert, unter anderem, weil sich eine Bürgerinitiative damals für den Erhalt des Baumes starkgemacht hatte. Daraufhin wurde aufgrund des Vorfalls von der Polizei Strafantrag wegen erschwerter Sachbeschädigung, Beleidigung und Widerstand gegen die Staatsgewalt gestellt. Das Straßenbauamt bezeichnete gegenüber der *Hohenloher Zeitung* am 26. Januar 1974 die Resultate der von Palmer durchgeführten Aktionen als „großer Krampf", „Schaumschlägerei" oder „Scheiß". Zudem seien die Stellen nun teilweise gefährlicher als zuvor. In seinen Versammlungen, die trotz zwei bis fünf D-Mark Eintritt meist übervoll waren, sorgten Tiefschläge gegen seine Mitbewerber und den Gemeinderat für Lacher und Zustimmung.

Die Mischung aus polemischen Angriffen gegen den „Beamten- und Parteienstaat", gegen die politischen und administrativen Eliten, gepaart mit eigenen, gewagten und ungewöhnlichen Vorschlägen, wie er die Stadt Hall zum Besseren zu verändern gedenke, sorgte dafür, dass er zunehmend an Popularität gewann. Dass er Missstände publikumswirksam mit begeisterten Bürgern bereits während des Wahlkampfs anging, hob ihn als zupackend und dynamisch von seinen Mitbewerbern ab. Palmer ermunterte die Bürger Halls, ihm die Probleme aufzuzeigen, gegen die er dann energisch und auf seine ungewöhnliche Weise vorging. Diese Funktion eines Kummerkastens wurde von vielen

Bürgern genutzt und begeistert aufgenommen. Er war eben anders und trat anders auf als die üblichen Politiker.

„Wenn die CDU aufs Land kommt,
dann nur für Wahlen. Dann dürfen sich's
die Bürger aber aussuchen, welcher Zucker
ihnen in den Hintern geblasen werden soll:
Puder, Kandis oder Würfel."

Palmer im Landtagswahlkampf 1976

Schwäbisch Hall verwandelte sich während des Wahlkampfs in einen Hexenkessel. Einzelne Bürger bis hin zu ganzen Gruppen verleumdeten und beleidigten sich gegenseitig. Die Autoreifen der Kandidaten wurden zerstochen, es kam zu Handgreiflichkeiten, Strafanzeigen wurden gestellt und nächtliche Drohanrufe getätigt. Dies lag ohne Zweifel an Palmers Art, seinen Wahlkampf so ganz anders als die anderen Kandidaten zu gestalten. Dennoch war es letztendlich die Entscheidung der Bürger und der anderen Bewerber, ob sie sich auf diesen äußerst aggressiven Wahlkampfstil einlassen wollten oder nicht. So etwas hatte es in württembergischen Bürgermeisterwahlen noch nicht gegeben. Palmer gab den Anstoß dazu – die Bürger und Wahlkonkurrenten machten mit.

Die Parteien schossen teils genauso grob gegen Palmers beleidigende Angriffe. In einer Anzeige vom 24. Januar 1974 im *Haller Tagblatt* bezeichnete die Schwäbisch Haller SPD Palmer beispielsweise als „Rattenfänger", „Querulanten" und „kleinkarierten Taubenschißpolitiker", der „schimpft, droht, zetert, schreit, verleumdet, beleidigt, verurteilt, hetzt, spuckt Gift und Galle gegen jeden und alles". Der CDU-Kandidat wiederum beschuldigte Palmer, „Personenkult und üble Propaganda" zu betreiben.

Die Berichterstatter in den Zeitungsredaktionen der Region machten sich zunehmend Sorgen um den Frieden in der Stadt. In dramatisierenden Worten wurden in der *Heilbronner Stimme* am 16. Februar 1974 „bürgerkriegsähnliche" Zustände vorausgesagt. Ein Teil der Haller sei durch Emotionen, Halbwahrheiten und Diffamierungen zu einer „verblendeten, fehlgeleiteten Masse“ geworden, „deren Panier nicht selten die blanke Rebellion gewesen“ sei und sich „im Verein der Rattenfängermethodik“ habe einlullen lassen. „Destruktive Kräfte“ seien in der Stadt am Werk gewesen, „am Rande des zerstörerischen Elements“.

So erweckten die zum Teil recht reißerischen Zeitungsberichte über die Vorgänge in Hall den Eindruck, eine unmündige Bürgerschaft habe sich von Palmer verführen lassen. Als ob Helmut Palmer ihren Willen kontrollieren und ihren Verstand ausschalten konnte, sodass es zu unzivilisiertem Benehmen und unwürdigem Gegeneinander gekommen sei. Dass es die Kandidaten, ihre unterstützenden Parteien und ebenso jeder einzelne Bürger in der Hand hatten, den polemischen, aggressiven und beleidigenden Wahlkampfstil Palmers abzulehnen und nicht mit gleicher Münze zurückzugeben, so wie das der am Ende erfolgreiche Kandidat aus Nellingen, Karl-Friedrich Binder, von Anfang bis Schluss tat, erwähnten die Journalisten nicht. Sie machten einen Einzelnen verantwortlich, dem übergroße Zaubermacht und Verführungskunst zugesprochen wurden. Er soll es geschafft haben, quer durch alle Schichten und Lebenslagen die Bürgerschaft einer mittelgroßen Stadt in einen unzivilisierten Mob zu verwandeln, der gegenseitig aufeinander losging.

Mit welch großer Spannung das Ergebnis der Wahl erwartet wurde, zeigt die Hysterie, mit der das Sonderblatt des *Haller Tagblatts* noch am Wahlabend von den Bürgern empfangen wurde: Den Austrägern des Extrablattes wurden im Andrang die Kleider zerrissen. Schließlich half ihnen nur noch, die Zeitungspakete einfach in die Menge zu werfen, die sich darüberhermachte.

Nach diesem für alle Beteiligten und Beobachter im Land völlig außergewöhnlichen, da sehr hart geführten Wahlkampf erhielt Helmut Palmer im ersten Wahlgang über 40 % der Stimmen. Damit vertraute ihm die relative Mehrheit der Haller Wähler das Amt des Oberbürgermeisters an. Der parteilose

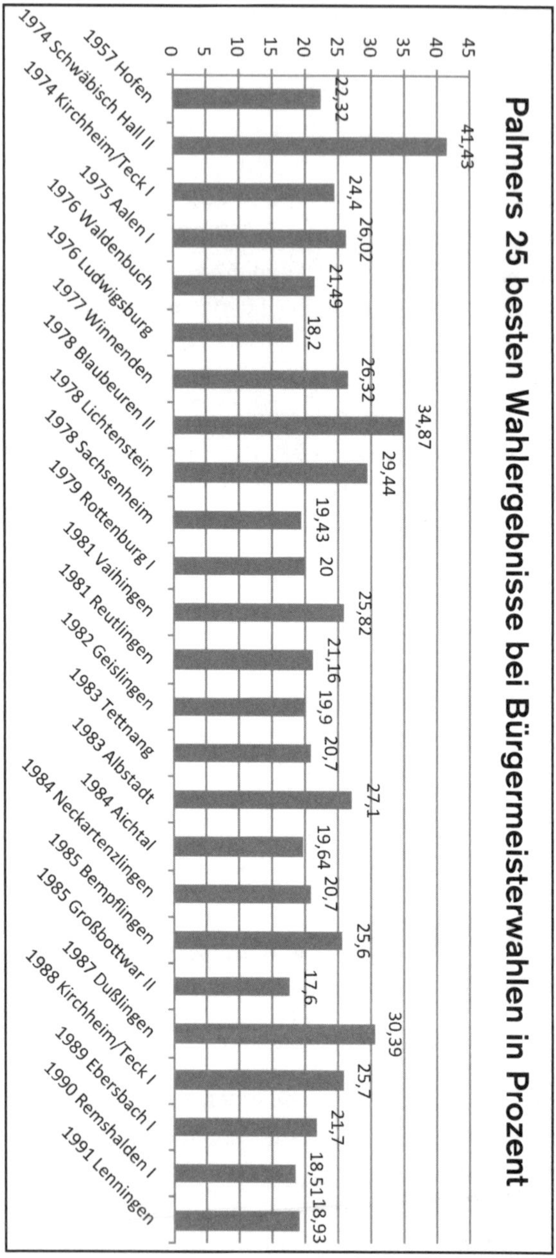

Die 25 besten Ergebnisse: Palmer erreichte im Laufe seines jahrzehntelangen Einsatzes als Bürgermeisterkandidat immer wieder hohe Stimmenergebnisse, auch in Kommunen mit starken Gegnern und mit Bürgermeistern, die fest im Sattel saßen (Römisch I oder II geben an, ob es sich um das Ergebnis des ersten oder zweiten Wahlgangs handelt).

Karl-Friedrich Binder erhielt 30%. Weit abgeschlagen waren die Parteikandidaten: Mit 17% musste sich der SPD-Kandidat geschlagen geben, der CDU-Kandidat erlitt gar mit 10,5% eine krachende Niederlage. Die Wahlbeteiligung war mit 83% sehr hoch. Da keiner der Kandidaten die absolute Mehrheit erreichte, war ein zweiter Wahlgang 14 Tage später nötig.

Am Abend feierte Helmut Palmer den größten Triumph seines politischen Lebens auf dem Marktplatz vor der Michaelis-Kirche mit ihren berühmten Treppen. Geschätzte 5000 Menschen lauschten seiner Rede, in der er sich schon als Sieger auch im zweiten Wahlgang sah: „Endlich, endlich ist einer (…) vom Volk gegen den Standesdünkel nach oben getragen“, rief Palmer der Menge zu. Seine Wahl begriff er als Signal, sich auch über die Stadt- und sogar die Landesgrenzen hinaus zu engagieren.

„Wir müssen das Beten wieder lernen. Herr, vergib uns unsere Schulden. Herr vergib ihnen, denn sie wissen nicht, was sie tun.“ Das war der einzige Kommentar des noch amtierenden Oberbürgermeisters auf Anfrage des *Haller Tagblatts* vom 18. Februar 1974. Der von Palmer zuvor angegriffene Landtagsabgeordnete Ulrich Lang (SPD) meinte, dass aufgrund des überraschend hohen Wahlergebnisses für Palmer nun wenigstens die Karten auf dem Tisch seien. Die Bürger müssten sich nun klar werden, ob künftig „ein Diktator entscheiden darf, wer faul und wer fleißig ist. (…) Eine Demokratie hat keine Chance sich zu verteidigen, wenn die Bürger es nicht wollen.“ In den Vorständen der großen Parteien reichten die Reaktionen von heftigem Schock bis zum blanken Entsetzen. Ministerpräsident Hans Filbinger warnte in einem Südwest-Radio-Interview am 23. Februar 1974:

> *„Man sollte diesen Fall Palmer nicht verharmlosen. Man sollte ernsthaft einmal der Frage nachgehen, ob sich hier eine generelle Neigung der Bevölkerung, die etwa nicht auf Hall beschränkt wäre, ausdrückt. Ein Verdruß am Staat oder ein Verdruß an den politischen Parteien, und eine Suche nach Alternativen.“*

Dramatisch artikulierte der Bürgermeister der nahen Gemeinde Löwenstein seine Bedenken in der *Hohenloher Zeitung* vom 19. Februar 1974: „Anscheinend liegt in der Mitte dieses Jahrzehnts die Macht wieder auf der Straße. ‚Kleine Adolfe' haben anscheinend wieder eine Chance." Und ein Kommunalbeamter aus Heilbronn meinte in der gleichen Zeitung tags zuvor: „Hoffentlich wählen die Haller den Palmer, dann kommt er schon nicht 1975 nach Heilbronn."

Die Angst der städtischen Elite Halls vor einem Wahlsieg Palmers war groß. Vier evangelische Pfarrer unterzeichneten eine große Zeitungsanzeige. Darin riefen sie dazu auf, den Kandidaten Binder zu wählen, um Palmer zu verhindern. Doch versuchten viele auch, die Wogen zu glätten. Ein katholischer Pfarrer meinte in seiner Predigt, dass bei dieser Wahl keine einzige Frage von so weitreichender Bedeutung zur Entscheidung stünde, dass persönliche Anfeindungen verständlich würden. Auch herrsche nun kein solcher Notfall, der ein Zusammengehen von Leuten notwendig erscheinen lasse, „die sich sonst spinnefeind" seien. Der Chefredakteur des *Haller Tagblatts* stellte die Stimmung in Hall nach dem ersten Wahlgang als bedrückt dar und erklärte sich den hohen Wahlerfolg Palmers damit, dass seine Wähler nicht wirklich wussten, was sie da taten. Diese hätten sich nun selber entsetzt und überrascht gezeigt ob des Wahlresultats, das sie angerichtet hätten.

Im Land vereinnahmten in der Zwischenzeit manche Bürger Palmer für ihre Zwecke. Teilnehmer von Demonstrationen gegen die Gemeindereform, die in jener Zeit in vollem Gange war, riefen in Stuttgart auf Plakaten und in Chören nach Helmut Palmer. Und sogar außerhalb der Bundesrepublik interessierten sich die Menschen für die außergewöhnlichen Vorgänge in Hall. So geschah es, dass ein österreichischer Zöllner den Halter eines Fahrzeugs mit Schwäbisch Haller Kennzeichen an der Grenze fragte: „Wählet Se au dr Palmer?" Am Abend zuvor hatte das österreichische Fernsehen einen Bericht über die Oberbürgermeisterwahl in Schwäbisch Hall ausgestrahlt.

Rebellenkost: Statt Aufklebern und Luftballons wie seine Konkurrenten verteilte Palmer Naturalien an das Wahlvolk: Obst, Gemüse und die „Rebellenwurst“ aus der Metzgerei seiner Mutter in Schnait/Weinstadt.

Für die Verkündung des Ergebnisses im zweiten Wahlgang befürchtete man Ausschreitungen, die Polizei rechnete mit Schlägereien. Ein Schreiber der *Neuen Kreisrundschau* erwartete am 1. März 1974 Gewalttätigkeiten zwar nur von einer Minderheit, „aber lehrt die Erfahrung nicht, daß eben diese Minderheit oft in der Lage ist, den zündenden Funken auszulösen?“

Im zweiten Wahlgang konnte Palmer sein Ergebnis sogar noch einmal leicht verbessern. Doch die Parteien hatten in der Zwischenzeit ihre eigenen Kandidaten zurückgezogen und sich auf den parteilosen Bürgermeister Nellingens verständigt, um einen Sieg des Politikrebellen zu verhindern. So wurde Palmer um seinen ansonsten sicheren Wahlsieg gebracht. Karl-Friedrich Binder erhielt 57,02 % (9969 Stimmen) und war damit zum Oberbürgermeister gewählt. Helmut Palmer landete bei 41,43 % (7243 Stimmen). Die außergewöhnlich hohe Wahlbeteiligung im ersten Wahlgang hatte sich im zweiten noch einmal auf 84,48 % gesteigert.

Am Wahlabend tummelten sich 70 Journalisten zahlreicher Blätter der Bundesrepublik und des Auslands sowie vier Fernsehanstalten in Schwäbisch Hall. Auf dem Marktplatz zwischen Rathaus und der Michaelis-Kirche versammelten sich Tausende Haller Bürger. Binder hielt nur eine sehr kurze Siegesrede. Begleitet wurden seine Worte von Pfiffen und Rufen der vielen Palmer-Anhänger. So trat er aufgrund der aufgeladenen Stimmung nach seiner Rede wieder zurück ins Rathaus und ward am Abend auch nicht mehr gesehen. Einige Zeit später hielt Palmer seine Rede am Pranger des Marktplatzes und sprach von einem „ergaunerten Wahlsieg", wie die *Heilbronner Stimme* ihn am 4. März 1974 wiedergab: Für Hall wolle er weiter da sein und die Arbeit der Verwaltung kontrollieren. Doch werde er vor allem über Hall hinausgehen, „gegen Idiotie und Bürokratie", damit „diese Bewegung weitergeht und weite Kreise schlägt in der Bundesrepublik". Ein Gemeinderat von Schwäbisch Hall erinnerte sich in einem SW3-Fernsehinterview 30 Jahre später an die Stimmung auf dem Platz:

> *„Diese Hysterie, die kann ich im Leben nicht vergessen. Im Leben nie. Da waren Frauen dabei mit Kleinkindern, haben die hochgehalten an den Pranger [zu Palmer; J.K.] – und ‚streichelt den Mann' und so – also wie wenn das ein Heiliger wäre. Der hat also die Leute begeistern können, unvorstellbar, das können Sie sich heute gar nicht mehr vorstellen."*

56 Polizeibeamte hatte man zuvor aus der Region zusammengezogen, aus Sorge vor Ausschreitungen, und eigens einen Alarmplan ausgearbeitet. Dieser wurde tatsächlich noch benötigt, als eine Gruppe Unzufriedener in der Nacht versuchte, mit einem Holzbalken das eiserne Tor des Rathauses zu stürmen. Erst eine Polizeikette drängte die Gruppe zurück. Im Verlauf der Nacht kam es immer wieder zu Sprechchören und Umzügen von mit der Wahl Unzufriedenen.

> *„Was glauben Sie, wie oft Ludwigsburg im Fernsehen wäre, wenn Sie mich wählten. Da würden alle Beamtenschreibtische im Land gen Ludwigsburg ausgerichtet."*
>
> Palmer in der Kandidatenvorstellung zur Oberbürgermeisterwahl 1976 in Ludwigsburg

Zwei wichtige Erkenntnisse können aus dem Wahlergebnis gewonnen werden. Erstens: Hätten die Parteien ihre Kandidaten nicht zurückgezogen, hätte Palmer knapp Oberbürgermeister von Schwäbisch Hall werden können. Zweitens: Die allermeisten Wähler Palmers äußerten mit ihrer Entscheidung nicht nur Protest, sondern wollten ihn als ihren Oberbürgermeister. Die in den Zeitungsanalysen nach dem ersten Wahlgang geäußerte Behauptung, die vielen Palmer-Wähler seien bestürzt darüber, dass sein Ergebnis so überraschend hoch ausfiel und man habe das eigentlich nicht gewollt, entbehrte jeder Grundlage. Fast jeder, der Palmer im ersten Wahlgang wählte, vertraute Palmer auch im zweiten Wahlgang seine Stimme an – in der Gewissheit, dass es Palmer mit der einfachen Mehrheit gut schaffen konnte: Die Bürger wussten genau, was sie taten und wem sie die Führung im barocken Rathaus Schwäbisch Halls für die nächsten acht Jahre anvertrauen wollten.

Ein Kommentator der *Stuttgarter Nachrichten* ging mit dem Taktieren, wie es die CDU und SPD in Hall praktiziert hatte, hart ins Gericht und nannte es am 28. Februar 1974 ein

> *„Armutszeugnis, wie man es bei Kommunalwahlen hierzulande noch nicht erlebt hat (…). Verdrossenheit in der Bevölkerung gegenüber saturierten Verwaltungsbürokraten findet sich auch anderswo. Setzen die staatstragenden Parteien diesem Unbehagen nur den Rückzug in die Ratlosigkeit entgegen – wie in Hall geschehen –, dann gute Nacht. Demokratie fängt in der Gemeinde an. Man darf sie dort nicht einem Demagogen überlassen."*

Palmer fühlte sich durch die Absprache der Parteien auf einen parteilosen Gegenkandidaten in seiner Sicht bestätigt, das politische Establishment habe sich gegen ihn verschworen. Anlass dazu bot ihm auch die Tatsache, dass nach der Wahl in Schwäbisch Hall alle Parteien Druck auf den Süddeutschen Rundfunk (SDR) ausübten, damit Palmer von einer Diskussionsrunde im Fernsehen über die Auswirkungen seines Erfolges ausgeschlossen wurde. Der damals sehr angesehene Tübinger Politikwissenschaftler Theodor Eschenburg konnte sodann in der Sendung unwidersprochen Helmut Palmer als manisch-depressiv psychiatrisieren. Dieser beklagte sich noch Jahrzehnte später immer wieder bitterlich über die professorale Einschätzung, gegen die er sich damals nicht verteidigen konnte. Souverän zeigten sich die etablierten Politikakteure in den 1970er-Jahren meistens nicht, wenn sie auf Palmers Attacken reagierten.

Der Politikrebell wurde nach den Ereignissen in Schwäbisch Hall von bundesweiten Medien wie dem *SPIEGEL* oder der *ZEIT*, aber auch von Politikern bis hin zu Bundeskanzler Willy Brandt als Symptom für den grassierenden Staats- und Parteienverdruss gedeutet. Sebastian Haffner bezeichnete Palmer am 14. März im *STERN* als gefährlichen „Westentaschen-Messias". Viele weitere Zeitungen in der Bundesrepublik sahen plötzlich auf das Städtchen am Kocher. Die *Hamburger Morgenpost* posaunte Palmers Sieg am 19. Februar 1974 etwas voreilig heraus („Deutschlands Behördenschreck Nr. 1 wird Oberbürgermeister") und informierte ihre Leser gewohnt reißerisch („Prügeleien auf den Straßen, zerschnittene Autoreifen und Morddrohungen"). Die *Süddeutsche Zeitung* riet am 1. März 1974 dazu, ihn ernst zu nehmen, denn er sei kein „politischer Gaudibursch", sondern könnte von dieser Bewegung, die er entfacht habe, rasch weitergetragen werden, zum Beispiel zu einem Landtagsmandat. Die *Kölner Rundschau* präsentierte Palmer ihren Lesern am 19. Februar 1974 anlässlich seines Wahlerfolges als eine „merkwürdige Mischung aus Michael Kohlhaas und Götz von Berlichingen". Und *Die Welt* zählte am 20. Februar 1974 seine spektakulärsten Aktionen der Vergangenheit auf, um zu zeigen, dass „gegen einen solchen Helden" die anderen Mitbewerber natürlich „blasse Figuren" gewesen seien.

Sowohl gegen das Symptom als auch gegen die Ursachen des Politikverdrusses in der Bevölkerung versprachen die politischen Eliten, nun anzukämpfen und sich für die unmittelbare Zukunft gegen Palmer zu wappnen. Denn noch war unklar, ob aus den einzelnen Erfolgen des Politikrebellen nicht tatsächlich eine neuartige Bürgerbewegung mit ihm an der Spitze entstehen konnte, die den Unmut der Bürger noch stärker bündeln und das fest etablierte (Parteien-)System gefährden konnte.

Palmer als Sprachrohr für Bürgerunmut

Nach dem Spektakel von Hall unterrichteten Bürger Helmut Palmer immer wieder über Probleme und vermeintliche Skandale in den Orten, in denen er kandidierte, und versorgten ihn mit der nötigen Munition, um auf den Wahlveranstaltungen gegen seine Mitbewerber, die Verwaltung oder den Gemeinderat zu feuern. Da er von sich aus kaum Einblick in die vielen Gemeinwesen erlangen konnte, in denen er kandidierte, war dies wertvolles Wissen für Palmer. Dass er die ihm zugespielten Informationen im Wahlkampf einsetzte, zumeist ohne deren Wahrheitsgehalt zu überprüfen, sorgte aber für große Verstimmung, Anfeindungen und auch juristische Konsequenzen.

„Helmut Palmer, das ‚Maschinengewehr' der politischen Agitation."

Die *Badische Zeitung* über Helmut Palmer anlässlich der Oberbürgermeisterwahl 1995 in Lörrach

Bürger nutzten Palmer, um Unmut über Zustände in ihrer Gemeinde zur Sprache zu bringen. Teilweise luden sie Palmer zur Kandidatur in ihren Ort wegen mancherlei Probleme ein. Besonders genau erteilten beispielsweise am 16. März 1985 in einem Brief „Besorgte Bürger von Kaiserbach" Palmer Anweisungen. Sie baten ihn „dringendst" über das Problem einer Mülldeponie in ihrem Ort zu sprechen. Das für die Abfallwirtschaft zuständige Landratsamt sollte nach dem Willen der Absender von Palmer „schärfstens angegriffen werden, damit in Zukunft extrem genaue Kontrollen durchgeführt werden". Das Beispiel demonstriert nicht nur eindrücklich, wie Bürger Palmer als Sprachrohr für ihre Anliegen nutzen wollten. Zugleich zeigte sich auch die eigene Passivität und Scheu vieler Bürger, selbst für ihre Sache zu streiten oder gegen unliebsame Missstände in ihrem Umfeld aufzubegehren.

Palmer sorgt für Teilnahme der Bürger an der res publica

Palmers eigene Wahlveranstaltungen waren meist sehr gut besucht, trotz Eintrittsgeldes, Rauchverbots und Beschimpfung des Publikums inklusive. Manchmal, wie beim Oberbürgermeisterwahlkampf 1975 in Balingen, konnte Palmer so viele Besucher anziehen, dass der Eintritt wegen Überfüllung schon eine halbe Stunde vor Beginn nicht mehr möglich war und mehrere Hundert Zuhörer vor der Tür bleiben mussten, während an den Zufahrtstraßen zur Veranstaltung die Polizei den Verkehr regeln musste. Meist konnte der Politikrebell viel mehr Teilnehmer in seinen kostenpflichtigen Veranstaltungen versammeln als Politiker, die ihre Versammlungen zum Nulltarif und oft mit Prominenten aus der Landes- oder gar Bundespolitik anboten.

Palmer mittendrin: Umringt von Bürgern tat der Volkstribun seine Meinung am liebsten kund. Seinen LKW nutzte er gleichermaßen wie Zeitungsinserate als Werbung für sein Obst und seine Politik.

Auch wurde Helmut Palmer von der Presse attestiert, dass er immer wieder für eine höhere Wahlbeteiligung sorgte; Palmer belebe die Wahlveranstaltungen wohltuend und bringe somit wenigstens etwas Frische in die meist drögen Veranstaltungen, was auch dem demokratischen Prozess insgesamt zugutekomme. Anerkennung fand sein Engagement, dort zu kandidieren, wo der Sieger eh fast immer feststand, wenn sich der amtierende Bürgermeister erneut bewarb, so zum Beispiel in Ludwigsburg, wie die *Ludwigsburger Kreiszeitung* am 9. November 1976 konstatierte:

> *„Nicht zuletzt ist es Palmer zu verdanken, daß mehr als fünfzig Prozent der Wahlberechtigten zur Urne gingen, denn die Bürger ahnten fast instinktiv, daß es für den Oberbürgermeister nicht zu einem ‚Spaziergang' werde, die Mehrheit zu erreichen. Es ging ja auch noch darum, ein achtbares Ergebnis zu erzielen, schließlich ist ein Oberbürgermeister für alle da. Insofern ist die Bewerbung Palmers zu begrüßen, wenn ich ihn auch nicht als Oberbürgermeister sehen möchte. (…) Einen Palmer in einem kommunalen Parlament zu sehen, wäre dagegen ein Vergnügen und eine Bereicherung."*

Und ein Redakteur der *Vaihinger Kreiszeitung* sah anlässlich der Podiumsdiskussion zur Oberbürgermeisterwahl in Vaihingen am 20. Februar 1981 Palmer als die Person, die die anderen Kandidaten für das Publikum testete: „Die Leute wollen nicht nur den neuen OB, sie wollen auch Unterhaltung, wollen sehen, wie die Kandidaten sich hautnah aus der Affäre ziehen. Und allein dafür ist Palmer, der mit dem Rebellenflair, ein Garant."

> *„Sie sind ein Mann, von denen gibt's nicht wenige, die essen mit einer vierzinkigen Gabel mit gutem Appetit heiter weiter, auch wenn drei Zinken davon verschissen sind."*
>
> Palmer warf einem neugewählten Bürgermeister 1994 in einem Brief vor, dass er kurz vor der Wahl noch für eine hohe Wahlbeteiligung inseriert habe, sich dann aber über die niedrigste Wahlbeteiligung der letzten 40 Jahre freute.

Des Wählers Entscheidung, Palmer seine Stimme anzuvertrauen, wurde von der Presse so gut wie immer als Unzufriedenheit und Protest gegen das lokalpolitische Establishment und seine Verwaltung gedeutet. Dass unter so vielen Menschen aber viele sein konnten, die Palmer tatsächlich für die richtige Wahl hielten oder zumindest sein Konzept von mehr direkter Demokratie und weniger Parteienherrschaft goutierten, kam für die Journalisten grundsätzlich nicht in Betracht.

Wie die Presse Palmers Wahlkämpfe erschwerte

Die Redakteure der Lokal- und Regionalzeitungen machten es dem Wahlkämpfer Palmer häufig sehr schwer. Neben vielen negativen Bewertungen seines Wirkens und seiner Person räumten sie ihn oftmals schon von vornherein keine Siegchancen ein, stellten ihn als nicht ernsthaften Kandidaten vor und machten ihn häufig sogar lächerlich. Die Unterwürfigkeit der Lokalpresse gegenüber dem Amtsinhaber kam manches Mal erschwerend hinzu. So wurde Ludwigsburgs amtierender Oberbürgermeister Otfried Ulshöfer von der *Ludwigsburger Kreiszeitung* in einem Artikel zur Kandidatenvorstellung 1976 bereits sehr hofiert: „[Ulshöfer; J.K.] wird in Ludwigsburg wie im Land wegen seiner Fähigkeiten, seiner Sachlichkeit und seines liberalen Geistes geachtet und geschätzt. Seine drei Gegenkandidaten gelten als Außenseiter.“ In Winnenden 1977 wurde der von allen Parteien der Stadt unterstützte Kandidat Karl-Heinrich Lebherz ebenso von der Lokalpresse direkt beworben, Palmer hingegen vorab als Störenfried dargestellt: „Der Bürgerrechtler [Palmer; J.K.] kann aber auch beweisen, fair und sachlich zu sein, so wie es die Winnender Bürger von seinem Kontrahenten Karl-Heinrich Lebherz stets gewohnt sind“, so ein Artikel der *Winnender Zeitung* vom 18. November 1977. Und in Calw empfahlen am 19. Februar 1983 die *Kreisnachrichten Calw* ihren Lesern überdeutlich, dass nur der wiederkandidierende Oberbürgermeister der einzig Richtige sein könne, da „die Stadt bisher mit ihm gut gefahren ist und auch für die Zukunft sich kaum einen besseren Mann an der Spitze wünschen kann!“ Wenn Palmer davon sprach, dass die amtierenden Oberbürgermeister ins Ziel getragen würden, so konnte man ihm in diesen Fällen schlecht widersprechen.

Die Reaktionen der Elite

„Auf die Weisheit des Volkes kann kein Staatsgefüge verzichten.“

Palmer im Bürgermeisterwahlkampf 1983 in Albstadt

Meist versuchten Helmut Palmers Mitbewerber, ihren ungewöhnlichen Konkurrenten einzuhegen. Bei den Kandidatenvorstellungen strengten sich die aussichtsreichen Bewerber an, neben Palmer eine integrierende, wohlmeinende, freundliche und staatsmännische Figur abzugeben. Getreu jenem Erfolgsrezept, das beim Bürger am besten ankommt. Mit der Zeit, nach unzähligen Wahlkämpfen im Land, in denen Palmer ja immer ähnlich agierte, wussten die wiederkandidierenden Bürgermeister, dass Palmer ihnen ihren Sessel im Rathaus nicht streitig machen konnte. Er diente aber als Gradmesser für die Unzufriedenheit in der Gemeinde. Der Bürgermeister von Ammerbuch nahm 1988 die Kandidatur Palmers als einzigem Mitbewerber zumindest nach außen hin leicht und freute sich stattdessen über die positive Begleiterscheinung eines vollen Saals zur Kandidatenvorstellung. Er wollte die gute Gelegenheit nutzen „die Besonderheit dieses Amtes“ zu schildern, berichtete die *Südwestpresse* am 11. April 1988. Der wiederkandidierende Bürgermeister von Güglingen, Manfred Volk, begrüßte 1984 die Kandidatur des Remstälers sogar ausdrücklich als eine Alternative für all jene, die sich gegen ihn aussprechen wollten. Denn Palmers Popularität erlaube es, „daß die Dinge so gesagt werden könnten, wie es einfach nur ein Palmer tun dürfe“, zitierte die *Rundschau Mittleres Zabergäu* am 8. März 1985 den Bürgermeister, der damit Palmers Eigenschaft als Sprachrohr für Unzufriedene sogar mitten im Wahlkampf positiv hervorhob.

„Bei dem hätte ich im Dritten Reich als Jude auch nicht versteckt werden wollen.“

Palmer über einen Mitkandidaten zur Oberbürgermeisterwahl 1990 in Tübingen

Die Wahlkampfmanager rieten immer wieder sowohl ihren Schützlingen bei Bürger- und Oberbürgermeisterwahlen als auch auftretenden Unterstützern wie zum Beispiel Landesministern, sich nicht auf Streitigkeiten mit Palmer einzulassen. Ein Oberbürgermeister von den Fildern meinte einmal, dass es politischem Selbstmord gleichkomme, wer sich bei Wahlen mit Palmer anlege. Meist gingen die ihres erneuten Sieges ohnehin sicheren Bürgermeister in der Öffentlichkeit mit Palmer daher sehr respektvoll und zumindest nach außen hin wohlwollend um.

Bejubelt und verdammt

Über die Jahre hinweg polarisierte Helmut Palmer stark. Von den einen wurde er bejubelt, von anderen als nervtötender Politclown abgestempelt. Gleichgültig war er den wenigsten. So mancher Bürger zeigte Palmer seine Ablehnung deutlich. Schmäh- und Drohbriefe landeten immer wieder im Briefkasten der Familie Palmer. Zur Ludwigsburger Wahl 1976 wurden Helmut Palmer in einem Brief, in dem er als „Judendreck“ beschimpft wurde, auch Schläge angedroht: „Am Freitag nach der Kundgebung bekommst Du die Fresse voll. Wir sind 5 Männer Dein Haus wird von uns abgeriegelt Du Halbjude, Du Dauerbewerber Du Schwein Du großes Arschloch.“ 1978 erhielt er eine Postkarte aus Böblingen, adressiert an „Obsthändler + Jude“ Helmut Palmer, in der ein Bürger verlangte, er solle seine Kandidatur zur dortigen Oberbürgermeisterwahl zurückziehen, denn:

„Du wiederst [sic] uns ungemein an!“ 1980 wurde er in einer Schmähpostkarte als Clown bezeichnet, dessen Frau ihm noch weglaufen werde und der doch bitte Göppingen mit seiner Kandidatur verschonen solle.

Auch unabhängig von seinen Kandidaturen sah sich Helmut Palmer immer wieder Hass und Gewalt ausgesetzt. 1970 musste Erika Palmer sich schützend vor ihren Gatten werfen, als er vor dem gemeinsamen Haus in Geradstetten von einem Mann zusammengeschlagen und auf dem Boden liegend mit Füßen getreten wurde. Dabei hatte der Angreifer zu Palmer gesagt: „Schade, dass man Dich vergessen hat, zu vergasen“, so Erika Palmer in einem Brief. 1977 wurde ein Brandanschlag auf sein Haus verübt, als Unbekannte in der Nacht ein Mofa an seine Holztür lehnten und mit Benzin anzündeten. Nach dem Bericht in der *Waiblinger Kreiszeitung* verhinderte nur der einsetzende Regen, dass das Feuer auf die Eingangstür und damit das Haus übergriff. Die Anfeindungen aufgrund seines politischen Engagements hielten bis an sein Lebensende an. So berichtet Palmers Biograf Michael Ohnewald, dass er 2003 selbst Zeuge war, als eine weibliche Person bei Palmers anrief, „Judensau“ in den Hörer sprach und wieder auflegte.

Die Bürgermeisterkandidaten konnten es sich in der Öffentlichkeit nicht leisten, in Streitereien mit Helmut Palmer zu fallen, ohne die Gunst der Wähler zu riskieren. Dagegen waren die sie unterstützenden Personen und Gruppierungen durchaus in der Lage und auch willens, Palmer zu attackieren oder ihn öffentlich auszugrenzen. Besonders dann, wenn mehrere Kandidaten im Rennen waren und Palmers Abschneiden den Ausgang der Wahl stark beeinflussen oder gar entscheiden konnte. Immer wieder versuchten die Parteien daher, Palmer aus den Wahlkämpfen auszuschließen. Dieser machte es seinen Gegner leicht mit einer Begründung, da er schnell ausfällig und – selten – in seiner Erregung sogar handgreiflich werden konnte. So erhielt er immer wieder Hausverbote zu Wahlveranstaltungen der Parteien oder man wollte ihn zu Podiumsveranstaltungen nicht einladen und stellte ihn in die gleiche Ecke wie Kandidaten rechtsradikaler Parteien. Palmer wurde damit von der Gruppe jener Kandidaten ausgeschlossen, die man für des Bürgermeisterwahlkampfes würdig erachtete.

Einer der heftigsten Abwehrversuche gegen Palmers politisches Wirken ereignete sich im April 1974, einige Wochen nach dem Wahlspektakel in Schwäbisch Hall, als der Esslinger CDU-Landtagsabgeordnete Fritz Hopmeier versuchte, den Konkurrenten Palmer mithilfe der Psychiatrie auszuschalten. Er veröffentlichte eine Anfrage an den Innenminister am 5. April 1974 in der *Esslinger Zeitung*:

> *„Welche Möglichkeiten bestehen für die Landesregierung, durch entsprechende Maßnahmen zu verhindern, daß ein möglicherweise psychisch kranker – und sei er dies nur partiell – Wahlbewerber zum Bürgermeister oder Oberbürgermeister einer baden-württ. Stadt gewählt werden kann? (...)"*

Dieser Versuch, Helmut Palmer mit Mitteln der Psychiatrie von der politischen Bühne zu holen und ihn damit als Konkurrenten auszuschalten, ist der vielleicht eindrucksvollste Beleg für die ernste Furcht, die Angehörige der politischen Eliten des Landes durch Palmers Erfolge bei den Bürgern in den 1970er-Jahren befiel. Zugleich legt er die Skrupellosigkeit offen, mit welchen Mitteln versucht wurde, den politischen Einzelkämpfer in der Öffentlichkeit auszuschalten. Einige Wochen später kündigte der Abgeordnete an, im Landtag auf eine Änderung der Wählbarkeitsbestimmungen für Bürgermeister in Baden-Württemberg zu drängen: Personen, denen in rechtskräftigen Gerichtsurteilen eine Bewusstseinsstörung, eine krankhafte Störung der Geistestätigkeit oder wegen Geistesschwäche eine verminderte Schuldfähigkeit attestiert wurde, sollten aus dem Kreis der Wählbaren ausgeschlossen werden. Unter diese Personengruppe wäre auch Helmut Palmer gefallen. Zu einer Gesetzesänderung auf diese Initiative kam es schließlich zwar nicht. Doch schon allein die Veröffentlichung solcher Absichten sorgte für großen Schaden für Helmut Palmers Ansehen in der Öffentlichkeit – als Politiker wie als Mensch.

„Was ich alles sagen möchte, das bringe ich alles gar nicht heraus!"

Palmer in seiner Kandidatenvorstellung zur Oberbürgermeisterwahl in Ludwigsburg 1976

Auch gab es immer wieder den Versuch, per Gesetz sogenannte Dauer- oder Juxkandidaten von der Teilnahme an Bürgermeisterwahlen abzuhalten. Denn die sehr liberal gestaltete Möglichkeit, in Baden-Württemberg als Bürgermeister zu kandidieren,

Palmers Hassliebe zur FDP: Um zum traditionellen Dreikönigstreffen der FDP in die Staatsoper Stuttgart zu gelangen, war an Palmer nur schwerlich vorbeizukommen. 1983 sagte er der kleinen Partei mit einem Trauerkranz den Untergang voraus.

sorgte seit den 1980er-Jahren zunehmend für Bewerbungen von krassen Außenseitern, Selbstdarstellern und anderweitig auffälligen Personen. Besonders in mittelgroßen und großen Städten führte dies bei Kandidatenvorstellungen immer wieder zu tumultartigen Szenen, die in den Augen vieler die demokratische Wahl des Gemeindeoberhaupts der Lächerlichkeit preisgaben und ein Ärgernis für die Bürger und die anderen Kandidaten gleichermaßen waren. Palmer galt dafür manchem Landespolitiker, besonders aus der CDU, als besonders hervorzuhebendes negatives Beispiel. Gleichwohl wollte das christdemokratisch geführte Innenministerium keine Quoren einführen, um Juxkandidaten abzuhalten. Der Innenminister (und spätere Bundespräsident) Roman Herzog führte in einer Landtagssitzung am 24. März 1983 dazu aus, dass die Bürger „solch einen Kerl" am Ende zwar nicht wählen, als Kandidaten aber durchaus akzeptieren würden. Herzog sprach damit indirekt die Möglichkeit an, dass der Bürgermeisterwahlkampf auch als Forum für unterschiedliche politische Meinungsäußerungen von Bedeutung sein konnte. Die Grünen lehnten durch ihren Redner Winfried Kretschmann einen Ausschluss bestimmter Kandidaten als „illiberal" ab. Insbesondere hob Kretschmann als positives Beispiel Helmut Palmer hervor und lieferte dieselben Argumente wie der Politikrebell selbst für seine Kandidaturen:

> *„In Wirklichkeit empfinden es viele Bürger wohl so, daß manche Leute mit ihrer Kandidatur neben der Frage, ob sie gewählt werden oder nicht, nur etwas anstoßen und vielleicht auch ein Signal setzen wollen. Solchen Leuten kann man die Ernsthaftigkeit nicht absprechen. In der Regel belebt das solche Versammlungen eher, weil sie sonst in trockener und öder Profilierungssucht einzelner völlig ersticken würden. Daran kann die Demokratie niemals kranken. Es ist ja auch bekannt, daß beispielsweise in Göppingen bei Wahlveranstaltungen von Palmer bei 8 DM Eintritt 1000 Leute gekommen sind und zu einer gleichzeitig stattfindenden von Späth nur 350."*

Als Kretschmann Palmer erwähnte, rief der SPD-Abgeordnete Gerhard Remppis: „Schlimmer als Juxkandidaten!" Die Ironie an dieser Sitzung der Landesparlamentarier war, dass Jahre später sowohl Remppis als auch Kretschmann ihre Landtagsmandate deshalb verlieren sollten, weil Palmer in ihren Wahlkreisen kandidierte.

1987 wurde es schließlich per Gesetz – von der Presse als „Lex Palmer" tituliert – in das Ermessen der Gemeinde gestellt, ob sie den Bewerbern Gelegenheit zur öffentlichen Vorstellung geben will. Damit hatten die Gemeinden Baden-Württembergs eine Handhabe, öffentliche Bewerbervorstellungen ganz abzulehnen. Viele Kommunen verzichteten nunmehr darauf. Die chancenlosen als auch die aussichtsreichen Bewerber verloren in diesen Fällen eine wichtige Profilierungsmöglichkeit. Helmut Palmer prangerte die Neuregelung in einem Inserat im *Teckboten* vom 15. Januar 1988 heftig an:

> *„Dies ist ein beschämendes Sondergesetz zur Bürgerrechtsbeschneidung bei Wahlen, zur Fernhaltung unbeliebter Kandidaten und gibt den Gemeinden speziell die Möglichkeit zur Abwürgung von Diskussionen bei offiziellen Kandidatenvorstellungen. (…) 5 Minuten Kirschkernspucken um die Wette wäre auch noch eine demokratische Vorstellung. Deshalb konsequent abrechnen und Palmer wählen."*

Schon zuvor lag es im Ermessen des Wahlausschusses, ob eine Diskussion der Bewerber mit dem Publikum stattfinden soll oder nicht. Die offizielle Kandidatenvorstellung ist sehr wichtig für die Bewerber wie auch für die Bürger, die oftmals nur diese eine Vorstellung besuchen und daraufhin ihre Wahlentscheidung treffen. Der Auftritt des Bewerbers, sein Umgang mit dem Publikum und seinen Kontrahenten an diesem Abend ist oft wahlentscheidend. Denn alle Kandidaten sind in neutraler Umgebung vereinigt und präsentieren sich der Bürgerschaft. Palmer setzte sich massiv dafür ein, dass die Kandidatenvorstellungen und vor allen Dingen eine Diskussion mit den Bürgern stattfinden sollte. Tatsächlich entschieden sich viele Gemeinderäte aber, keine Diskussion zuzulassen – manchmal gerade wegen Helmut Palmers Kandidatur.

„Wenn der Palmer nur seine Krawatte ins Rathaus reinhängt, schaffet die."

Palmer über seinen zukünftigen Führungsstil 1986 in Holzgerlingen

Palmer warnte vorab die Verwaltungen und boykottierte häufig Kandidatenvorstellungen, die ohne Diskussion vorgesehen waren – oder er versuchte, sie selbst am Ende der Vorstellungen durchzusetzen. Dabei geriet er immer auch mit den Diskussionsleitern aneinander. Den verantwortlichen Gemeindebeamten warf er während einer Kandidatenvorstellung im Waiblinger Teilort Bittenfeld 1977 bildmächtig vor, das „Kindchen Wahlkampf", dem er selbst die ersten Herztöne entlockt habe, nun im schmutzigen Wasser der Rems ertränken zu wollen. Der Diskussionsleiter fühlte sich aber an den Beschluss des Gemeinderats gebunden und sah vor, das Mikrofon nach Beendigung der Vorstellungsreden abzuschalten und nach einer Frist auch das Licht im Saal auszumachen. „Wahlkampf im Dunkeln als Beispiel lebendiger Demokratie?", fragte der Redakteur der *Waiblinger Kreiszeitung* am 26. Oktober 1977 kritisch. Einige seltene Male gelang es Palmer, den Gemeinderat umzustimmen. Nachdem Palmer ein für seine Verhältnisse freundliches Fax an den Gemeinderat von Schwaikheim 1994 versandt hatte, beschloss dieser in einer kurzfristig anberaumten Sondersitzung direkt vor der Kandidatenvorstellung, im Anschluss doch noch eine Diskussion zuzulassen.

Palmers viele Wahlen und sein bekannter Einsatz für öffentliche Diskussionen mit den Bewerbern bei der Kandidatenvorstellung sorgten dafür, dass die Gemeinderatswahlausschüsse im Vorfeld genauer überlegten, wie sie die Veranstaltung abhalten wollten. Dass die anderen Kandidaten bei der Rede eines

Konkurrenten den Saal zu verlassen hatten, war ein beliebtes Mittel, um größtmögliche Chancengleichheit unter den Kandidaten herzustellen, zog aber bekanntermaßen den Zorn des Remstälers auf sich. Für ihn war eine solche Entscheidung nichts anderes als ein „Kasperlesbeschluß von Nachholdemokraten". Palmer wetterte lautstark gegen diese Praxis und blieb dann stets demonstrativ sitzen. Das führte immer wieder zu tumultartigen Szenen, manchmal inklusive Polizeieinsatz, wenn der Sitzungsleiter auf der Durchführung dieser Regel bestand. So zum Beispiel 1989 in Reutlingen, als Palmer von der Polizei umständlich aus der Menge getragen wurde. Andernorts ließ man Palmer einfach im Saal sitzen, um genau solch einen Eklat zu vermeiden.

Fazit: Die Bürgermeisterwahlen

Wenn Helmut Palmer nun doch in einer Gemeinde zum Bürgermeister oder gar zum Oberbürgermeister gewählt worden wäre? Der SPD-Oberbürgermeisterkandidat für Schwäbisch Hall, Klaus Nagel, sagte im *Haller Tagblatt* am 15. Februar 1974 der Stadt für diesen Fall eine düstere Zukunft voraus:

> *„Wissen Sie, wie es weitergehen würde? Einmal würden sich die Beamten und Angestellten von der Stadtverwaltung versetzen lassen und Ämter wie das Landratsamt, das Arbeitsamt, das Vermessungsamt, das Landwirtschaftsamt, die wären auf einmal bestens besetzt … Herr Palmer wäre als Oberbürgermeister ja nicht anders, als er heute ist, und würde weiter Gott und die Welt beleidigen. Dann kämen Disziplinarverfahren gegen ihn, dann käme die Amtsenthebung, dann käme ein Staatskommissar, der die Stadt Schwäbisch Hall vorläufig verwalten würde – dem Herrn Palmer müßte sein OB-Gehalt weitergezahlt werden –, dann käme ein Prozeß, der vielleicht zwei bis drei Jahre dauern würde und nach dieser Zeit würde Hall dann einen neuen Oberbürgermeister wählen."*

Gruppenbild mit Rebell, OB und Ordnungsmacht: Im Wahlkampf zur Oberbürgermeisterwahl in Rottweil 1985 diskutierte Palmer mit den Bürgern und dem scheidenden Oberbürgermeister Ulrich Regelmann (hinter Palmer, dahinter ein Polizist).

Etwas optimistischer beurteilte der Stuttgarter Oberbürgermeister Manfred Rommel Palmers Aussichten, ein gutes Stadtoberhaupt zu werden. In einem Video-Interview in den 1980er-Jahren sah er Hinderungsgründe eher bei den anderen:

> *„In dieser bösen Welt, wenn der irgendwo Bürgermeister wäre, dann würden sie ihn dermaßen ärgern, der hätte keine Freude an dem Amt. Die würden ihn als Außenseiter rausbeißen. Wenn man ihn in Ruhe ließe, dann glaube ich schon, daß er einer Gemeinde vorstehen könnte."*

Mit größerem zeitlichen Abstand meinte Rommel in einem Interview mit Palmers Biografen Ohnewald im Jahr 2003 dann, dass sich die Verwaltung und Palmer nach anfänglichen heftigen Auseinandersetzungen am Ende schon zusammengerauft hätten.

In den 1970er-Jahren keimte noch neben der reinen Artikulation von Protest aufgrund lokaler oder genereller Missstände die echte Hoffnung auf, mit der Wahl Palmers jemanden zu ermächtigen, der eine Veränderung im System hin zu mehr Bürgerbeteiligung, Menschenverstand und Pragmatismus anstrebte. Später wurde jedoch Palmers Funktion als Sprachrohr und Protestkanal dominierend, die ihm durchgehend Erfolge in den Bürgermeisterwahlen Baden-Württembergs beschieden. Er bündelte und kanalisierte die mal mehr, mal weniger ausgeprägte Unzufriedenheit mit dem System und den lokalen Gegebenheiten. Palmer wurde von den Bürgern benutzt, um Unbehagen zu artikulieren. Bei jenen Wahlen, die nur dem Namen nach welche waren, weil sich lediglich der Amtsinhaber wieder zur Wahl stellte, wurde und wird auch heute noch das demokratische Prinzip der Persönlichkeitswahl des Gemeindeoberhaupts ad absurdum geführt. Palmer entlarvte dies und bot sich offiziell als Alternative an. Teile der Bürgerschaft nahmen dieses Angebot dankbar an.

„Da kann man gleich ins Bett sch…
und Kügele drehen, das ist fast dasselbe."

Palmer über das häufige Phänomen, dass sich nur
der amtierende Bürgermeister zur Wahl stellte

Palmer schuf nicht nur eine Möglichkeit für die Unzufriedenen, ihre Meinung einfach und wirkungsvoll zu artikulieren. Auch die Verwaltung und der (wieder-)gewählte Bürgermeister erhielten wichtige Hinweise, wie stark und wo Unzufriedenheit bei der Bürgerschaft herrschte.

Es gilt dabei aber auch zu bedenken, dass 10, 20 oder gar 40 % der Wähler in einer Gemeinde nicht irrational und auch nicht nur aus Protest oder gar aus Jux entscheiden. Sondern viele dieser Menschen haben sich sehr wohl überlegt, dass sie das höchste Amt in ihrem Gemeinwesen eben gerade diesem Mann, Helmut Palmer, übertragen wollten, weil sie ihn als den besten für ihre Stadt ansahen. Dies sollte in Anbetracht all jener Kommentatoren und Analysten vergegenwärtigt werden, die erschrocken nur Protest und Unmut wahrnahmen. Vielmehr muss angesichts der vielen Wählerstimmen davon ausgegangen werden, dass viele Bürger so wählten, weil sie es für das Wohl ihrer Gemeinde taten. Jene Wahlen, in denen Palmer im zweiten Wahlgang ein ähnlich starkes Ergebnis bekam wie im ersten, untermauern diese These. Genauso sprechen für diese Deutung Palmers Erfolge in Wahlen mit hoher Wahlbeteiligung und mehreren fachlich geeigneten Kandidaten. Auch Manfred Rommel merkte in den 1980er-Jahren in einem Video-Interview an, dass man bei Palmer ab einer gewissen Prozentzahl nicht mehr nur von Protest einiger Bürger reden dürfe: „Aber dass er ein Mann mit Qualitäten ist, das beweisen schon die Wahlergebnisse. So blöd sind die Leute nicht, dass 12 % von ihnen jemanden wählen, der lediglich eine Art Gaudi-Macher wäre."

Hingegen schätzten viele Journalisten und Politiker die Urteilskraft der Wähler als sehr niedrig ein. Dass sich so mancher Palmer-Wähler eine Abkehr oder zumindest Verringerung der Parteienmacht in der politischen Willensbildung und Entscheidungsfindung wünschte, jedoch nicht gleich die Abschaffung demokratischer Strukturen generell herbeisehnte, wurde in den Analysen gar nicht erst erörtert. Dies lag auch daran, dass man hinter seiner polternden und unerhörten Art die zugrunde liegenden Konzeptionen und Argumente Helmut Palmers kaum wahrnahm. Er griff aggressiv den Parteienstaat an, also das System, mit dem die Bundesrepublik bisher im Großen und Ganzen sehr gut und stabil in der Nachkriegszeit gefahren war. Das verschreckte die meisten Beobachter. Dass es ihm dabei grundsätzlich um ein Mehr an Demokratie ging, um mehr Bürgerbeteiligung am politischen Entscheidungs- und Willensprozess, um ein Mehr an Partizipation und ein Weniger an Repräsentation, wurde so gut wie nie zur Kenntnis genommen oder gar ernsthaft besprochen.

Die Zeit seiner wichtigsten Erfolge von circa der Mitte der 1970er-Jahre bis Ende der 1980er-Jahre fällt in jenen Lebensabschnitt, in dem er vital und bereits lebenserfahren war und von den anderen als Macher und frischer Gestalter, dennoch mit Erfahrung und Weitsicht, wahrgenommen werden konnte. Pal-

Haus des Anstoßes: Im Laufe der Jahre verwandelte der Politikrebell Palmer sein Haus in ein buntes politisches Statement. Schön und provokativ gleichermaßen steht es bis heute mitten im Dorf an der Hauptstraße Geradstettens.

mer war da im „richtigen Mannesalter" für die Position eines Stadtoberhaupts und Politikers. Er vereinte in diesem Zeitraum also viele der Qualitäten, die man in Württemberg von einem idealen Bürgermeisterkandidaten erwartete.

In den 1970er-Jahren war Palmers rebellischer Einbruch neuartig und von einer Dynamik, in die viel Hoffnung auf Weiteres gesteckt wurde. Gerade in Schwäbisch Hall ist aus den vielen Inseraten und Briefen von Bürgern an ihn die Hoffnung herauszulesen, er würde für eine gerechte, zupackende, ehrliche und menschliche Art, Politik zu betreiben, kämpfen. So haben ihn Unterstützer auch und gerade deshalb gefördert, weil Palmer immer wieder verkündete, nicht haltzumachen, wenn er denn tatsächlich zum Stadtoberhaupt gewählt werden würde. Er wollte ein Mandat im Landtag oder gar im Bundestag gewinnen und eine größere Bewegung schaffen, freilich mit ihm unangefochten an der Spitze. Das verschreckte aber zahlreiche Bürger und die etablierten Politikakteure. Denn Palmer war auf der Gewinnerspur: In Reutlingen holte er 1973 circa 10 % der Stimmen, in Schwäbisch Hall hätte es im Jahr darauf fast auf den Oberbürgermeistersessel gereicht, in Göppingen erhielt er, ohne auf dem Wahlzettel zu stehen oder aktiven Wahlkampf betrieben zu haben, ebenso 11 %, in Kirchheim/Teck noch im selben Jahr jede vierte Stimme in beiden Wahlgängen. Helmut Palmer war in den 1970er-Jahren der Shooting-Star auf der politischen Bühne des Landes, und es erschien durchaus möglich, dass er ein Amt oder Mandat in den nächsten Jahren erreichen konnte.

„Das ist Wahlkampf, Verehrtester, und kein Kirchgang."

Palmers häufiger Spruch bei Kandidatenvorstellungen zu einem Mitbewerber

Doch zu Beginn der 1980er-Jahre hatte Palmer bereits mehr als 60 Bürgermeisterwahlen bestritten, ohne über Achtungserfolge hinauszukommen. Sein Bild in der Öffentlichkeit wandelte sich. Helmut Palmer galt als der „Dauerkandidat", von dem man nun grundsätzlich annahm, dass er nie zum Bürgermeister gewählt würde. Und dennoch nahm er eine Rolle in den vielen Bürgermeisterwahlkämpfen ein, die von den Wählern regelmäßig honoriert wurde. Es war dies die gleiche Rolle, die er auch zu Beginn seiner Kandidaturen bereits bewusst einnahm und der Grund dafür war, so oft zu kandidieren: die des Aufwieglers und Wachrüttlers, des Rebellen und Mahners.

Späther
caust im „MusterLändle"
Beamtenschaft insbe-
sondere Justiz + Polizei
wurden nie entnazifiziert.
ALLe RadiKaLe sind Längst
im sog: Öffentlichen Dienst.
(Nazi-muß-DemoKraten)
Aufrechte überzeugte
DemoKraten werden
nachweisbar verfolgt +
terrorisiert! Z.B. Durch
Meineide, Politpsychoter-
ror „a La MosKau", Finanz-
terror, Rufmordterror, WahL
Späther
Holocaust
Ein Justizver-
brechen nach dem
anderen.
Rufmord durch
FunK + Fernsehen
Z.B: Eschenburg
Darweger SKandaL
SDR/SWF" AnstaLten des
„öffentLichen (Un)Rechts???
BRÜDERLICHKEIT?

„Wenn ich im Dritten Reich mit Ihnen zu tun gehabt hätte, wäre ich zu Schmierseife verarbeitet worden."

Palmer zu einem Staatsanwalt im Amtsgericht Schorndorf 1976

6. Palmer und Justitia: 1970–80er-Jahre

Mal erbittert, mal mit Samthandschuhen

Die verbüßte Gefängnisstrafe Ende der 1960er-Jahre bewirkte bei Helmut Palmer nicht die von den Gerichten erwünschte Läuterung. Im Gegenteil: Umso schwerer die Strafen, umso mehr sah sich Palmer von einer Verschwörung des Staates und der Justiz verfolgt und ungerecht behandelt. Weiterhin geriet Palmer immer wieder mit Beamten – zumeist Polizisten – aber auch mit Privatpersonen aneinander, die daraufhin Strafanträge und -anzeigen gegen ihn stellten. In den 1970er-Jahren versuchte man erneut, Palmer auf seinen Geisteszustand hin zu untersuchen. Wegen Palmers Verhalten entstanden aus einem Prozess immer wieder neue Strafverfahren: ein juristischer Rattenschwanz, der kein Ende nehmen sollte.

Durch seine spektakulären Aktionen und „Bürgerinitiativen" im baden-württembergischen Straßenverkehr geriet Helmut Palmer regelmäßig in Konflikt mit dem Gesetz. Palmer machte die Verkehrsplaner in den Behörden für die Schwere von Autounfällen verantwortlich. Auf seinen Versammlungen stimmten ihm viele Autofahrer zu. Palmers Meinung nach reagierten die Behörden gar nicht oder zu langsam auf seine Vorschläge für einen effizienteren und sichereren Straßenverkehr. Mit aufsehenerregenden Aktionen, bei denen ihn Bürger tatkräftig unterstützten, wollte er Württembergs Straßen auf eigene Faust selbsttätig verbessern und sicherer gestalten.

Bei Gerichtsprozessen vertrat sich Helmut Palmer anfangs oft selbst, teilweise auch mit Erfolg. Er sah sich auf einem Kriegspfad gegen die Verkehrsbehörden. Nachdem zwei seiner Angestellten auf einer Landstraße im Landkreis Ulm mit einem voll beladenen LKW verunglückten, zeigte Palmer 1971 öffentlichkeitswirksam den Ulmer Landrat und alle seine Mitarbeiter „wegen Beihilfe zum Mord, Totschlag und fortgesetzter fahrlässiger Körperverletzung in Tateinheit eines bezahlten Dauerschlafes auf unsere Kosten" an. Der rebellische Palmer begann früh, seine Gerichtsprozesse zu inszenieren. So verteilte er schon auf dem Weg zum Justizgebäude an Schaulustige Obst und hielt die Zuschauer im Saal mit feurigen Reden bei Laune. Häufig erschien er zu den Verhandlungen in einem Talar – das Geschenk eines Pfarrers mit „Demokratiebewußtsein", so Palmer. Mit einem darauf aufgenähten Hakenkreuz demonstrierte er vor Justizgebäuden oder öffentlichen Plätzen und klagte über den „Justizterror" gegen ihn.

„Immer wenn es schön Wetter wird,
machen sie die Radaranlagen,
damit es die Beamten ja nicht friert."

Palmer in einem Vortrag an der Universität Tübingen 2004

Im Landgericht Stuttgart stellte Palmer bei einem Prozess 1974 dem Staatsanwalt gleich am ersten Verhandlungstag einen Korb mit alten Salatköpfen, vertrockneten Selleriewurzeln und gelben Rüben auf dessen Tisch, mit der Bemerkung, sie seien mit Rosen vermischt. Wahrscheinlich spielte Helmut Palmer damit auf den Film „Rosen für den Staatsanwalt" von 1959 an, eine bissige Satire über einen deutschen Juristen, der sich während der NS-Herrschaft als Militärankläger Verbrechen schuldig gemacht und in der frühen Bundesrepublik als Oberstaatsanwalt noch immer dem NS-Denken verhaftet war. Die Presse hingegen bedachte Palmer am zweiten Verhandlungstag mit frischem Obst.

Palmer hielt sich nicht an die Rolle, die ihm als Angeklagten vorgegeben war. Denn erst durch die strengen Verfahrensregeln erhält ein Gerichtsprozess seine Legitimität. Die Ordnung soll durch das Strafverfahren wieder hergestellt werden. Dabei ist die Öffentlichkeit ein wichtiger Bestandteil. Doch statt sich als Unterworfener kleinlaut um Milde bittend dem Gericht unterzuordnen, nutzte Palmer offensiv den Witz als Waffe. Er versuchte, gegen den Richter und den Staatsanwalt die Hoheit über das ritualisierte Gerichtsverfahren zu erlangen. Daher wurden die Prozesse von Palmer als Bühne genutzt, um das Justizwesen anzugreifen, beziehungsweise dessen als illegitim angesehene Autorität zu untergraben.

Wenn Helmut Palmer sich in die Defensive gedrängt und von Polizisten, Justiz- oder Verwaltungsangehörigen ungerecht behandelt fühlte, reagierte er häufig aufgebracht mit dem Hitlergruß und dem Ruf „Sieg Heil!". Da Helmut Palmer von nationalsozialistischen und obrigkeitsstaatlichen Kontinuitäten in Justiz und Verwaltung überzeugt war, verwendete er die Mittel des Anprangerns, wie zum Beispiel den Hitlergruß, konsequenterweise auch noch in späteren Jahrzehnten – und wurde immer wieder für diesen Tabubruch bestraft.

Seine Aktionen im Straßenbau führten zu einem regelrechten Kleinkrieg zwischen den Straßenverkehrsbehörden im Land und Helmut Palmer, der rasch Hand anlegte, wenn er auf den Verkehrswegen im Land Unzulänglichkeiten wahrnahm. Im April 1971 fällte Helmut Palmer an einer Bundesstraßenzufahrt im Remstal einen Baum, sägte drei Baumkronen ab, versetzte einen Wegweiser, indem er die Holzpfosten mitsamt den Betonsockeln herauswuchtete, und legte sogar eine neue, betonierte Einfädelspur an. Den Beton ließ er dafür eigens mit einem LKW von einer Baufirma anliefern. Schaulustige, hauptsächlich Berufsverkehrsautofahrer, unterstützten Palmer tatkräftig mit Schaufeln, Sägen und schwerem Hebegerät. Als später Polizeibeamte und Mitarbeiter des Straßenbauamts zur Szene hinzukamen und nach einer Genehmigung fragten, erklärte Palmer diesen, dass er die moralische Erlaubnis für diese Baumaßnahmen habe und auch vor juristischen Konsequenzen keine Angst habe, schließlich habe er im kommenden Winter reichlich Zeit zum Prozessieren. Palmer betonte bei einer anschließenden Pressekonferenz, bei der er auch gleich seine Landtagskandidatur im Wahlkreis Waiblingen II ankündigte, dass die Polizei nicht nach schuldigen Autofahrern suchen solle, denn in Wirklichkeit seien viel zu oft die Straßenverhältnisse schuld. Das Straßenbauamt Schorndorf erstattete Strafanzeige wegen Sachbeschädigung gegen Palmer und berichtete an das Regierungspräsidium Nordwürttemberg. Die übergeordnete Dienststelle wurde in einem Schreiben vom 20. Juli 1971 angefragt, wie gegen Palmer, „der

Blick für Details: Palmer wies stets auf Unzulänglichkeiten der Straßenbauer hin, hier auf die fehlende Abschrägung der Bordsteinkante. Bürger und Pudel schauen interessiert zu.

auch in anderen Dingen häufig als Querulant in Erscheinung tritt", Ansprüche geltend zu machen seien:

> *„Nach den Erfahrungen der Polizeidienststellen sind allerdings die Justizorgane häufig geneigt, auf die Einleitung von Strafverfahren überhaupt zu verzichten oder sie bald einzustellen, da Palmer, der mehrfach vorbestraft ist, auch in den Verhandlungen seinem übrigen Stile nach auftritt und dann in den Vollzugsanstalten ein entsprechendes Verhalten zeigt. Anscheinend bestehen nur sehr beschränkte Möglichkeiten, erfolgreich gegen rigoros auftretende Außenseiter einzuschreiten, die es verstehen, bei ihren Angriffen gegen Behörden und staatliche Einrichtungen auch die Unzufriedenheit Einzelner für ihre Zwecke einzusetzen."*

Deutlich erkenntlich ist aus diesen Zeilen der Groll der staatlichen Seite. Nur in wenigen Dokumenten legten baden-württembergische Beamte ihre Meinung zu Palmer so offen. In deren Wahrnehmung, die im kompletten Gegensatz zu jener Palmers und seiner Sympathisanten stand, ist dieser oftmals gar nicht oder zu lasch für seine Taten bestraft worden. Das Straßenbauamt Schorndorf bemühte sich in seiner Argumentation daher, Palmer für seine Taten zahlen zu lassen, und recherchierte – als Behörde freilich gar nicht dafür zuständig – sogar Palmers Besitzverhältnisse:

> *„Inwieweit Forderungen gegen den Schadenstifter Palmer eingetrieben werden können, ist nicht bekannt. Er besitzt zwar ein Grundstück in Geradstetten und für sein Gewerbe mehrere Lastkraftwagen. Andererseits können Belastungen und Eigentumsvorbehalte einen Zugriff ausschließen. Jedoch würde ein Verzicht auf Schadensersatz Palmer zu weiteren ‚Aktionen' ermuntern und ihn in der Auffassung bestärken, daß er ja ohnehin nicht belangt wird."*

Auch andere Verkehrsbehörden im Land wehrten sich nach Kräften gegen seine aggressiven Anschuldigungen. Als Palmer 1974 in einem Telegramm das Straßenbauamt Kirchheim/Teck als betrügerische Faulenzer, Steuerverschwender und mitschuldig an einer Vielzahl von Verkehrstoten bezeichnete, schrieb das Straßenbauamt in seinem Bericht vom 27. August 1974 an das Regierungspräsidium Stuttgart:

> *„Wenn auch landläufig bekannt ist, daß Palmer als Psychopath nicht bzw. nur beschränkt zurechnungsfähig ist, halte ich es für erforderlich, gegen Palmer Strafantrag (...) zu stellen. Palmer muß durch empfindliche Strafen über den Geldbeutel um einiges kleinlauter gestimmt werden. (...) Dieser Vorfall könnte zum Anlaß genommen werden, der Presse eine Mitteilung zuzuspielen, um zu zeigen, um welche Art Oberbürgermeister-Kandidat Nr. 1 es sich bei Helmut Palmer handelt."*

Als Palmer im März 1972 mithilfe zweier weiterer Personen an einer Landstraße im Altkreis Waiblingen mit Vorschlaghämmern Leitplanken in den Boden schlug, um sie zu versenken, kam es zu Beschimpfungen und einem Handgemenge zwischen Palmer und hinzugekommenen Polizeibeamten. Palmer wurde wegen

Sachbeschädigung, mehrfacher Beleidigung, vorsätzlicher Körperverletzung, fortgesetzten Widerstands, Nötigung und Landfriedensbruchs angeklagt. Für die Hauptverhandlung am Amtsgericht Schorndorf im Oktober 1972 schlug das Gericht eine psychiatrische Begutachtung Palmers vor und lud den psychiatrischen Sachverständigen, der Palmer schon beim Prozess 1963 begutachtet hatte, zur mündlichen Verhandlung ein. Palmer, der vor dem Gerichtstermin bereits öffentlich heftig gegen eine „Zwangspsychiatrierung" demonstriert hatte, beleidigte das Gericht und den Sachverständigen. Daher wurde die Verhandlung ausgesetzt und eine ambulante psychiatrische Untersuchung angeordnet. Gegen die Erstellung des psychiatrischen Gutachtens wehrte sich Palmer in der Folgezeit aber weiterhin heftig und hielt mehrere Demonstrationen ab. Zu der Untersuchung sei er nur bereit, wenn die beteiligten Richter, Staatsanwälte und Zeugen einen Lügendetektortest an sich durchführen lassen würden und der ihn untersuchende Psychiater sich selbst wiederum von einem anderen Psychiater untersuchen lassen würde. Palmers Widerstand gegen das psychiatrische Gutachten währte so lange, dass der Prozess vor dem Amtsgericht Schorndorf erst im April 1976 wieder aufgenommen wurde. Verhandelt werden sollten die alten Fälle, die nun teilweise mehr als vier Jahre zurücklagen. Es kamen aber auch einige neue Anklagepunkte hinzu, die sich in der Zwischenzeit angesammelt hatten und zu einem Verfahren zusammengeführt wurden.

Palmer nannte die lange Zeit des Wartens auf diesen Prozess „psychischen Terror in jeder Hinsicht". Gleich zu Beginn musste das Gericht – nun unter einem anderen Amtsrichter – zugeben, dass der Beschluss zur Anfertigung eines psychiatrischen Gutachtens mittlerweile aufgehoben worden war. In dreieinhalb Jahren war es nicht gelungen, Palmer untersuchen zu lassen, da er sich mit allen ihm verfügbaren Mitteln dagegen gewehrt hatte. Der Psychiater hatte sich geweigert, Palmer zu untersuchen und erklärte sich für befangen, nachdem Palmer gegen ihn mit einem Plakat demonstriert hatte, worauf stand: „Wer so etwas tut, hätte auch an der Rampe im KZ selektiert". Auch kein anderer Psychiater erklärte sich bereit, Palmer zu untersuchen. Da der nun zuständige Amtsrichter Heinrich Goll eine zwangsweise Begutachtung für nicht verhältnismäßig ansah, musste er davon ausgehen, dass Palmer strafrechtlich voll verantwortlich war, auch wenn er bei ihm ein „fehlendes Unrechtsbewußtsein" feststellte und ihm attestierte, sein „eigenes Weltbild festgezimmert" zu haben.

Der Prozess dauerte drei Tage und verlief ganz nach Palmer-Art turbulent. Der ursprüngliche Termin wurde um zwei Monate vertagt, da Palmer aufgrund des Landtagswahlkampfs nicht erschien. Zum ersten Verhandlungstag trat Palmer dann mit seiner Frau und seinen beiden zwei- und vierjährigen Söhnen auf, die sich an ihren Vater klammerten und damit den Staatsanwalt nervös machten. Palmers Schlussplädoyer – er vertrat sich selbst – endete erst nach vier langatmigen Stunden. Darin verkündete er: „Palmer wendet niemals Gewalt an, weil Gewalt nur Gegengewalt erzeugt." Der Staatsanwalt lehnte eine Einstellung des Verfahrens ab, obwohl dies Richter Goll vorgeschlagen hatte, falls Palmer eine Geldbuße an eine gemeinnützige Organisation zahle. Dreimal hatte der Staatsanwalt in der Verhandlung versucht, Palmer wegen Ungebührlichkeit vor Gericht ausschließen zu lassen. Er nahm neben Palmers heftigen verbalen Attacken daran Anstoß, dass dieser in einer schwarzen Robe vor Gericht saß. Richter Goll meinte hingegen, dass Palmer die Robe anbehalten dürfe, da jedermann klar sei, dass er sich damit kein Amt anmaße. Während sich Palmer immer weiter in seinen Zorn hineinsteigerte, lehnte der Richter alle Ausschlussanträge des Staatsanwalts ab, da er Palmer zubilligte, zu Recht ungehalten über die Versuche einer psychiatrischen Untersuchung zu sein. In der darauffolgenden Sitzungspause vor der Urteilsbegründung, als sich der Staatsanwalt gerade eine Zigarette anzündete, zeigte sich Palmer dann jedoch im Widerspruch zu seinem eigenen Schlussplädoyer doch noch von seiner gewalttätigen Seite. Erregt über das Verhalten des Staatsanwalts, packte er ihn an dessen Krawatte und rief: „Du willst mich und meine Familie kaputtmachen" und schlug ihm mehrere Male mit der Hand in den Nacken.

Richter Golls entnervter Kommentar zu Palmers Nackenschlag, wie er in der *Schwäbischen Zeitung* vom 28. April 1976 abgedruckt wurde, bündelte dessen jahrzehntelanges Justizdrama in einem Satz: „Aus jedem Palmer-Prozeß entwickelt sich ein neuer Prozeß." Nachdem Richter Goll es dem Ermessen des Staatsanwalts überließ, ob Palmer im Verlauf des Prozesses weitere Straftaten begangen habe, verpackte er seine Kritik am Verhalten der Anklage in dem Wunsch: „Auch die Staatsanwaltschaft soll sich bemühen, die Angelegenheit wieder in die richtigen Dimensionen zurückzuführen, statt mit lange zurückliegenden Bagatellfällen den Justizapparat zu lähmen."

Am Ende sprach der Amtsrichter Palmer für die alten Anklagepunkte frei und verurteilte ihn nur wegen zwei neuerer Vergehen der Beleidigung zu insgesamt sehr niedrigen 300 D-Mark Gesamtstrafe. Die Staatsanwaltschaft hatte dagegen 4000 D-Mark Strafe gefordert. Richter Goll bescheinigte Palmer hingegen ehrenwerte Motive. Die Freisprüche habe er erhalten, weil nicht ausgeschlossen werden konnte, dass Palmer aus Gewissensnot aufgrund vieler Autounfälle gehandelt habe. Die *Schwäbische Zeitung* erklärte ihrer Leserschaft dazu, dass die meisten Vorwürfe aus einer Zeit Anfang der 1970er-Jahre stammten,

> *„als Palmers Fehde mit dem Beamtenstaat ihren Höhepunkt erreicht hatte. Polizisten pflegten damals unter sein Auto zu robben, wenn obenherum nichts Verkehrswidriges zu finden war, und zeigten ihn wegen Dingen wie einem ‚im unteren Drittel beschlagenen Rückspiegel' an."*

Palmer habe solcherlei Schikane auf seine unermüdliche Beamtenkritik zurückgeführt. Die Leitplanken, die Palmer eigenhändig versenkte, seien damals von Wissenschaftlern als Ursache vieler Verkehrstoter erkannt worden. Der ADAC habe die Behörden aufgefordert, sie zu versenken. Palmer wollte aber nicht darauf warten und legte selbst los. Ein Jahr später hätten die Straßenbauämter alle Leitplanken in der Region versenkt, seitdem habe es keinen schweren Leitplankenunfall mehr gegeben, so die *Schwäbische Zeitung*.

Doch die Staatsanwaltschaft dachte gar nicht daran, sich ihre Niederlage einzugestehen. Sie legte Berufung gegen das in ihren Augen viel zu milde Urteil ein. Am 9. März 1977 wurde Palmer von der Berufungsinstanz, dem Landgericht Stuttgart, schließlich zu 4000 D-Mark Strafe verurteilt – also genau jener Summe, die die Staatsanwaltschaft ursprünglich gefordert hatte. Amtsrichter Golls gut gemeinter Ratschlag an die Staatsanwaltschaft, den baden-württembergischen Justizapparat mit „Palmers Bagatellfällen“ nicht weiter zu lähmen, ignorierte diese geflissentlich. Stattdessen sammelte die Staatsanwaltschaft akribisch alle Ausfälle, die Palmer während der Verhandlung begangen hatte, und strengte einen neuen Prozess an: So hatte Palmer einen Randstein von einer Straße zur Verhandlung mitgebracht, den er als gefährlich ansah und über den er in der Verhandlung gesagt hatte: „Dieser Stein ist das Phallussymbol der Staatsanwaltschaft.“ Zudem bezeichnete er den gegen ihn geführten Prozess als „die Minichronik eines Verbrechens durch revanchewütige Faschisten und ihre Hintermänner“. Von dem Plädoyer des Staatsanwalts sagte er seinerzeit, es sei „ein faschistischer Vortrag, ein verbrecherischer Vortrag. Dieser Mann hätte ins KZ jeden reingebracht. Ihm gehört der schwarze Kittel auf der Stelle runtergerissen“. Palmers tätlicher Angriff auf den Staatsanwalt in der Sitzungspause im Amtsgericht Schorndorf wurde nun ebenso verhandelt.

Palmer entschuldigte sich zwar für all diese Entgleisungen, aber nur „soweit es geht“. Der Missbrauch von Amtskleidung wurde auf Antrag des Staatsanwalts vorläufig eingestellt. Dieser meinte, dass man für die Grundhaltung Palmers Verständnis haben könnte, seine Methoden dürften jedoch nicht gebilligt werden. Palmer wurde zu einer Freiheitsstrafe von drei Monaten verurteilt, jedoch auf Bewährung auf zwei Jahre ausgelegt. Zudem musste er 1000 D-Mark Geldbuße an eine gemeinnützige Organisation zahlen. In der Urteilsbegründung erkannte das Gericht Palmers Motive an und lobte gar seine Zivilcourage, kritisierte aber die Art, wie diese umgesetzt werden. Zwar sprach das Gericht grundsätzlich einem Angeklagten in der Hauptverhandlung das Recht zu, Zeugen und auch den Staatsanwalt scharf zu kritisieren. Der tätliche Angriff auf einen Staatsanwalt stelle jedoch eine „unerhörte Provokation und einen besonders schweren Rechtsbruch" dar. Deswegen sei hier eine Freiheitsstrafe zu verhängen gewesen, denn die rechtsstaatliche Durchführung der Verhandlung sei beeinträchtigt worden. Doch wurde die Strafe nur zur Bewährung ausgesetzt, da alle Beteiligten guten Willen gezeigt hätten, so das Gericht: „Es besteht daher eine gewisse Chance, daß sich derartige Vorkommnisse nicht mehr wiederholen." Das Gericht sollte freilich mit seiner Einschätzung nicht recht behalten.

Die Winnender Verfolgungsjagd

Am 9. März 1977 erhielt Palmer vier Tage Ordnungshaft aufgrund von Ungebührlichkeiten vor dem Landgericht Stuttgart. Am 28. Juni 1977 bekam er in einem Prozess, in dem er lediglich als Zeuge aussagte, vom Amtsgericht Stuttgart zwei weitere Tage Ordnungshaft wegen ungebührlichen Verhaltens. Er saß die ersten vier Tage Ordnungshaft in der Justizvollzugsanstalt Ludwigsburg ab. Als er entlassen werden sollte, verbarrikadierte sich Palmer jedoch. Nur mit einer Unterhose bekleidet drohte er den Wärtern, sich ein Messer in den Bauch zu stoßen, sollten sie ihn gegen seinen Willen aus der Haft entlassen. Tatsächlich wollte Palmer, nun bereits in Ordnungshaft einsitzend, auch gleich die restlichen, noch verbleibenden zwei Tage Ordnungshaftstrafe ableisten. Der Justizvollzugsanstalt lag zu diesem

Zeitpunkt jedoch keine weitere Anordnung vor, ihn auch diese zwei Tage inhaftiert zu halten. Vermutlich handelte es sich hierbei um einen Fehler der Behörden. Palmer forderte, dass der Justizminister persönlich bei ihm Abbitte leisten solle. Als Erika Palmer und der Anstaltspfarrer hinzugerufen wurden, verließ Palmer schließlich seine Zelle, ohne die zwei zusätzlichen Tage Ordnungshaft absitzen zu können. Eine Polizeistreife fuhr ihn sogar nach Hause. Palmers Kommentar, abgedruckt in der *Waiblinger Kreiszeitung* vom 9. Januar 1978: „Die haben mich hierher gebracht, die sollen mich auch wieder heimbringen!"

Am 27. Juli 1978, an einem heißen Donnerstagabend, wollten zwei Polizisten schließlich den Vorführungsbefehl für die noch ausstehenden zwei Tage Ordnungshaft an Palmer vollstrecken, als dieser mit seinem mit verderblichem Gemüse und Obst im Wert von etwa 5000 D-Mark voll beladenen LKW auf der Bundesstraße bei Winnenden an ihrer Streife vorbeifuhr. Palmer widersetzte sich, drückte aufs Gaspedal und so kam es zu einer Verfolgungsjagd, in welcher er versuchte, das Polizeifahrzeug von der Fahrbahn abzudrängen. Als die Fahrzeuge in einem Industriegebiet Winnendens schließlich zum Stehen kamen, zogen die Polizeibeamten sogar ihre Schusswaffen, da sie fürchteten, Palmer könne wieder anfahren. Es kam zu einem Handgemenge, in dessen Verlauf die Polizisten leicht verletzt wurden. Schließlich bändigten sie den aufgebrachten Palmer und fesselten ihn dafür zunächst an einen Laternenpfahl. Während der Festnahme sprach Palmer Beleidigungen gegen die Polizisten und den Justizminister aus. Er habe die Beamten „Handlanger des Faschismus" genannt und gesagt, „sie hätten mit ihrem Verstand jetzt auch geschossen, wenn wir in der DDR wären", so die Anklageschrift. Als sich aufgrund des Tumults auf der Straße immer mehr Bürger um die Szenerie versammelten, verließ Helmut Palmer auch in diesem angespannten Moment nicht sein Sinn für Theatralik und rief in der Späthitze jenes Juliabends den versammelten und erschrockenen Bürgern „mich dürstet" zu, während er von der bewaffneten Staatsgewalt wie

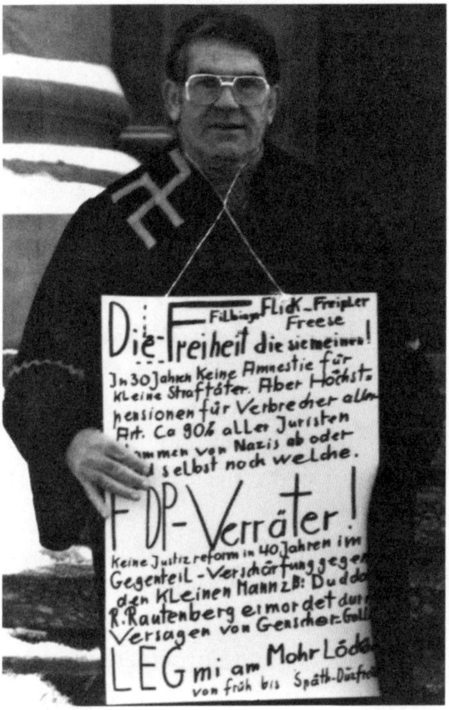

Geschenk eines Pfarrers mit „Demokratiebewusstsein“: Palmer nutzte den Talar mit aufgenähtem Hakenkreuz, um gegen vermeintlich nazistisches Verhalten in Politik und Justiz zu protestieren.

im Wilden Westen an einen Pfahl gebunden ausharren musste. Später meinte ein Sprecher der Polizeidirektion Waiblingen, dass eine Festnahme Palmers bei ihm daheim noch problematischer gewesen wäre. Die Beamten hätten aber bei der Aktion die Verhältnismäßigkeit der Mittel noch gewahrt. Tatsächlich hatte Palmer dem Leiter des Polizeireviers Waiblingen zuvor telefonisch mitgeteilt, dass er sich einer Verhaftung zu Hause widersetzen würde und man seine Haustüre aufbrechen müsse.

Im Frühsommer 1980 wurde die Winnender Verfolgungsjagd von 1978 am Amtsgericht Stuttgart in einem der mit sechs Verhandlungstagen längsten – und spektakulärsten – Prozesse gegen Palmer verhandelt. Er wurde von seinem Anwalt Manfred Künzel und dem Darmstädter Rechtsprofessor Axel Azzola, der mit Künzel befreundet war, verteidigt. Damit standen Palmer zwei Anwälte zur Seite, die zuvor Terroristen der Roten Armee Fraktion verteidigt hatten, nämlich Gudrun Ensslin (Künzel als Pflichtverteidiger) und Ulrike Meinhof (Azzola als Wahlverteidiger). Azzola hatte Sympathien für Palmer und seinen Kampf mit der Justiz, da auch er den Eindruck hatte, dass Palmer zu hart und unfair von der Justiz behandelt werde. Die Verhandlung wurde turbulent. Palmer zerriss sich unter anderem aus Protest die Kleidung, maßregelte den Staatsanwalt, als dieser mit dem Finger in der Nase bohrte, und fragte ihn an anderer Stelle: „Herr Staatsanwalt, von welchem Widerstandskämpfer stammen Sie ab?“ Aber auch sein Verteidiger Azzola erregte sich sehr in dem Prozess, stürmte einmal mit lautem Türknallen während der Verhandlung aus dem Gerichtssaal, riss die Tür wieder auf und schrie hinein, dass sich der Justizminister des Landes schämen müsse.

Das Gericht versuchte indes, den verworrenen Sachverhalt um die Vorgänge in Winnenden 1978 herauszuarbeiten. Neben der Verfolgungsjagd (Beleidigung, Widerstand gegen Vollstreckungsbeamte und Körperverletzung) war Palmer auch erneut wegen des Tragens eines Talars und mehrerer Beleidigungen gegen Polizisten und Privatpersonen angeklagt. So habe er 1978 auf dem Esslinger Marktplatz einer Hausfrau zugerufen, die sich über seine vermeintlich teure Ware beschwerte: „Sie mit Ihrem dicken, fetten Arsch, gehen Sie doch weiter.“ Die Frau zog ihre Strafanzeige aber auf Intervention von Erika Palmer zurück, sodass das Verfahren eingestellt wurde. Das Gericht sah den Tatbestand des unbefugten Tragens einer Amtstracht nicht erfüllt, weil Palmer mit der Robe auch eine Hakenkreuzbinde und ein Barett mit Paragrafenzeichen getragen habe. Daraus sei klar ersichtlich gewesen, so die Meinung des Gerichts, dass sich kein Pfarrer oder Richter in Ausübung seines Amtes befand. Die Beleidigungen gegen zwei Polizeibeamte, die Palmer im Juli 1978 vor seinem Haus verhaften wollten, konnten in der Verhandlung nach Meinung des Gerichts nicht zweifelsfrei nachgewiesen werden. Die Polizisten verstrickten sich auf der Zeugenbank in widersprüchliche Aussagen. Bei einem der Polizisten stellte sich sogar heraus, dass gegen ihn ein anderes Verfahren wegen vorsätzlicher Falschaussage anhängig war.

Der Ausgangspunkt, wieso es zu der Winnender Verfolgungsjagd gekommen war, sei ein „großes Durcheinander" gewesen, konstatierte das Gericht schließlich. Justiz und Polizei hätten hier wohl die Übersicht verloren, was nicht zulasten des Angeklagten gehen könne. Da die Polizeibeamten zur Pistole gegriffen hätten, habe Palmer sich in einer Notwehrsituation bedroht gefühlt. Dass er von den Beamten gegen einen Laternenmast gedrückt oder an diesen gefesselt worden sei, sei aber „keine besonders feine Methode" gewesen, so das Gericht.

Die Staatsanwaltschaft wiederum zeigte sich erneut als harte Gegnerin Palmers. Sie sah in Palmer einen unverbesserlichen Straftäter und beantragte viereinhalb Monate Freiheitsstrafe ohne Bewährung. Das Gericht sprach ihn hingegen von allen Anklagepunkten frei. Er sei kein bequemer Zeitgenosse, meinte die Richterin offen: „Aber eine Demokratie muß auch unbequeme Bürger ertragen können", wurde sie in der *Stuttgarter Zeitung* vom 9. Juni 1980 wiedergegeben. Palmers Verteidiger Professor Azzola überreichte der Richterin daraufhin zum Dank rote Rosen. Doch Palmers Justiztragödie kannte kein Happy End. Die Staatsanwaltschaft legte gegen das Urteil – wie so oft – Berufung ein. Denn der Freispruch Palmers hatte in Polizei- und Justizkreisen eine Schockwirkung hinterlassen. Die Staatsanwaltschaft forderte in der Berufungsverhandlung nunmehr sogar fünf Monate Freiheitsstrafe ohne Bewährung, „weil Palmer uneinsichtig ist". Das Landgericht verurteilte ihn am Ende zu drei Monaten und drei Wochen Freiheitsstrafe, aber auf Bewährung ausgesetzt. Es hielt Palmer zugute, dass die Vorfälle mittlerweile schon sehr lange zurücklagen und die Polizisten mit ihrem „Verfolgungseifer" Palmers Reaktion selbst provoziert hätten. „Damit Palmer aber an das Verfahren erinnert" werde, verhängte das Gericht eine Geldbuße von 1000 D-Mark als Bewährungsauflage.

Stammheim und Ludwigsburg 1979/80

Die zweite Freiheitsstrafe musste Helmut Palmer 1979/1980 verbüßen. Sie zeigt, wie schwierig und nervenaufreibend eine Inhaftierung Palmers für alle Betroffenen war. Die Haft rief nicht nur eine breite Berichterstattung und erneute heftige Diskussionen in der Öffentlichkeit hervor. Auch Institutionen der Justiz und des Strafvollzugs versuchten, durch eigene Verlautbarungen Einfluss auf die öffentliche Meinungsbildung zum Fall Palmer auszuüben.

Während er die vier Tage Ordnungshaft im Januar 1978 absaß, hatte Palmer ein Schreiben an das Regierungspräsidium Stuttgart gesandt, in welchem er der Behörde „faschistische Begünstigung im Amt" vorwarf und die dort tätigen Beamten als „Lügner", „chronische Faulenzer" sowie die Bundesrepublik als „Verbrecherstaat" bezeichnet hatte. Grund war ein Schreiben des Regierungspräsidiums, welches Palmers Wahleinspruch gegen die Oberbürgermeisterwahl in Winnenden 1977 als unbegründet zurückwies. In der Verhandlung hielt der Staatsanwalt Palmer vor, keine Kontrolle mehr darüber zu haben, was ehrverletzend sei und was nicht. Palmers Sichtweise wurde in der *Stuttgarter Zeitung* vom 22. Juli 1978 wiedergegeben:

> *„Nur durch solche Schreiben können Mißstände in diesem Land aufgedeckt werden. Ich gehöre zu den Einzelgängern, die dies ohne Gewalt tun. Ohne Hochhuth zum Beispiel wäre Filbinger Bundespräsident geworden. Ich kann bestraft werden, wie ich will – ich werde in meinem Kampf gegen die Behörden nicht aufgeben."*

Wie schon bei Palmers erster Gefängnisstrafe Ende der 1960er-Jahre wurde auch diesmal eine weitere Freiheitsstrafe wirksam, die zuvor lediglich auf Bewährung ausgesetzt war. Nämlich die dreimonatige Freiheitsstrafe, zu der Palmer wegen der Beleidigungen und des tätlichen Angriffs auf den Staatsanwalt im Schorndorfer Amtsgericht 1976 verurteilt und die zunächst auf eine zweijährige Bewährung ausgesetzt worden war. Da Palmer aber in der Bewährungszeit erneut zu einer Freiheitsstrafe verurteilt wurde, hatte Palmer nun insgesamt eine fünfmonatige Freiheitsstrafe abzuleisten. Dies tat er zunächst über Weihnachten 1979 in Stuttgart-Stammheim, den Rest in der Justizvollzugsanstalt Ludwigsburg.

„Alle Leute sind beschissen, die sich nicht zu helfen wissen."

Palmer 1993 in Calw

Wie sich die Haftzeit für Palmer in Stammheim und Ludwigsburg gestaltete, darüber gingen die Darstellungen weit auseinander. In Stammheim sei er in einer „Einzel-Terroristenzelle“ untergebracht gewesen, ohne Vergünstigungen wie Sport, Fernsehen, Radio oder Zeitungen erhalten zu haben, so Palmer selbst: „Ich bin so mißhandelt worden, daß der ganze Knast mich bedauert hat“, zitierte ihn die *Nürtinger Zeitung* am 8. Februar 1980. Er bekannte sich dazu, „Kampfparolen“ an seine Zellenwand geschrieben zu haben, aus Protest gegen die „Terrorhaft“, die nur durch den Besuch zahlreicher Oberbürgermeister und Abgeordneter etwas gemildert worden sei. Besonders erregte ihn die Behandlung seiner Familie bei einem Besuch in der Vollzugsanstalt Stammheim. Seine Frau und seine beiden Kinder seien „unverschämt gefilzt“ worden. Man habe sich nur hinter einer Glasscheibe sehen können, ohne direkten Kontakt. Auch Boris Palmer erinnerte sich später an den demütigenden Moment als Siebenjähriger, in dem er, sein fünfjähriger Bruder und seine Mutter sich bis auf die Unterwäsche hätten ausziehen müssen, um per Mikrofon mit dem Vater – durch eine Panzerglasscheibe getrennt – reden zu können. Aber auch über seine Haftbedingungen in Ludwigsburg klagte Palmer: „Ich wurde als Gefangener in dieser Anstalt von den Bewachungsbeamten in übelster Weise mißhandelt und beschimpft“, berichtete er in der *Esslinger Zeitung* am 23. August 1980.

Ganz anders sah man dies hingegen in der Vollzugsanstalt Ludwigsburg. Ein dortiger Insasse schrieb in einem Leserbrief in der *Ludwigsburger Kreiszeitung*, dass Palmer vor anderen Insassen bevorzugt behandelt worden wäre. Palmer seien Besuchszeiten genehmigt worden, die für andere Insassen für Monate reichen würden, vor allem, wenn Bürgermeister ihn besucht hätten. Auch mit Schreibmaterial sei er im Gegensatz zu den anderen Insassen unbegrenzt versorgt worden. Eigenartig kam dem Leserbriefschreiber auch vor, dass das Justizministerium diese Anordnungen in ungewöhnlicher Geschwindigkeit, sogar über Feiertage, an die Anstaltsleitung weitergegeben habe. Als gewöhnlicher Insasse warte man hingegen im Schnitt bis zu drei Monate auf eine Antwort des Justizministeriums.

„Die ganze Justizvollzugsanstalt Ludwigsburg ist froh, ihren ebenso prominenten wie renitenten Häftling los zu sein. Wenigstens vorerst“, berichtete die *Bietigheimer Zeitung* am 21. Februar 1980, als Palmer Hafturlaub für den Wahlkampf bekam. Zuvor reagierte der Beirat der Vollzugsanstalt Ludwigsburg am 30. Januar 1980 in einer Pressemitteilung auf öffentlich vorgetragene Anschuldigungen von Erika Palmer, ihr Mann werde in „Isolationshaft“ gehalten und ihm seien Hof- und Kirchgang untersagt worden. Der Beirat versicherte in einer von drei Kreisräten der CDU und SPD veröffentlichten Erklärung, sich davon überzeugt zu haben, „daß die Vorwürfe der Isolation nicht zutreffen“. Es stellte sich heraus, dass Palmer nicht in Ludwigsburg, aber zuvor in Stammheim tatsächlich in Einzelhaft saß, „wie bei Untersuchungshaft verlangt“, so der stellvertretende Anstaltsleiter in Stammheim. „Sicher zum Nachteil von Palmer, aber zum Vorteil der Anstalt und der Bediensteten“, rechtfertigte er die Maßnahme. Auch wurde Helmut Palmer in Stammheim, wie von seiner Frau Erika geschildert, tatsächlich der Hof- und Kirchgang verboten. Palmer hätte zu „Volksreden“ ansetzen können, so die Befürchtung der Anstaltsleitung: „Bei seiner Redegewalt hätte die Ordnung schon gefährdet sein können, wenn 200 Gefangene auf einem Platz versammelt werden und nur zwei Beamte dabei sind. (…) Vor zehn Jahren, als er schon mal hier war, verstieß er mehrmals gegen die Hausordnung.“ Da

Helmut Palmer „in der Öffentlichkeit in jüngster Zeit stets aggressiv gewesen" sei, habe man diese Maßnahmen angeordnet.

„Verraten von Spezialdemokraten"

Palmers Kritik an befreundeten SPD-Politikern 1987, die ihm in seinen Auseinandersetzungen mit der Justiz nicht genügend beigestanden hätten

Der Beirat der Vollzugsanstalt Ludwigsburg entkräftete für die eigene Anstalt aber nicht nur die Anschuldigungen des Ehepaars Palmer, sondern forderte von den Verantwortlichen, die Sonderrechte für Palmer im Bereich des Besuchs, der Kleidung, der Unterbringung und des Briefverkehrs umgehend einzustellen, da dies zu einer Verunsicherung der Beamtenschaft und einer großen Unruhe unter den Gefangenen führe. Auch der Leiter der Vollzugsanstalt Ludwigsburg selbst sah in den Anordnungen des Justizministeriums, dass der Gleichbehandlungsgrundsatz bei Palmer sicherlich nicht mehr gewahrt worden sei.

Ein weiterer Insasse berichtete im August 1980 in einem Leserbrief in der *Ludwigsburger Kreiszeitung*, wie er Palmer erlebt hatte: Vom ersten Tag an habe Palmer Privilegien genossen. Er habe nicht arbeiten müssen und sei auf der Krankenstation untergebracht gewesen und nicht im normalen Zellentrakt. Gerade im Krankenrevier eines Gefängnisses erhalte man aber viel „mehr an Zuwendung, Betreuung und Rücksichtnahme". Palmer habe auch als einziger Gefangener, von dem der Leserbriefschreiber wusste, seine eigene Wäsche tragen dürfen. Auch sei er in den Genuss des dortigen Schwimmbads gekommen, welches er „in munterer, ausgelassener Stimmung" genutzt haben soll. Er hätte auch im Freien täglich Sonnenbäder nehmen dürfen und lange Gespräche mit dem Personal geführt, in „freundlich-ruhiger Atmosphäre". Dass er eine Szene am Ende eines Anstaltsgottesdienstes gemacht habe, wo er herumgebrüllt und verkündet habe, einen Sitzstreik in Solidarität mit den Besetzern der Atommüll-Deponie Brokdorf durchzuführen, rechnete ihm der Insasse ebenfalls übel an. Man habe all das sehr gefällig übersehen, um Palmer ja keinen Grund für öffentliche Beschwerden zu liefern.

Das Justizministerium ließ sich stets genau informieren, wie die Haft Palmers verlief, und gab detaillierte Anordnungen für seine Behandlung aus. Während sich das Ministerium mit zahlreichen Anfragen, Bitt- und Gnadengesuchen und Protestbriefen vieler Bürger, Oberbürgermeister und anderer Angehöriger der Eliten beschäftigte, hatte das Anstaltspersonal weiter mit dem prominenten Insassen zu kämpfen. In seiner Wahrnehmung vom baden-württembergischen Justizwesen verfolgt und zu Unrecht inhaftiert, hielt Palmer die Vollzugsbeamten mit Beschwerden, Ungehorsam oder Protestaktionen auf Trab. Mindestens eine seiner Beschwerden lehnte die Anstaltsleitung wegen formaler Mängel und in schönstem Beamtendeutsch ab: „Die Beschwerde des Gefangenen Helmut Palmer, geschrieben auf Toilettenpapier und eingegangen am 15.5.1980, wird nicht beschieden, da sie nach ihrer Form (Toilettenpapier) nicht den im Verkehr mit Behörden üblichen Anforderungen entspricht."

Heftige verbale Auseinandersetzungen zwischen Vollzugsbeamten und Palmer waren während seiner Haftzeit keine Seltenheit. Schon direkt nach seiner erneuten Verhaftung in Ulm nannte Palmer einen dortigen Vollzugsbeamten einen „KZ-Helfer". Der Ulmer Beamte stellte Strafanzeige – sein Großvater war in einem Konzentrationslager ermordet worden. Palmer wurde wegen dieser Beleidigung 1981 vom Amtsgericht Ulm zu 500 D-Mark Geldstrafe verurteilt. Das Gericht kam in seinem Urteil vom 22. April 1981 zu dem Schluss:

> *„Gerade der vorliegende Fall hat gezeigt, daß der Angeklagte nicht der einzige ist, der die schrecklichen Ereignisse des Dritten Reiches noch nicht verdaut hat. Vielmehr hat er hier gerade jemanden verletzt, dem es genauso geht und der in dem Augenblick, als er das Schicksal seines Großvaters während der Hauptverhandlung erwähnte, die Tränen nur schwer zurückhalten konnte."*

Als während Palmers Inhaftierung ein mehrtägiger Gerichtsprozess gegen ihn vor dem Amtsgericht Stuttgart anstand, kam es zu internen Auseinandersetzungen zwischen den Anstaltsleitungen von Stuttgart-Stammheim und Ludwigsburg. Erstere wäre eigentlich zuständig gewesen, Palmer während der Prozesstage aufzunehmen. Doch die Leitung in Stammheim wollte sich den Problemhäftling nicht erneut antun und bat die Anstaltsleitung von Ludwigsburg darum, Palmer weiter bei sich zu behalten. Schließlich schaltete sich in das Hin und Her gar ein Ministerialdirigent des Justizministeriums ein. Es fand sich eine umständliche Lösung, wie in Aktenvermerken der Justizvollzugsanstalt Ludwigsburg im Mai 1980 dokumentiert wurde: Palmer sollte von Ludwigsburger Beamten jeden Prozesstag zum Hintereingang des Gerichtsgebäudes gefahren werden. Die Anstaltsleitung in Stuttgart willigte ein, Palmer dann, aber nur für die Zeit des Gerichtsprozesses, zu übernehmen. So sollte verhindert werden, dass Palmer erneut in Stammheim inhaftiert würde. Das Amtsgericht Stuttgart bat die Anstaltsleitung Ludwigsburg noch, Palmer direkt vor dem Gerichtsgebäude abzuliefern, um die Fußwege mit ihm möglichst kurz zu halten: „Andernfalls müßte mit dem Gefangenen ein längerer Fußmarsch bis zum Amtsgericht durchgeführt werden, was angesichts der besonderen Situation nicht anzuraten sei." Vom Amtsgericht Stuttgart befürchtete „besondere Situationen" stellten sich freilich trotz der Vorkehrungen ein, zum Beispiel, als Palmer auf dem kurzen Fußweg mit seinen Krücken (die er aufgrund von Kniebeschwerden trug) auf die ihn begleitenden Beamten einschlagen wollte.

Nach der ersten Haftstrafe Ende der 1960er-Jahre sorgte diese erneute Freiheitsstrafe 1979/80 für viele und heftige Reaktionen im Land. Palmer selbst agitierte stark, um seine Position der Öffentlichkeit darzulegen. Viele Zeitungen berichteten ausführlich über die neuerliche Haftzeit Palmers. In den meisten Artikeln und Kommentaren wurde das Verhalten der Justiz kritisiert. Doch selbst Berichterstatter der regionalen Zeitungen gaben ihrer Leserschaft die Gründe für Palmers Verurteilungen nur ungenau, unvollständig und damit verfälschend wieder. Die Justiz wurde als rachsüchtig dargestellt, die Palmer Übles wolle. Anders als noch Ende der 1960er-Jahre schaltete sich diesmal aber die Stuttgarter Staatsanwaltschaft mit einer Gegendarstellung in die Debatte ein und verteidigte sich gegen die Vorwürfe in den Medien, Palmer gegenüber unfair zu sein: Dieser werde gleich behandelt wie alle anderen Bürger auch.

Während ihr Mann die Freiheitsstrafe absaß, rief Erika Palmer in der Zeitung dazu auf, Helmut Palmer durch Brief- und Postkartenzusendungen Mut zuzusprechen und sich solidarisch mit ihm zu zeigen. In einem Inserat ließ sie einen Stern abdrucken, den möglichst viele Bürger ausschneiden, auf eine Postkarte kleben und mit einem Gruß an Helmut Palmer direkt in die Vollzugsanstalt Ludwigsburg schicken sollten. Die Zusendungen, die Helmut Palmer daraufhin von Bürgern aus ganz Zentralwürttemberg und darüber hinaus erhielt, füllen heute einen ganzen Aktenordner im Palmer'schen Privatarchiv.

In den meisten Zuschriften lässt sich das gleiche Grundmuster erkennen. Viele der Absender wollten nicht alle Aktionen, die Palmer durchführte, gutheißen. So gut wie alle werteten das Verhalten der Justiz ihm gegenüber jedoch als schlimm und verdammenswert. Viele drückten auch aus, dass sie in Anbetracht des in ihren Augen skandalösen Verhaltens des Staates ihren Glauben an die Justiz verlören. An den Zusendungen, oft Postkarten mit nur kurzen Bemerkungen und aufmunternden Sätzen, lässt sich klar erkennen, wie all diese Bürger aufgrund von Palmers Justizdrama über ihr Gemeinwesen räsonierten und zumindest ein kleines Zeichen als gerechtigkeitsliebende Menschen setzen wollten:

Eine Postkarte aus Winnenden trug den Satz: „Eine schlechte Demokratie, die 1 Palmer nicht ertragen kann, aber 100 Terroristen züchtet!"; eine Familie aus Plüderhausen sprach Palmer mit dem Wahlspruch der Waldenser Mut zu: „Trotz alledem: LUX LUCET IN TENEBRIS [lat.: Das Licht leuchtet in der Finsternis; J.K.]“; Schorndorfer Marktbesucher wünschten sich, ihn bald wieder bei sich zu haben; Reutlinger Hausfrauen teilten ihm mit, dass sie ihn doch für die Verbraucherberatung benötigen; Metzinger Bürger wollten „sofortige Amnestie für Palmer. Im Namen des Volkes“; aus Waiblingen:

> *„Herr Palmer, haben Sie gewußt, wie viele auf Ihrer Seite sind? Sogar solche, die bisher nicht Ihre Freunde waren sehen, daß man Ihnen Unrecht tut. Und die vielen Leserbriefe! Sehr gut! (…) Das Volk schläft nicht, wie das bisher war! Man erkennt die Schlamperei im Staat u. Land.“*

aus Stuttgart: „Kopf hoch, Sie sind nicht allein! (…) Unsere Justiz hat sich schwer blamiert. (…) Der Justiz einen gerechteren Sinn!“; aus Winnenden: „Sie sind ein Opfer der Justiz geworden, die jetzt jeden Buchstaben des Gesetzes gegen Sie anwendet“; ebenfalls aus Winnenden: „Wir verfolgen mit viel Unverständnis täglich die Zeitungsberichte und können nur sagen: Kopf hoch! (…) Jemand muß anfangen, die Wahrheit darzulegen. Und Sie haben den Mut! Und tragen die bitteren Folgen davon. Aber Sie sind nicht allein“; aus Winterbach: „Mir ist unerklärlich, daß ein Mann der ein offenes Wort nicht fürchtet u. zum Gemeinwohl beiträgt, härter bestraft wird als Verbrecher + Bankräuber“; aus Schwäbisch Hall: „daß Sie hier in Schwäbisch Hall als OB kandidiert haben wirkt sich bis zum heutigen Tage noch positiv aus (…)“; aus Stuttgart: „Es lebe die Presse-Rede- und Meinungs-FREIHEIT“; aus Rudersberg: „Wir alle brauchen Sie! Denn wir alle sind zu feige u. zu faul den Mund aufzumachen!“. Auf manche dieser Karten kritzelte Palmer direkt Nachrichten an seine Frau. Ein Bürger empfahl ihm, in der Haft innere Ruhe zu finden. Palmer schrieb daraufhin auf die Postkarte: „Jede Karte studiere ich. Wenn die nur wüßten, Ruhe bewahren … aber nicht im Knast. Diese Uhren gehen so ruhig, daß man vor lauter Ruhe gesprengt wird“.

Altbundespräsident mit Rebell: Mit einigen FDP-Größen verband Helmut Palmer trotz seiner harschen Angriffe ein fast freundschaftliches Verhältnis (hier mit Walter Scheel 1984 in Stuttgart).

Landtagsabgeordnete wie Wolf-Dieter Hasenclever (Die Grünen) und einige Oberbürgermeister, darunter die Rathauschefs von Nürtingen, Ludwigsburg und Bietigheim-Bissingen, besuchten Palmer während der Haft und setzten sich beim Justizminister für ihn ein. Ein Mitglied des Beirats der Justizvollzugsanstalt Ludwigsburg fragte sich entnervt: „Weshalb müssen die denn da hinpilgern?" Palmers prominente Besucher nahmen die Haftstrafe als überzogen und kleinlich wahr. Der Oberbürgermeister von Bietigheim-Bissingen Manfred List äußerte sich in der *Ludwigsburger Kreiszeitung* am 31. Januar 1980: „Unsere freiheitliche Gesellschaft muß Leute wie Palmer ertragen können, ohne daß gleich nach dem Richter gerufen wird." Und in der *Bietigheimer Zeitung* meinte List am 20. Februar 1980: „... wenn unsere Gesellschaft, die einen Biermann, Bahro oder Walter Jens erträgt, nicht auch einen Helmut Palmer zu ertragen vermag, dann ist es um sie nicht zum besten bestellt." List wollte gar einen Brief Palmers an dessen Frau an den Gefängniskontrollen vorbeischmuggeln, doch wurde er dabei erwischt. Für die Strafvollzugsbeamten, die „Tag für Tag einen schweren und oft genug geschmähten Dienst im Interesse der Allgemeinheit leisten", sei dies ein wunderlicher Vorgang gewesen, meinte ihr Vorgesetzter, der Leiter der Justizvollzugsanstalt Ludwigsburg, nach Befragung der *Bietigheimer Zeitung* einen Tag später. List selbst war sich aber keiner Schuld bewusst.

Der Rottenburger Oberbürgermeister Winfried Löffler griff das Gerichtsurteil in der *Bietigheimer Zeitung* am härtesten an und schrieb an den Justizminister, dass hier mit „Kanonen auf Spatzen geschossen" werde und es sich um eine „Prestigeentscheidung" der Justiz gegen Palmer gehandelt habe. Justizminister Eyrich wies diese Behauptung „mit allem Nachdruck" zurück. Auch der Richterverein schaltete sich in Person eines Vorsitzenden Richters beim Oberlandesgericht Stuttgart daraufhin ein, nannte den Vorwurf des Rottenburger Oberbürgermeisters „völlig abwegig" und dementierte, dass die baden-württembergische Justiz rachsüchtig oder übertrieben handeln würde. Auch unter Juristen genieße Palmer als „schwäbisches Original" große Sympathien, so der Richter, doch Palmer sehe seine Grenzen nicht: „Das Problem Palmer ist ein echtes Problem. (…) Man ist geneigt, ihm entgegenzukommen", aber die Gerechtigkeit verlange es, dass „auch ein Original ein gewisses Maß an Recht und Gesetz über sich ergehen läßt".

Gemessen an der Anzahl öffentlicher Äußerungen von Medienvertretern und Bürgern, lag die Sympathie eindeutig bei Helmut Palmer, während man dem Staat und der Justiz vorwarf, das richtige Maß nicht zu kennen. Wie Angehörige der politischen Eliten, so richteten auch Bürger immer wieder Bittschreiben an Regierungsstellen bis hin zum Bundespräsidenten, zugunsten Palmers in die Justizprozesse einzugreifen. Besonders, wenn Palmer psychiatrisch untersucht werden sollte, äußerten Bürger energische Kritik an dem Vorhaben.

Spätestens zu Beginn der 1970er-Jahre war der Gerichtssaal immer überfüllt, wenn eine Verhandlung gegen Palmer anstand. Palmer lud per Inserat zu seinen Verhandlungen ein, um die Prozesse als Bühne seiner Agitation gegen das Justizwesen zu nutzen. Viele Zuschauer mussten sich mit Stehplätzen begnügen, manchmal wurde die Tür des Verhandlungssaals offengelassen, um den draußen Stehenden die beobachtende Teilnahme zu ermöglichen. Zahlreiche Bürger kamen sicherlich auch wegen des Spektakels, doch solidarisierten sich viele mit Palmer und spendeten ihm beispielsweise 1975 spontan Geld für die Ordnungsstrafen, die er während der Verhandlung im Amtsgericht Stuttgart anhäufte. Palmer als unerschrockener David, der der Justiz als übermächtigem Goliath gegenüberstand, fand durchgehend Sympathie in der Bevölkerung. Gerade in den 1970er-Jahren, in denen das Misstrauen gegenüber den etablierten Politikakteuren und dem Staat im Allgemeinen zunahm, empörten sich zahlreiche Bürger über das Verhalten ihrer Justiz einem unerschrockenen, aus dem Rahmen fallenden Mitbürger gegenüber.

Bundesweite Medien zeigten ebenfalls Sympathien für Helmut Palmer in seinem Kampf mit der Justiz. Er sei der „Schrecken aller schwäbischen Justizbehörden. Eine Gerichtsverhandlung mit ihm als Angeklagtem entartet allemal zum Volksschauspiel mit Szenen aus dem Tollhaus.“ So stellte *Die Welt* Helmut Palmer ihrer Leserschaft Anfang 1979 vor. Der Redakteur rechnete Palmer positiv an, dass sich dieser schon 1972 in einem Inserat an die Rote Armee Fraktion gewandt hatte.

Misstrauen und Protest dem Staat gegenüber, Kampf gegen die etablierten Akteure in Politik und Verwaltung – jedoch ohne Anwendung von Gewalt: Palmer wurde für viele Bürger in den 1970er-Jahren, in denen sich die Gesellschaft dynamisch wandelte, eine Identifikationsfigur. Er war zwar in seinem Verhalten radikal, brach jedoch nie den Grundkonsens einer friedlichen Gesellschaft, wie es die Mitglieder der RAF in dieser Zeit taten.

An die

Rote Armeefraktion!

So nicht, meine Herren, mir gefällt auch sehr vieles nicht an diesem Staat, jedoch wäre ich nie auf den Gedanken von Gewalt und Bomben gekommen. Es ist schon zu viel Leid durch Bomben passiert. Ich halte lieber „Bombenvorträge" und artikuliere und kandidiere so erfolgreich, daß ich eine tragende Basis bei der Bevölkerung finde. Protestieren Sie lieber erfolgreich mit mir, z. B. gegen die Justiz am 1. Juni von 11—12 Uhr vor dem Landgerichtsgebäude in Stuttgart.

Helmut Palmer, Bürgerrechtler und Ombudsman, Geradstetten, Untere Hauptstraße 20 (Remstalrebell).

Gegen den Terror: Palmer schaltete am 30. Mai 1972 in der *Stuttgarter Zeitung* ein Inserat, um die Mitglieder der RAF zu friedlichen Protestformen aufzurufen.

Hakenkreuze, Beleidigungen, Polizeistaatsmethoden?

Auch in den 1980er-Jahren protestierte Palmer gegen das Justizwesen im Land und inszenierte die Prozesse gegen ihn als Bühne für seine Demonstrationen gegen den „Justizporno", der gegen ihn betrieben werde, gegen das „Kesseltreiben", für das die Justiz missbraucht und Strafvereitelung und Rechtsbeugung geschehen würden – aber niemand würde hierfür zur Verantwortung gezogen. In einer Verhandlung vor dem Landgericht Hechingen 1982 erschien Palmer in KZ-Häftlingskleidung und mit einem riesigen Maulkorb im Gesicht, welcher ihm das Sprechen deutlich erschwerte. In einem Inserat in der Vorweihnachtszeit 1983 rief Palmer dazu auf, an Heiligabend vor dem Gefängnis Hohenasperg sowie vor den Privathäusern von Ministerpräsident Späth und zweier Richter, die ihn verurteilt hatten, zu demonstrieren, während er aus seinem Buch vorlesen werde. Palmer hatte dafür die Privatadressen der Richter recherchiert und setzte diese in die Zeitung.

In den 1980er-Jahren musste Helmut Palmer zwar keine längere Haftstrafe verbüßen. Die juristischen Auseinandersetzungen wurden dennoch unerbittlich geführt – von beiden Seiten. Außergewöhnlich war der Prozess in Dachau 1981, als sich Palmer wegen des Tragens eines Hakenkreuzes verantworten musste. Nicht Beleidigungen gegen Einzelpersonen standen hier im Vordergrund, sondern Palmers öffentliches Anprangern einer vermeintlich fehlerhaften und mit nationalsozialistischen Wesenszügen noch immer behafteten deutschen Justiz musste nun von den Richtern bewertet werden. Zudem waren es nicht baden-württembergische, sondern bayerische Staatsanwälte und Richter, die sich mit der Causa Palmer zu beschäftigen hatten.

Der Prozess in Dachau 1981

Mitte April 1980 demonstrierte Helmut Palmer mit seiner Richterrobe, auf die er ein Hakenkreuz gemalt hatte, vor dem Eingang der Gedenkstätte des ehemaligen Konzentrationslagers Dachau. Dazu trug er ein Plakat, auf dem stand: „… und keiner soll eines Tages sagen, wir haben von dem Verbrechen nichts gewußt. 30 Jahre Amtsverfolgung mit willigen furchtbaren Juristen. Und Filbinger und Blass sind frei. Ist das der beste Rechtsstaat?“ Die Staatsanwaltschaft beim Landgericht München beschuldigte Palmer wegen des aufgemalten Hakenkreuzes, öffentlich ein Kennzeichen einer verfassungswidrigen Organisation verwendet zu haben. Dem bayerischen Richter am Amtsgericht Dachau erschien am Ende der Verhandlung am 19. Januar 1981 aber klar,

> *„daß der Angeklagte alles andere will, nur nicht die Interessen des Nationalsozialismus fördern oder dulden. (…) Dieser Mann läuft ohne Sicherungen herum, läßt sich erkennbar von niemandem, auch nicht von seinem Verteidiger bremsen, ist immer in Hochspannung. Das scheint bei ihm bis zur Selbstaufgabe zu gehen."*

Helmut Palmers Anwalt Manfred Künzel kritisierte in der Verhandlung die ständige Humorlosigkeit der Justiz und das typisch deutsche Unverständnis. Er forderte mehr Gelassenheit. Der bayerische Richter sah dies genauso. In der *Süddeutschen Zeitung* vom 20. April 1981 wurde er zitiert: „Zum Wesen der Demokratie gehört Toleranz. Palmer hat glaubhaft ausgeführt, daß er Antifaschist ist. Er sieht sich mit gewissem Recht als Bürgerrechtler. Aufklärung des Staatsbürgers ist notwendig. Das macht Herr Palmer."

Das Amtsgericht Dachau nahm ein Urteil des Bundesgerichtshofs als Grundlage, Palmer freizusprechen. Denn dass Palmer demonstriert habe, so das Urteil vom 19. Januar 1981, „dient der staatsbürgerlichen Aufklärung und der Berichterstattung über Vorgänge des Zeitgeschehens und der Geschichte". Im Verfahren hatte die Staatsanwaltschaft jedoch fünf Monate Freiheitsstrafe ohne Bewährung für Palmer gefordert und legte Revision gegen das Urteil ein. Das Amtsgericht habe nicht geprüft, wie Palmer das Hakenkreuz verwendet habe. Palmer habe willentlich zum Ausdruck bringen wollen, dass es auch heute „in der Bundesrepublik Deutschland, insbesondere im Bereich der Justiz, eine rechtsstaatswidrige innenpolitische Entwicklung" gebe. Dies sei aber eine „sichtlich abwegige und subjektiv willkürliche Darstellung", so die Staatsanwaltschaft am 30. Januar 1981. Es kam daher zu einer sogenannten Sprungrevision direkt zum Bayerischen Obersten Landesgericht. Dieses verwies die Sache zur neuerlichen Verhandlung und Entscheidung zurück an das Amtsgericht Dachau in neuer Besetzung.

„Wenn es mich fast zerreißt, muß ich was sagen, sonst hätte ich schon längst einen Herzinfarkt."

Palmers Erklärung für seine verbalen Ausfälle vor dem Münchner Amtsgericht 1982

Im November 1981 entschied ein anderer Richter des Amtsgerichts Dachau jedoch erneut auf Freispruch für Palmer. Die Staatsanwaltschaft forderte in ihrem Plädoyer diesmal nur noch 2000 D-Mark Geldstrafe für Palmer, merkte aber an, dass nach Ansicht des Bayerischen Obersten Landesgerichts eine Verurteilung von Interesse sei. Doch eine Störung des politischen Friedens habe objektiv zu keinem Zeitpunkt bestanden, so der Amtsrichter in seiner Urteilsbegründung Ende April 1982. Palmer habe bewusst provozierend darauf aufmerksam machen wollen, dass sich der neue Rechtsstaat „verantwortlicher Diener des NS-Staates, namentlich der NS-Justiz bedient hat und eventuell bedient". Der „gefestigte Rechtsstaat" dürfe in solchen Dingen aber „eine gewisse Selbstsicherheit entwickeln".

Doch wie ihre baden-württembergischen Kollegen in Prozessen zuvor, blieben auch die Münchner Staatsanwälte hartnäckig und legten erneut Berufung gegen das Urteil ein. Vor dem Landgericht München wurde gegen Palmer schließlich im Mai 1982 verhandelt. Zunächst blieb dieser der Verhandlung fern und besuchte erneut die Gedenkstätte Dachau, wo er sich in KZ-Sträflingskleidung „von deutschen und französischen Schulklassen feiern" ließ, wie die *Stuttgarter Zeitung* am 29. April 1982 berichtete. Sie zitierte auch den zur gleichen Zeit stattfindenden Wortwechsel im Gerichtssaal zwischen Palmers Anwalt Künzel und dem Richter, der sich erkundigte, wo Herr Palmer denn sei:

„‚Der sitzt im Kopf der Bavaria, der gußeisernen Kolossalstatue an der Theresienwiese, und blickt in den freiheitlichen bayerischen Himmel.' Wann er denn zu kommen gedenke? ‚Wenn er sich sattgesehen hat', gab der Anwalt – ganz im Stil seines Mandanten – Auskunft."

Palmer wurde schließlich vom Landgericht München, trotz leidenschaftlichen Beistands während der Verhandlung nicht nur von Manfred Künzel, sondern auch erneut von Rechtsprofessor Axel Azzola, zu 600 D-Mark Geldstrafe verurteilt. Palmers lakonischer Kommentar: „Die bayerische Justiz ist auch nicht besser als die baden-württembergische."

Erinnerung an „Polizeistaatsmethoden"

Ende 1984 kam es vor dem Amtsgericht Stuttgart zu einem Prozess gegen Palmer wegen Beleidigung. Der Fall ragt als Beispiel eines besonders harten Urteils heraus, welches schließlich aber keinen Bestand haben sollte, da es in der Berufung aufgehoben wurde. Wie dabei mit Palmer umgegangen wurde, ließ bei manchem starke Zweifel an der Verhältnismäßigkeit des Justizwesens bei der Wahl seiner Mittel gegenüber Palmer aufkommen.

Palmer soll eine Postbeamtin am Telefon mit den Worten „Sie dreckige Schnalle" beleidigt haben. Er argumentierte, dass er damals annahm, den Hörer bereits aufgelegt zu haben, als er zu seiner Frau gesagt habe: „die dreckige Schnalle". Die Postbeamtin stellte Strafanzeige wegen Beleidigung. Beim ersten Verhandlungstermin vor dem Amtsgericht Stuttgart entfernte sich Palmer im Zorn vorzeitig und unerlaubterweise aus dem Gerichtssaal, so wie er dies schon des Öfteren in der Vergangenheit getan hatte. Für den 7. Dezember 1984 war der nächste Verhandlungstermin angesetzt. Für diesen Prozess wegen Beleidigung wurde Palmer auf Anordnung der zuständigen Richterin per Haftbefehl am 5. Dezember morgens um acht Uhr zu Hause von der Polizei abgeholt. Er verbrachte daraufhin zwei Tage in Untersuchungshaft. Darin sah Helmut Palmer reine Schikane der Richterin. Vor der Verhandlung rief er, in Handschellen gefesselt, den vor dem Gerichtsgebäude wartenden Journalisten zu, dass „Hass allein" nicht zum Richteramt befähige.

Der Bundestagsabgeordnete Hermann Scheer bat daraufhin Justizminister Heinz Eyrich in einem öffentlich gemachten

Schreiben Ende Januar 1985, diesen Vorfall zu prüfen. Scheer fühlte sich nach den Schilderungen und der Schutzbitte seines Wahlkreisbürgers Helmut Palmer an „Polizeistaatsmethoden“ erinnert. „Die Familie und insbesondere die Kinder Palmers erlitten dadurch einen Schock mit diskriminierenden Folgen in der örtlichen Umgebung.“

Die Untersuchungshaft habe unter Bedingungen stattgefunden, „wie sie allenfalls bei gemeingefährlichen Schwerverbrechern einzusehen wären, aber nicht bei dem Betroffenen ...“. Dies sei eines Rechtsstaates unwürdig, so Scheer: „Es geht hier nicht nur um die Person Herrn Palmers, der mich gelegentlich auch öffentlich kritisiert, sondern um die Qualität des Rechtsstaates, man muß beklemmende Vorstellungen haben, wenn solche Vorgänge Schule machen.“

Scheer wollte vom Justizminister wissen, ob von den Justizbehörden bei „politisch unbotsamen Personen“ mit „zweierlei Maß“ gemessen werde und ob es „im beliebigen Ermessen einer staatsanwaltschaftlichen oder richterlichen Behörde“ stehe, „die Verhältnismäßigkeit der Mittel bis in unerträgliche Weise auszudehnen“.

„Wer einen Scheißdreck rausschwätzt,
dem drehe ich den Scheißdreck wieder
in die Gosch nei und auf d'Auga nuff.“

Palmer zur Landtagswahl in Reutlingen 1984

Die für den Haftbefehl verantwortliche Stuttgarter Amtsrichterin stellte aufgrund dieses Briefs Strafanzeige wegen Beleidigung und übler Nachrede gegen Scheer. Seine Anwälte pochten freilich auf die Immunität des Abgeordneten, die ihn vor „tendenziösen Verfolgungen und Behinderungen in seiner Arbeit“ schütze. Scheer habe lediglich um „Aufklärung eines unrechtmäßigen Vorgehens gebeten und dabei auch politisch zu verstehende Werturteile abgegeben“. Diese Verhaftung eines Mitbürgers sei „aus dem Rahmen jeder üblichen Strafverfolgungspraxis“ gefallen. Die Richterin habe rechtswidrig gehandelt, so die Ansicht von Scheers Anwalt, denn sie hätte allenfalls die Vorführung Palmers anordnen können.

Palmer, der sich schließlich im Prozess vor dem Amtsgericht Stuttgart furios selbst verteidigte, den Staatsanwalt als „Verbrecher" anschrie und mit Gerichtsakten nach der Richterin warf, wurde aufgrund der einen Beleidigung der Postbeamtin als „dreckige Schnalle" zu zwei Monaten Freiheitsstrafe ohne Bewährung verurteilt. Palmer legte Berufung ein. Das Landgericht Stuttgart sprach Palmer 1985, diesmal von einem Anwalt verteidigt, nach dreitägiger Verhandlung frei. Es konnte laut Urteilsspruch des Gerichts nicht bewiesen werden, dass Palmer die Beleidigung gewollt oder billigend in Kauf genommen habe. Der Freispruch bewirkte, dass von dieser Episode im Palmer'schen Justizdrama in dessen Vorstrafenregister kein einziger Hinweis auftauchte. Doch trotz des glimpflichen Ausgangs: Verhaltensweisen wie die der Richterin am Amtsgericht Stuttgart 1984 waren für Helmut Palmer Anlass, sich darin zutiefst bestätigt zu fühlen, vom deutschen Staat, seinen Beamten und Juristen verfolgt zu werden.

„Ein einziger Palmer wäre besser als 20 grün getarnte Vögel mit knallroten Ärschen."

Palmer über die Partei der Grünen 1985

7. Der Hecht im Karpfenteich: die Parlamentswahlen 1970–90er-Jahre

Wie bei den Bürgermeisterwahlen, so konnte Helmut Palmer auch bei Landtags- und Bundestagswahlen so manchem Politiker gefährlich werden. Er kandidierte zu jeder Wahl in einem anderen Wahlkreis und wirbelte so die herkömmlichen Wahlkampfprozeduren stets aufs Neue durcheinander. In Palmers Parlamentskandidaturen sahen seine Mitmenschen ausschließlich einen Protest gegen das politische Establishment.

Palmers früher Einsatz und seine Wahlergebnisse

Helmut Palmer wollte bereits 1969 im Wahlkreis Reutlingen/Tübingen für den Bundestag kandidieren und hielt auch einige Wahlveranstaltungen ab. Denn in den Jahren der ersten Großen Koalition auf Bundesebene (1966–1969) konnte die 1964 gegründete rechtsextreme NPD bei Parlamentswahlen große Stimmgewinne verbuchen und zog in sieben Landtage ein. In Baden-Württemberg erhielt sie 1968 mit 9,8 % der Stimmen gar ihr bestes Ergebnis bei einer Landtagswahl.

Die NPD war eine Sammelpartei für rechtsextreme und rechtsradikale Kräfte, zog aber auch viele Protestwähler an. Beobachter rechneten damit, dass die NPD 1969 die 5 %-Hürde überwinden und gar den Einzug in den Bundestag schaffen könnte. Helmut Palmer wollte dagegen ein Zeichen setzen und kandidierte laut eigener Aussage im *Reutlinger Generalanzeiger* vom 10. April 1969, um „Die Ehre Baden-Württembergs dahin zu korrigieren, daß die NPD-Wähler nur Protestwähler, aber keine Nazis sind“. Er zog seine Kandidatur dann aber zurück, da er zu wenig Unterstützung sah und in seiner Kandidatur von öffentlicher Seite, auch der Presse, behindert werde. Ein „Hecht im Karpfenteich der Politiker wäre er bestimmt geworden – so ist er es einstweilen nur unter den Markthändlern“, meinte das *Schwäbische Tagblatt* am 19. September 1969 noch.

Stattdessen unterstützte Palmer 1969 die SPD in ihrem Wahlkampf, wetterte bei Auftritten in eigens angemieteten Sälen heftig gegen die CDU und warb in Zeitungsanzeigen für ein Bündnis der SPD mit der FDP. Palmer nahm später in seiner unbescheidenen Art für sich in Anspruch, großen Anteil daran gehabt zu haben, dass 1969 der Machtwechsel zur rot-gelben Koalition gelang. Denn nur durch seinen Einsatz für den SPD-Kandidaten Manfred Wende im Wahlkreis Waiblingen sei es diesem möglich gewesen, in den Bundestag einzuziehen. Die Fraktionen der SPD und FDP hatten nach der Bundestagswahl 1969 eine Kanzlermehrheit von zwölf Stimmen. Bei der Wahl des Bundeskanzlers erhielt Willy Brandt schließlich nur zwei Stimmen mehr als notwendig.

Für parteilose Einzelkandidaten, sogenannte Unabhängige, war und ist es in Bundestagswahlen fast unmöglich, ein Mandat zu erlangen. Lediglich bei der ersten Wahl 1949 (damals noch ohne Zweitstimme) gelang dies drei parteilosen Männern, die aber alle von Parteien oder Wählervereinigungen unterstützt wurden. Seither hat kein Kandidat den Einzug in den Bundestag geschafft, wenn er nicht auf einer Partei- oder Wählervereinigungsliste stand. Und nur äußerst selten erreichten Unabhängige überhaupt zweistellige Ergebnisse. Zu Lebzeiten Palmers waren es vier Personen: drei Männer, die zuvor schon eine breite Wählerbasis als Parteipolitiker gesammelt hatten und später als Parteilose antraten, und Palmer selbst. Nur bei einer seiner 13 Kandidaturen für ein Landtags- oder Bundestagsmandat hatte Helmut Palmer eine Partei oder Wählervereinigung im Rücken: Bei der Landtagswahl 1976 stützte sich die kleine Europäische Föderalistische Partei (EFP) tatsächlich aber mehr auf die Zugkraft des Wahlschlachtrosses Helmut Palmer, als dass die Partei ihm selbst eine hilfreiche Unterstützung gewesen wäre. Bei den Bürgermeisterwahlen war Palmer stets politischer Einzelkämpfer, meist mit deutlich beschränkteren Ressourcen als seine Konkurrenten.

„Programme sind die Schokoladenseite einer Partei."

Palmer in der Kandidatenvorstellung zur Vaihinger Oberbürgermeisterwahl 1981

Palmer wurde zwar in erster Linie für seine vielen Bürgermeisterkandidaturen berühmt. Doch war er auch als Parlamentskandidat außerordentlich erfolgreich. Helmut Palmer hält bis heute den Bundesrekord als erfolgreichster parteiloser Einzelkandidat bei Bundestagswahlen, der nicht zuvor in einer Partei war oder von dieser maßgeblich unterstützt wurde. Gleich bei seiner ersten Bundestagswahl 1972 erhielt er im Wahlkreis Waiblingen aufsehenerregende 7104 Erststimmen (4,9 %). Damit war er der einzige Unabhängige im gesamten Bundesgebiet, der eine solch hohe Zahl an Stimmen erreichte. Elf Jahre später stellte er seinen persönlichen Rekord auf: 1983 erhielt er im Wahlkreis Göppingen 19,8 % der Erststimmen. Der nächstbeste Einzelkandidat in dieser Bundestagswahl erhielt im Wahlkreis Essen III lediglich 0,45 %. Ein Zahlenspiel kann das hohe Stimmenergebnis für Palmer verdeutlichen: Wären die 28 546 Stimmen im Wahlkreis Göppingen für Palmer keine Erst-, sondern Zweitstimmen gewesen, so wäre er allein bei der Bundestagswahl 1983 die achtstärkste Kraft in der Bundesrepublik geworden, hinter der Deutschen Kommunistischen Partei (DKP) und der NPD, aber vor allen anderen kleinen Parteien wie zum Beispiel der Europäischen Arbeiter-Partei oder der Ökologisch-Demokratischen Partei (ÖDP). Natürlich können die Erststimmen (für eine Person) nicht einfach mit den Zweitstimmen (für eine Partei) verglichen werden. Dennoch wird so die sehr große Stimmenmenge plastischer, die Palmer in einer so wichtigen Wahl wie der zum Bundestag erreichen konnte. Wie groß Palmers Wahlerfolge als Einzelkandidat bei Bundestagswahlen waren, zeigt auch die Wahl 1990. Als Helmut Palmer 16 148 Erststimmen (11,3 %) erhielt, haben von den Grünen in ganz Deutschland nur drei Kandidaten mehr Erststimmen in ihren Wahlkreisen sammeln können als Helmut Palmer für sich im Wahlkreis

Reutlingen. Alle anderen, nicht im Bundestag vertretenen Parteien konnten von Erststimmenergebnissen, wie sie Palmer erreichte, nur träumen. In allen Bundestagswahlen, in denen Palmer antrat, erreichte er immer und zumeist mit extrem hohem Abstand den Bundesrekord als parteiloser Einzelkandidat mit den meisten Erststimmen.

In den Landtagswahlen gelang ihm der baden-württembergische Landesrekord als erfolgreichster Unabhängiger in allen Wahlen, in denen er als Einzelkandidat antrat, bis auf seine letzte Wahl 2001. Da erreichte er lediglich 0,9 % der Erststimmen. Er führte aber zu diesem Zeitpunkt mit fast 71 Lebensjahren, überschuldet und krebskrank, bei Weitem keinen solch engagierten Wahlkampf mehr wie in den Jahrzehnten zuvor. Helmut Palmer ist somit auch der mit großem Abstand erfolgreichste Einzelbewerber in der Geschichte der Landtagswahlen von Baden-Württemberg. Insgesamt erhielt Helmut Palmer von 1972 bis 2001 in sechs Bundestags- und sieben Landtagswahlen mehr als 150 000 Stimmen. Völlig außergewöhnlich war in der Geschichte der Bundesrepublik auch, dass Palmer zweimal hintereinander in Bundestagswahlen annähernd 20 % in verschiedenen Wahlkreisen einfuhr. Diese Erfolge belegen Palmers große Popularität bei den Bürgern in Zentralwürttemberg, wo er die meisten Stimmen erhielt. Zu Bundestagswahlen kandidierte er dreimal in seinem Heimatwahlkreis Waiblingen, zudem in Göppingen, Reutlingen und im Wahlkreis Schwäbisch Hall-Hohenlohe. Zu Landtagswahlen stellte er sich in Waiblingen, Schorndorf, Reutlingen, Kirchheim und Nürtingen auf. 1976 kandidierte er als Parteikandidat für die Europäische Föderalistische Partei zugleich in den drei Wahlkreisen Aalen, Ehingen und Schwäbisch Gmünd, während seine Frau Erika für die EFP in Schorndorf kandidierte. Dabei erreichte sie beachtliche 4,8 % der Stimmen, und somit nicht viel weniger als die 5,5 %, die ihr Mann im Wahlkreis Aalen einfuhr.

Zur Bundestagswahl 2002 trat Palmer nach eigener Aussage nicht mehr an, da es die zunehmende Anerkennung seiner

Tätigkeit im Obstbau ihm zeitlich nicht ermöglicht habe, Wahlkampf zu betreiben. Ein Redakteur der *Stuttgarter Zeitung* bedauerte es am 14. August 2002, ihn nun nicht mehr im Wahlkampf erleben zu können: „Denn wenn Helmut Palmer etwas sagt, dann direkt und unverblümt, ohne Scheinheiligkeit und ohne politischen Weichspüler".

Die Landtagswahlen in den 1970er-Jahren

In den 1970er-Jahren war Helmut Palmer vor allem in jenen Gemeinden stark, in denen sich Widerstand gegen behördliche Planungen für den Bau der Neckar-Alb-Autobahn regte: ein Projekt, welches das Remstal unter anderem mit einer riesigen Betontrasse zerschnitten hätte. In vielen Gemeinden des Wahlkreises fuhr er dabei ein besseres Ergebnis ein als beispielsweise die FDP.

Als Helmut Palmer 1976 für die EFP das einzige Mal als Kandidat einer Partei antrat, sahen die Redakteure der Zeitungen schnell, dass Palmer auch der Grund dafür war, wenn eine nicht im Bundestag vertretene Partei bei ihren Wahlveranstaltungen plötzlich Säle zur Gänze füllen konnte. So hielt Palmer eine Wahlveranstaltung in Mühlacker Ende 1975 vor fast 200 Bürgern ab. Laut den *Mühlacker Stadtnachrichten* kam es während seiner Rede im „Publikum zu Begeisterungsstürmen". Dies habe auch daran gelegen, dass in der jüngsten Zeit Bürgeranhörungen nicht berücksichtigt und über die Köpfe der Bürger hinweg entschieden worden seien. So zum Beispiel bei den heftigen Auseinandersetzungen um die Errichtung eines Kernkraftwerks bei Wyhl am Kaiserstuhl oder im Rahmen der Gemeindereform. Aber auch der Bau einer Mülldeponie und einer Schnelltrasse der Bundesbahn in der Umgebung von Mühlacker hätten dafür gesorgt, dass Palmers Ausführungen gegen den Parteien- und Beamtenstaat bei zahlreichen Bürgern dort auf fruchtbaren Boden fielen.

Wie sehr die Gemeindereform und die damit einhergehende administrative Auslöschung zuvor selbstständiger Gemeinden viele Menschen Mitte der 1970er-Jahre schmerzte, zeigte der Einsatz eines Bürgermeisters, der sich 1976 für die EFP und Palmer als Kandidat aussprach, nachdem seine kleine Gemeinde Obersulmetingen in der Nacht auf den 1. Januar 1976 aufgehört hatte zu existieren. Er zweifelte an der guten Verfasstheit des politischen Systems: „Unsere repräsentative Demokratie ist zu einer Herrschaft weniger geworden", wurde er am 10. Januar 1976 vom *Haller Tagblatt* zitiert. Vom Bürgermeister, dem Gemeinderat und der Bürgerschaft wurde eine Todesanzeige für die Gemeinde („853–1975") geschaltet. Der Bürgermeister hielt eine Rede für die EFP, in der er Palmer als Kandidaten anpries, da er sich für die direkte Demokratie einsetze: „Ergo ist er der Richtige: daß er gelegentlich mit unfeinen Ausdrücken um sich wirft und an Bäumen sägt, ist in Kauf zu nehmen."

Die Zeitungen zeigten sich beeindruckt von Palmers Engagement in den Landtagswahlkämpfen und der Resonanz in der Bevölkerung, die durch die hohen Besucherzahlen bei seinen Wahlveranstaltungen sichtbar wurde. In Schorndorf zahlten 1976 anlässlich des Landtagswahlkampfs über 1000 Zuschauer drei Mark Eintritt, um Palmer in der Künkelins-Halle reden zu hören. Und dass auch Säle in kleinen 500-Seelen-Gemeinden mit 120 Leuten trotz Eintrittsgeld einmal so voll waren, daran konnten sich nicht mal die Alten im Dorf erinnern. Selbst wenn Palmer trotz Ankündigung zu einer Veranstaltung einmal nicht auftrat, war dies für die Redaktionen berichtenswert. Die *NWZ Göppingen* widmete dem Nichterscheinen Palmers bei einer Kundgebung eine Viertelseite in ihrer Ausgabe vom 20. Januar 1976. So seien hunderte Interessierter enttäuscht und erbost gewesen, dass keine „Anti-Verkehrstod-Beamtenfaulenzer-Bürgerrechtsschau" stattgefunden habe. Die Polizei sei hingegen froh über das Nichterscheinen Palmers gewesen, da sie zumindest diesmal keine Auseinandersetzungen mit ihm zu erwarten hatte.

„[...] zur Rechten und zur Linken sieht man die Triebel hinuntersinken, wenn sie neben dem Palmer stehen und deswegen können sie keinen Palmer brauchen."

Palmer 1983 in der *Waiblinger Kreiszeitung,* warum die Parteien mit ihm als Mitglied nichts anfangen könnten

Ähnlich wie bei der Oberbürgermeisterwahl in Schwäbisch Hall 1974 sorgte Palmers Engagement in Parlamentswahlen in den 1970er-Jahren für große Resonanzen, da er aggressiv gegen die etablierten Politikakteure vorging, denen in dieser Zeit aufkommender Krisenstimmung immer mehr Misstrauen entgegengebracht wurde. Palmer, der Planungsvorhaben und Umstrukturierungen der Verwaltung angriff und sich für mehr Einfluss und Teilhabe der Bürger aussprach, brachte ein Politikangebot in die Wahlkämpfe, welches von vielen Menschen als attraktiv angenommen wurde. Seine spektakulärsten Erfolge folgten dann aber erst in den 1980er-Jahren in Bundestagswahlen.

Rekorde für einen Einzelkandidaten

Helmut Palmer kandidierte zur Bundestagswahl 1983 im Wahlkreis Göppingen. Dort hatte er gewichtige Mitbewerber. Der langjährige Abgeordnete der CDU war Manfred Wörner, damals Bundesminister der Verteidigung. Mit 48,4 % hatte er 1980 seinen Wahlkreis direkt gewonnen. Stets über die Landesliste zog seit 1970 Georg Gallus für die FDP ein. Er war einer der stellvertretenden Landesvorsitzenden, Kreisvorsitzender sowie Parlamentarischer Staatssekretär beim Bundesminister für Ernährung, Landwirtschaft und Forsten. Der Kandidat der SPD hieß Heinz Rapp. Wie seine beiden Mitbewerber, die auf den Landeslisten für die Zweitstimmen ihrer Parteien jeweils auf Platz 1 abgesichert waren, war dies der SPD-Mann mit Listenplatz 6 seiner Partei ebenso. Palmers Argumentation, warum man für ihn stimmen sollte, deckte sich mit einem der Gründe, warum er sich für den Wahlkreis Göppingen entschieden hatte: Da in diesem Wahlkreis alle drei etablierten Kandidaten durch Landeslistenplätze per Zweitstimmen bereits abgesichert seien, könne man Palmer die Erststimme geben. Denn die Bürger ließ er in einem Inserat in der *Geislinger Zeitung* vom 1. März 1983 wissen: „Erststimmen für die anderen wär d'Miste dongt".

Palmer griff im Wahlkampf in seiner gewohnt aggressiven Art die politischen Eliten an, besonders heftig aber den FDP-Spitzenkandidaten Georg Gallus. Die *Heilbronner Stimme* gab Palmer am 7. März 1983 wieder, der Gallus als „Mistgabelstudenten" bezeichnete, „der aus einer Familie kommt, wo man in die Häuser geht, wo schon gearbeitet, aber noch nicht gevespert ist". Palmer fuhr in der Bundestagswahl 1983 sein prozentual bestes Ergebnis bei einer Parlamentswahl ein: 28 546 Wähler gaben ihm ihre Erststimme. Das entsprach 19,8 %. Die Wähler honorierten besonders seinen Kampf gegen die damals immer noch in der Planung befindliche Neckar-Alb-Autobahn. In den meisten Orten bekam er viel mehr Erststimmen als die Grünen und die FDP, teilweise sogar deutlich mehr Stimmen als die SPD. Die Sozialdemokraten wie auch die CDU im Wahlkreis schnitten wegen Palmers Einsatz viel schlechter ab als im Landesdurchschnitt. Am härtesten traf es jedoch den FDP-Kandidaten Georg Gallus. Hatte er noch 1980 mit 9,9 % ein über dem Lan-

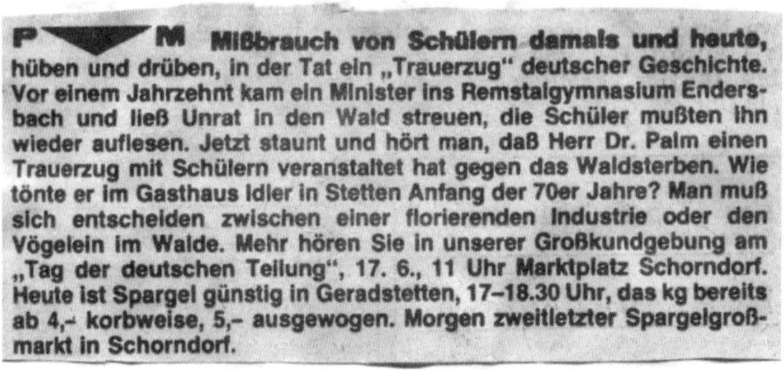
P M Mißbrauch von Schülern damals und heute, hüben und drüben, in der Tat ein „Trauerzug" deutscher Geschichte. Vor einem Jahrzehnt kam ein Minister ins Remstalgymnasium Endersbach und ließ Unrat in den Wald streuen, die Schüler mußten ihn wieder auflesen. Jetzt staunt und hört man, daß Herr Dr. Palm einen Trauerzug mit Schülern veranstaltet hat gegen das Waldsterben. Wie tönte er im Gasthaus Idler in Stetten Anfang der 70er Jahre? Man muß sich entscheiden zwischen einer florierenden Industrie oder den Vögelein im Walde. Mehr hören Sie in unserer Großkundgebung am „Tag der deutschen Teilung", 17. 6., 11 Uhr Marktplatz Schorndorf. Heute ist Spargel günstig in Geradstetten, 17–18.30 Uhr, das kg bereits ab 4,- korbweise, 5,– ausgewogen. Morgen zweitletzter Spargelgroßmarkt in Schorndorf.

Langes Gedächtnis: Palmer erinnerte Politiker auch nach Jahren noch an einmal Gesagtes (Inserat in der *Waiblinger Kreiszeitung* vom 13. Juni 1983).

desdurchschnitt stehendes Erststimmenergebnis einfahren können, so schmierte er in dieser Wahl auf nur 3,0 % ab. Im Wahlkreis Göppingen votierten für den FDP-Politiker weniger als ein Sechstel der Wähler, die Palmer als Einzelkandidat für sich gewinnen konnte. Selbst in Gallus kleinem Heimatort Hattenhofen errang der FDP-Politiker nur 143 Erststimmen, Palmer jedoch 365.

„Ein großer Proteststau gegen die Amtierenden scheint abgelassen", so werteten die *Stuttgarter Nachrichten* Palmers hohes Ergebnis. Der Kreisvorsitzende der CDU sah in dem schlechten Erststimmenergebnis seiner Partei einen Anstoß der Wähler, nachzudenken: „Daß wir da etwas eingebüßt haben, hängt mit den Besonderheiten im Wahlkreis zusammen, der Kandidatur Helmut Palmers. (...) Sicher gab es Protestwähler, die ein Zeichen setzen wollten, manche vielleicht auch, die sich nur einen Jux machten. (...) Auf jeden Fall müssen sich die Parteien insgesamt hinsetzen und nachdenken, wie so etwas möglich war." Der FDP-Spitzenkandidat Georg Gallus bereute in der *NZW Göppingen* am 8. März 1983, dass er „auf den Rat vieler guter Freunde" gehört und sich bis fast zuletzt nicht gegen die Angriffe Palmers gewehrt habe: „Da sind mehr Lügen als Wahrheiten erzählt worden." Entgegen der Behauptungen Palmers habe er, Gallus, als Einziger von Beginn gegen die Neckar-Alb-Autobahn gekämpft und sie auch „kaputtgemacht". Das Gleiche behauptete Palmer zeit seines Lebens von sich ebenfalls. Laut Palmer soll ihn der Ministerpräsident einmal als „Totengräber der Neckartalautobahn" bezeichnet haben. Im Interview mit der *Waiblinger Kreiszeitung* nach der Wahl antwortete Palmer, dass er gegen Gallus kandidiert habe, „um einmal der FDP zu beweisen, welche Nieten sie vorne dran hat". Ebenso sei es eine Abrechnung mit der FDP gewesen, die ihn damals nicht als Mitglied haben wollte. Zwar hätten FDP-Ortsverbände ihn um eine Mitgliedschaft ersucht, doch die FDP-Elite habe dies verhindert. Die Grundlage für seinen großen Stimmenerfolg sah Palmer gerade darin, dass er die regionalen und lokalen verkehrspolitischen

Probleme thematisierte, die die Bürger mehr bewegten als vage bundespolitische Themen.

„In Fellbach kann man nur noch mit Dynamit sanieren."

Palmer 1984 zur in seinen Augen verfehlten Stadtplanung, große Wohnhochhäuser auf die grüne Wiese zu stellen

Wegen Palmers Kandidatur mussten alle Parteien bluten, besonders aber der Kandidat der FDP, gegen den sich Palmer eingeschossen hatte. Palmers Wirken demonstrierte in der Bundestagswahl 1983, wie das politische System der Bundesrepublik Parteilosen keine Chance auf ein Parlamentsmandat lässt, Politikern trotz miserablem Abschneiden bei Wahlen aber die Möglichkeit gibt, von ihrer Partei zum Mandat getragen zu werden: Obwohl jeder fünfte Wähler im Wahlkreis seine Stimme Palmer anvertraute, erhielt dieser kein Mandat; ein Bewerber hingegen, der nur 3 % der Stimmen erreichte, schon. Palmer konnte einzelne Kandidaten vernichtend schlagen, doch wenn sie ausreichend weit oben auf der Landesliste ihrer Partei standen, hatten sie ihr Ticket nach Bonn trotzdem sicher. Dies öffentlich vorzuführen, war ein Akt der politischen Aufklärung, den viele Bürger Palmer dankten, indem sie ihn anhörten, unterstützten und auch wählten.

1987 versuchte der erfahrene Wahlkämpfer Palmer erneut und mit aller Macht, ein Bundestagsmandat zu erringen. Diesmal in seinem Heimatwahlkreis. Denn die Voraussetzungen für seine Kandidatur waren gut. Die Ausgaben für seinen Wahlkampf konnte er sich nachträglich erstatten lassen, wenn er als Einzelbewerber mindestens 10 % der Stimmen im Wahlkreis erobern konnte. Da er 1983 mit fast 20 % der Erststimmen in Göppingen diese Grenze bei Weitem überschritten hatte, konnte er das Risiko eingehen, in seinem Heimatwahlkreis Waiblingen noch stärker als zuvor in den Wahlkampf zu investieren. In einer Flut an jeweils bis zu 1500 Mark teuren Wahlkampfinseraten, die im Januar 1987 in der *Waiblinger Kreiszeitung* zum Teil im halben

Dutzend fast ganze Zeitungsseiten einnahmen, vermischte er Wahlkampfthemen mit seiner generellen Meinung zu lokalen Missständen und Aufrufen zu Aktionen. So forderte er dazu auf, einen Baukran zu organisieren, damit eine alte Eiche in Winnenden saniert werden könne, erwähnte aber mit keinem Wort, dass er für den Bundestag kandidiert. Ob das von ihm nun schlau bedacht war oder nicht: Solche Inserate erweckten den Eindruck, als ob Palmer überall aktiv und tatkräftig im öffentlichen Leben wirkte, ob nun gerade eine Bundestagswahl stattfand oder nicht. Und in der Tat ging sein Engagement auch weiter, als er wenige Tage nach der Bundestagswahl erneut zu einer Versammlung bei besagter Eiche aufrief. Am Heiligen Abend lud er per Inserat verlorene Seelen in sein Haus ein. Dies tat er öffentlichkeitswirksam in der Wahlkampfzeit, um sein Image als Kümmerer zu pflegen – mit Sicherheit aber auch aus Überzeugung. Denn auch an anderen Heiligen Abenden rief er in den Medien einsame Menschen dazu auf, in sein Haus zu kommen. Ausbaden musste die Großzügigkeit freilich in erster Linie seine Familie, allen voran Ehefrau Erika: Helmut war meist unterwegs, wenn sich die fremden Gäste teils monatelang bei Palmers in Geradstetten einquartierten.

Palmers Aufrufe in den Printmedien gestaltete er wie gewohnt urwüchsig originell, zum Beispiel am 20. Januar 1987 in der *Waiblinger Kreiszeitung*:

> *„(…) wählt deshalb von den Kir-Royal-Parteien nicht ihre schimmerlosen Babies, die wie Fünflinge aussehen, wählt einen Ackergaul, einen richtigen Brabanter, der ins Gschirr neihangt ond ziagt, daß d'Fetza fliagat ond en Kerle, der koin Kaviar braucht, sondern dem Gaisburger Marsch als eines seiner großen Essensvergnügen reicht."*

Man beachte bei diesem Inserat auch, wie das Redetalent Palmer innerhalb eines Satzes vom Hochdeutschen ins Schwäbische und wieder zurück wechselte, weil das bildhafte Gleichnis vom Arbeitspferd und dem tatkräftigen Mann im Dialekt deutlich stärker wirkt.

Besonders in Leserbriefen führten die Bürger anlässlich der Bundestagswahl 1987 untereinander heftige Auseinandersetzungen über Palmer und seinen Politikstil. Seiten der *Waiblinger Kreiszeitung*, voll mit Leserbriefen, in denen sie sich entweder mit Verve für Palmer einsetzten oder ihn und seinen Stil als völlig inakzeptabel brandmarkten, zeigten in den Tagen vor dem Wahlgang eindrücklich die Ambivalenz, die Palmer nicht nur bei Bürgermeisterwahlen, sondern auch bei Parlamentswahlen auslöste. Die einen freuten sich sehr über diesen Politikrebellen, die anderen sahen ihn als zu aggressiv und als Volksvertreter ungeeignet an. Immer ging es um Palmers Person als Protestpolitiker und Schrecken des Establishments, so gut wie nie aber um die von ihm aufgeworfenen gesellschaftspolitischen Inhalte. Das galt für die Landtags- und Bundestagswahlen ebenso wie für jene für das Amt des Bürgermeisters.

„So, wie Sie sich verhalten und gedrückt haben, sage ich Ihnen ganz klar, Sie hätten auch keinen Juden gerettet."

Palmer in einem Brief an eine Wahlkampfkonkurrentin nach der Bundestagswahl 1987

Trotz vollen Einsatzes sollte Palmer auch 1987 kein Mandat erreichen. Zwar erhielt er ein ähnlich hohes Ergebnis wie in der vergangenen Bundestagswahl: 19,2 % der Erststimmen von 31 625 Wählern. Damit war dies die Parlamentswahl, in der er am meisten Bürger von sich überzeugen konnte. Gleichwohl zeigte sich hier die Grenze des Machbaren für den Einzelkämpfer Palmer, der diesmal alles in die Waagschale geworfen hatte: So konnte er jede fünfte Stimme mit seinem außergewöhnlichen Einsatz für sich gewinnen. In manchen Gemeinden überholte er sogar die CDU- und SPD-Kandidaten Paul Laufs und Hermann Scheer, die im Vergleich zur vorherigen Bundestagswahl ohne Palmer jeweils mehr als 10 % verloren. Aber Paul Laufs gewann das Direktmandat dennoch souverän mit 42,5 %. Hermann Scheer kam gegenüber seiner Partei in Erklärungsnöte, da er mit lediglich 25,3 % nicht nur das schlechteste Erststimmenergebnis im Wahlkreis seit 1953, sondern auch eines der schlechtesten im Land einfuhr. Knapp schloss die *Waiblinger Kreiszeitung* am 28. Januar 1987: „Im Remstal gegen Palmer kein Mittel".

Die Landtagswahlen – Palmer als gefährlicher Parteiengegner

Auch in den Landtagswahlen zeigte sich Palmer als gefährlicher Gegner der Parteikandidaten. Denn er konnte entscheidende Stimmanteile von Kandidaten wegnehmen, die dadurch ihren Einzug in das Parlament verpassen sollten. Dies gelang ihm in den Landtagswahlen 1988 in Kirchheim und 1992 in Nürtingen.

Palmers Verhalten im Landtagswahlkampf 1988 gibt ein gutes Beispiel, wie er sich gegen einzelne Kandidaten einschoss und ihnen das Leben als Wahlkämpfer schwer machte. Der Parlamentarische Geschäftsführer der SPD-Fraktion und SPD-Kandidat im Wahlkreis Kirchheim Gerhard Remppis war bevorzugtes Ziel von Palmers Attacken: „Aber dem Landtag fehlt überhaupt nichts, wenn Herr Remppis unter 120 Abgeordneten nicht mehr drin ist. Ist Ihnen jemals der Name Remppis im Stuttgarter Landtag groß aufgefallen?", fragte Palmer in einem Inserat. Doch auch gegen den CDU-Kandidaten Fritz Hopmeier, der ebenfalls im Wahlkreis Kirchheim kandidierte und den mit Palmer eine lange Feindschaft verband, schrieb Palmer in einem Inserat im *Teckboten* am 16. März 1988: „Und mit dem Herrn Hopmeier ist's genau dasselbe. Laut einem Pressebericht hat er sich in 4 Jahren ca. 15 Mal zu Wort gemeldet." Palmer rechnete in einem Inserat vom 4. März 1988 in der *Esslinger Zeitung* vor, dass Remppis dreifach verdienen würde:

> *„Wenn z. B. Herr Remppis aus dem Landtag rausfliegt, dann trifft dies keinen Armen und spielt an der Zusammensetzung des Landtags überhaupt keine Rolle. Herr Remppis feiert heute ein Fest und verlangt dafür auch*

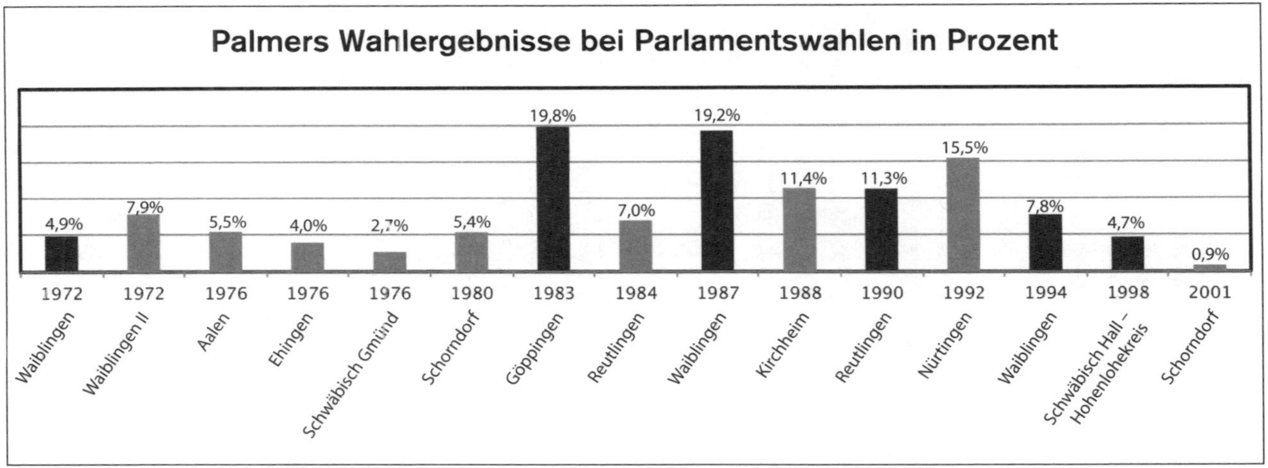

Keiner erhielt mehr Stimmen: Palmer ist bis heute der erfolgreichste Einzelkandidat bei Bundestagswahlen, der nicht zuvor von einer Partei unterstützt wurde – Gleiches gilt für die Landtagswahlen von Baden-Württemberg.

■ Bundestagswahl
■ Landtagswahl

noch 5 Mark Eintritt pro Erwachsenen. Herr Remppis hat im Monat runde 7000 Mark, wie alle anderen auch an Diäten. Dazu hat er noch einen halben Lehrauftrag und das reicht immer noch nicht. Seine Frau ist auch noch beim Staat. Da kommt a Säcker zäma. (…) Aber solche Leute, die im Schmalzhafen stecken und leben wie die Vögel im Hanfsamen, wissen nichts von den einfachen Nöten der Bevölkerung."

Remppis würde ihm zudem durch unfaire Äußerungen die Chance nehmen, als Einzelbewerber ein Mandat zu erlangen, so Palmer. Er verglich Gerhard Remppis mit dem gestürzten philippinischen Diktator Ferdinand Marcos, der nur durch Stimmenmanipulation seine Macht erhalten habe. Remppis sei mit seinen Äußerungen aber noch schlimmer und versuche, die Menschen „zu verdummen“, meinte Palmer am 2. März 1988 in der *Esslinger Zeitung*. Er behauptete auch, Remppis kämpfe ums politische Überleben und habe ihn daher gebeten, nicht in Kirchheim zu kandidieren.

„Weil Tausend, die sagen, der Palmer ist gut, in die Hose sch…, wenn sie an der richtigen Stelle ihr Kreuz machen sollen."

Palmers Erklärung, warum er nie gewählt wird, 1974 zur Oberbürgermeisterwahl in Tübingen

Die *Esslinger Zeitung* begleitete den SPD-Kandidaten einen Tag lang im Wahlkampf und nahm am 11. März 1988 Position für Remppis und gegen Palmer ein, den „selbsternannten ‚Bürgerrechtler‘“. Remppis habe man ansehen können, wie ihm die „Hetzkampagne“ Palmers zu schaffen mache, doch wolle der Sozialdemokrat „sich seinen Wahlkampf nicht von Polemik diktieren lassen“. Zunächst habe Remppis Palmers Angriffe ignorieren wollen. Da er aber bei seiner Wahlkampftour überall auf Palmer angesprochen worden sei, habe sich Remppis doch entschieden, einen Rechtsanwalt zu kontaktieren. Palmer hingegen hatte in jeder Wahl Sympathisanten, die ihn mit Leserbrie-

Hineingeschmuggelt ins Dreikönigstreffen: Palmer sorgte auch innerhalb der Staatsoper für Aufsehen (hier 1979). Die FDP-Granden nahmen es gelassen (in der ersten Reihe von links nach rechts: Bundesaußenminister Hans-Dietrich Genscher, Bundestagsvizepräsidentin Liselotte Funcke, FDP-Generalsekretär Günther Verheugen und Staatsministerin Hildegard Hamm-Brücher).

fen und mit Inseraten unterstützten. Sie konnten aber zum Teil heftige Gegenreaktionen auf ihr Engagement erleben: Ein Unternehmer aus Stuttgart schaltete mehrere kleine Anzeigen in der *Esslinger Zeitung*, um für Palmers Einzug in den Landtag zu werben, da es seiner Meinung nach schon genug Lehrer und Rechtsanwälte im Parlament gäbe. Als Reaktion auf seine Unterstützung Palmers habe er daraufhin anonym eine Pistolenkugel mit dem Hinweis erhalten: „Die nächste kommt nicht mehr per Post."

Der CDU-Kandidat Hopmeier gewann schließlich das Direktmandat, erlitt aber einen starken Verlust. Dennoch gab sich der Wahlsieger in der *Stuttgarter Zeitung* vom 22. März 1988 zufrieden, denn er glaubte zu wissen: „Noch kein CDU-Kandidat hat gegen Palmer so gut abgeschnitten". Palmer erhielt bei dieser Landtagswahl 11,4 % der Stimmen. Palmer stürmte die CDU-

Hochburgen im Wahlkreis. In Neidlingen, welches traditionell für Rekordergebnisse der CDU sorgte, sackte der CDU-Kandidat beispielsweise um 23 Prozentpunkte ab, während Palmer dort 26,3 % erhielt, weit mehr als SPD-Kandidat Remppis mit 17 %. Einig waren sich alle Partei-Kandidaten, dass Helmut Palmer ihnen Stimmen genommen habe, doch am schwersten wog der Verlust für die SPD.

Werter Herr Palmer!

Nachdem Sie in so rühriger Weise die Schwachen Stellen in unserer Stadt aufspüren, möchten wir Ihnen folgenden Typ geben:

In der verlängerten Bismarckstraße ab Stresemannstraße fehlt schon seit Jahren ein Bürgersteig trotz regem Fußgänger- und Autoverkehr. Dieser Mangel bedeutet speziell in der Dämmerung und natürlich bei Nacht eine besondere Gefahrenstrecke.
Hier wäre Abhilfe sehr dringend erforderlich.
Vielleicht ist es Ihnen möglich, diesen Zustand einmal in Augenschein zu nehmen.

Verschiedene Benutzer dieser Strecke.

Ludwigsburg, 15.10.1976

Der Politikrebell als Waffe: Bürger erhofften sich von Palmers Wirkung auf die lokale Verwaltung, dass Missstände im Ort durch sein Auftreten angegangen werden.

„Remppis ist weg vom Fenster“, prognostizierte Palmer noch Anfang März 1988 und sollte recht behalten. Der SPD-Politiker konnte nicht wieder in den Landtag einziehen. Von der Presse und den politischen Eliten wurde dies Palmer angekreidet. Verbittert redete Remppis nach der Wahl von einem „Palmer-Einbruch“. Der Wahlkampf sei so stark emotionalisiert worden, dass Dämme gebrochen seien, so Remppis, der noch einen Seitenhieb auf Palmers zu erwartende Wahlkampfkostenerstattung setzte: „Der Herr hat sein Ziel erreicht – er bekommt Geld und hat dem Wahlkreis das zweite Mandat weggenommen.“ *Der Teckbote* wie auch die *Stuttgarter Zeitung* sahen zwar Palmers Wirken nicht als alleinigen Grund für den verpassten Einzug des SPD-Kandidaten Remppis, denn auch die Grünen hätten daran Anteil gehabt, die noch vier Jahre zuvor ihre rechtzeitige Bewerbung für die Landtagswahl verschlafen hatten. Palmers Engagement im Wahlkampf wurde aber als schädlich für den Wahlkreis (ein Abgeordneter weniger) und die Allgemeinheit (Wahlkampfkostenerstattung) dargestellt. So, als ob Palmer sich durch das Wahrnehmen seines passiven Wahlrechts schuldig gemacht habe. Remppis‘ Karriere als Landtagsabgeordneter war beendet, er wechselte als Gymnasiallehrer zurück in den Schuldienst. Die SPD eroberte vier Jahre später das Mandat im Wahlkreis Kirchheim zwar zurück, aber dieses Mal mit einer anderen Kandidatin.

Palmer suchte sich für die Landtagswahl 1992 den Nachbarwahlkreis Nürtingen heraus und kandidierte dort gegen den Grünen-Politiker Winfried Kretschmann. Dieser sollte schließlich ebenso wie der SPD-Politiker Remppis sein Landtagsmandat wegen Palmers politischen Engagements verlieren. Die *Filderzeitung* fragte sich 1992 im Vorfeld der Landtagswahl, wem Helmut Palmer wohl diesmal die Stimmen wegnehmen würde und warnte vorahnungsvoll, dass des Grünen-Abgeordneten Winfried Kretschmanns Mandat wegen Palmer in großer Gefahr sei. Im Wahlkreis Nürtingen mussten schließlich alle Parteien wegen Palmer bluten, Winfried Kretschmann aber am meisten. Heute schreibt er in den biografischen Angaben auf seiner Internetseite:

> *„Dass Remstalrebell Helmut Palmer in meinem Wahlkreis kandidierte, kostete mich 1992 das Mandat. Nach vier Jahren fast politikfreien Lehrerdaseins, saß ich ab 1996 wieder im Landtag."*

1996 wollte Palmer ursprünglich erneut gegen Kretschmann antreten, um zu zeigen, dass er der bessere Abgeordnete wäre. Schließlich kandidierte Palmer aber gar nicht, da ihn niemand unterstütze, er auf seine Familie Rücksicht nehmen müsse und die Justiz ihn ständig terrorisiere. Auch sei er sich zu schade, nur deshalb im Rennen zu bleiben, um den Grünen Kretschmann mit sechs bis acht Prozentpunkten erneut aus dem Rennen zu werfen, meinte Palmer in der *Nürtinger Zeitung* vom 8. Dezember 1995.

Die Wahrnehmung der Bürger und der Medien

Palmer fand alle Jahrzehnte seines politischen Wirkens hindurch eine Resonanz bei den Bürgern. Manche schrieben ihm, nur aufgrund seines politischen Engagements zum ersten Mal wählen zu gehen. Palmers Wahlveranstaltungen waren meist rappelvoll, obwohl die Leute bis zu fünf Mark Eintritt zahlen mussten. Manch andere Partei mit ihrem Apparat und Gastauftritten von Parteiprominenz versammelte bei ihren kostenfreien Events deutlich weniger Menschen. In Palmers Wahlveranstaltungen vermischte er den Wahlkampf immer auch mit seinem Bürgerrechtsengagement. So räumte er bei der Landtagswahl 1984 der Familie eines LKW-Fahrers Redezeit ein, da Letzterer in der Türkei von den dortigen Behörden festgehalten wurde. Wahlkampf war für Helmut Palmer nie nur Werbung für sich selbst, sondern immer auch ein geeigneter Zeitpunkt, um seine Mitmenschen zu guten Taten zu animieren. Er nutzte sein Engagement nicht als Wahlargument, sondern den Wahlkampf als Plattform für sein Engagement.

Wie bei Bürgermeisterwahlen, so wurde der aggressiv redende Palmer auch im Zuge von Parlamentswahlen von Bürgern häufig angegriffen. Die Auseinandersetzungen um Palmer waren besonders in den Leserbriefspalten heftig. Palmers aus dem Rahmen fallendes politisches Engagement spaltete die Bürgerschaft stets. Auch Munition für seine Angriffe gegen die etablierten Eliten wurde Palmer immer wieder zugesandt. So spielten in den Wahlkämpfen Bürger immer wieder Informationen zu lokalen und regionalen Problemen an Palmer zu. Wie bei den Bürgermeisterwahlen nahmen ihn manche Bürger als Volkstribunen wahr, von dem man sich Abhilfe oder zumindest ein wirkungsvolles Ansprechen akuter Probleme erhoffte. Um zu veranschaulichen, dass viele Bürger hinter ihm stünden, ließ Palmer bei seinen Veranstaltungen oft Unterstützerlisten herumgehen, die viele Zuhörer bereitwillig ausfüllten. Die gesammelten Unterschriften bildete er dann in Inseraten ab – oft jedoch, ohne vorher das Einverständnis der Unterzeichner einzuholen.

Reaktionen auf Palmers Ergebnisse

Da Palmer meist nicht zweimal hintereinander im gleichen Wahlkreis kandidierte, ergab sein Wirken bei den Wahlen ohne ihn oft Anlass zu Erklärungen, warum manche Parteien im Vergleich zur Vorwahl mit ihm deutlich besser abschnitten. So entstand nach manchen Wahlgängen das Kuriosum, dass alle Parteien im Vergleich zur vorherigen Wahl an Stimmen gewonnen hatten, da Palmer dort nicht mehr kandidierte. Und die Kandidaten zeigten sich oft erfreut, wenn sie trotz Palmers Engagement viele Stimmen bekommen hatten. Ein 1984 wiedergewählter CDU-Abgeordneter hoffte für zukünftige Wahlen, dass „der

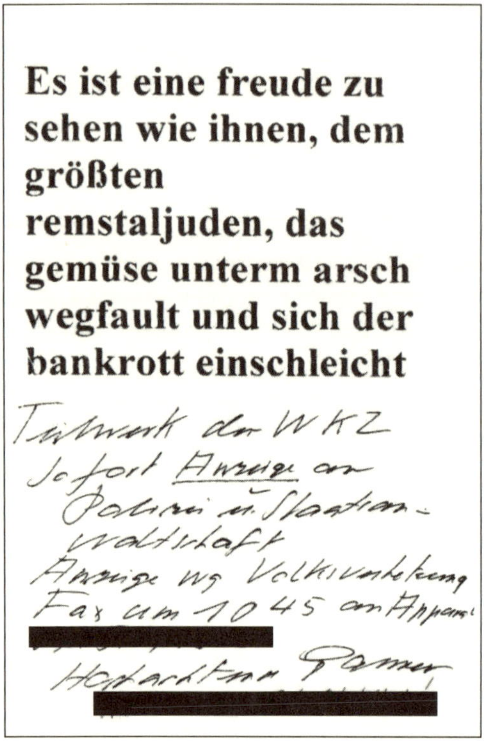

Es ist eine freude zu sehen wie ihnen, dem größten remstaljuden, das gemüse unterm arsch wegfault und sich der bankrott einschleicht

Teilwerk der WKZ
Sofort Anzeige an Polizei u. Staatsanwaltschaft
Anzeige wg Volksverhetzung
Fax um 10 45 an Apparat
[redacted]
Hochachtung Palmer
[redacted]

Antisemitisches Fax: Bis zu seinem Tod erhielt Palmer immer wieder hasserfüllte Zuschriften von Bürgern auf sein politisches Engagement.

Palmer vielleicht mal gegen einen Minister oder so kandidiert, damit die auch mal merken, was das heißt". Tatsächlich konnte Palmer überall im Land zuschlagen. Als Kandidat wusste man weder, wo Palmer als Nächstes kandidieren werde, noch wer sein bevorzugtes Ziel werden sollte. Und schon gar nicht, wie man sich wirksam gegen ihn schützen konnte.

„Ich sagte ihm klipp und klar, daß aus seinen Augen noch die Hakenkreuze herausfunkten."

Palmer 1988 über einen Wortwechsel mit einem Kreisvorsitzenden der Jungen Union.

Dafür, wie die politischen Eliten versuchten, Palmers Einfluss bei den Parlamentswahlen einzudämmen, lieferte ein Reporter des *Ehinger Tagblatts* ein besonders augenfälliges Zeugnis. Er berichtete 1976 im Rahmen des Landtagswahlkampfs, dass er und Journalisten anderer Zeitungen und Agenturen vom CDU-Verband des Alb-Donau-Kreises in ein Ulmer Spezialitätenrestaurant zu Schnecken und Hummercremesuppe eingeladen wurden. Dabei habe der CDU-Landtagsabgeordnete Ventur Schöttle die Medienvertreter aufgerufen, nicht mehr oder – falls unbedingt nötig – nur ganz kurz über Helmut Palmer zu berichten, wenn dieser sich in den Wahlkampf einmische. Da das *Ehinger Tagblatt* zuvor ausführlich über eine Veranstaltung Palmers in Ehingen berichtet hatte, habe der Abgeordnete versucht, die anwesenden Journalisten dazu zu bringen, entsprechend auf ihre Kollegen einzuwirken, auf dass sich dies nicht wiederhole. Der Reporter des *Ehinger Tagblatt* belehrte daraufhin in seinem Artikel vom 4. März 1976: „Wenn es einem Mann wie Palmer gelingt, trotz drei Mark Eintritt und Rauchverbot den 450 Menschen fassenden Adlersaal samt Nebenzimmer zu füllen, erfordere dies sehr wohl eine ausführliche Berichterstattung." Der Reporter habe seine Rechnung schließlich selbst bezahlt, denn so komme er „nicht in die Verlegenheit, erst Herrn Schöttle fragen zu müssen, wieviel [sic] Zeilen und Spalten ihm wohl recht wären, falls wieder einmal ein Wahlkämpfer auftreten sollte, der ihm nicht genehm ist". Die besagte Veranstaltung hatte mehr Zuschauer als alle Wahlveranstaltungen der Parteien vor Ort.

Palmer blieb Parteienschreck, gegen den man sich zu wappnen veranlasst sah. Selbst bei Palmers letzter Parlamentswahl, der Landtagswahl 2001 im Wahlkreis Schorndorf, gingen Berichterstatter davon aus, dass seine Kandidatur eine Gefahr für einzelne etablierte Kandidaten darstellen konnte. Bei der Wahl erhielt Palmer, der krebskrank und hoch verschuldet keinen solch intensiven Wahlkampf mehr betreiben konnte wie zuvor, dann jedoch nur 562 Stimmen (0,9 %) – kein Vergleich zu seinen früheren Erfolgen. Die Ära des Politikrebellen war zu Ende.

Palmer gegen Rechtsextremismus

Palmer wollte besonders die mit dem System unzufriedenen Bürger dazu bringen, für ihn zu stimmen. In Inseraten gab er Beispiele, wie durch seine Kandidatur die Behörden aufgeschreckt und mit der Drohung, ihn herbeizuholen, Behördenvorgänge beschleunigt würden: „Palmer-Stimmen sind ein wirksames Medium ohne geistige Nebenwirkungen für die amtsgeplagten und geschundenen Bürger. (…) Do wäredse hell, do wachet se uff." Er empfahl, für Denkzettel ihn zu wählen, denn Rechtsradikale zu wählen schade nur dem Ansehen im Ausland, und deren Parteien würden es ohnehin nicht ins Parlament schaffen: Stimmen an Rechtsradikale seien „keine Denkzettel, sondern Bürgerverschenkzettel". Zur Bundestagswahl 1990, bei der er im Wahlkreis Reutlingen kandidierte, argumentierte Palmer gleich: „Nur im Wahlkreis Reutlingen können die Wählerinnen und Wähler sinnvoll protestieren durch Palmer-Erststimmen, ohne daß sie politischen Flurschaden anrichten und zu Unrecht auch noch als Nazi beschimpft werden." Auch für die Landtagswahl 1992 verstand sich Palmer als Auffangbecken für Unzufriedene und als Bollwerk gegen Rechtsradikale. Im Wahlkreis Nürtingen kandidierte er mit der Aussage, dass die etablierten „Beamtenparteien" von der Asylpolitik bis zu Müllfragen versagt und nun „eine große Gefahr für den demokratischen Staat" darstellten. Denn ihr Scheitern löse zwangsläufig das Emporkommen extremistischer Parteien aus. Doch auch die Bürger seien zu kritisieren: „Wenn man heutzutage in eine Wirtschaft geht, dann hört man vom Klo bis zum Stammtisch nur noch blödes gehässiges Asylgeschwätz", wurde Palmer am 18. Oktober 1991 in der *Esslinger Zeitung* zitiert.

Palmer reagierte auf den steigenden Erfolg rechtsradikaler und rechtskonservativer Parteien Anfang der 1990er-Jahre. In Baden-Württemberg schafften es die Republikaner 1992 und erneut 1996, in den Landtag einzuziehen. Als Ursachen für den Erfolg rechtsradikaler Parteien in dieser Zeit werden heute eine

Wirtschaftskrise und zunehmende Flüchtlingsströme angeführt, die zu starker Politikverdrossenheit in Teilen der Bevölkerung geführt haben. Der in Bund und Land schon lange regierenden CDU wurde für die Lösung der in der Bevölkerung als immer bedrohlicher wahrgenommenen Asylproblematik wenig Kompetenz zugesprochen. Feindliche Tendenzen gegen das Fremde wurden durch den Landtagswahlkampf der CDU, die das Thema populistisch aufzugreifen versuchte, noch verstärkt. Die Wahl von Protestparteien und Wahlenthaltung waren die Folge.

„Wer bei uns rechtsradikal Dampf abläßt, kann kein Patriot sein, sondern ein Idiot. Es ist dieser dumme Trotz, der den deutschen Landen eigen ist."

Palmer zu den Wahlversprechen seiner Mitbewerber 1994 im Winnender Oberbürgermeisterwahlkampf

Wie 1969 argumentierte Palmer auch in den Wahlen vor und besonders nach der deutschen Wiedervereinigung 1989 verstärkt gegen rechtsradikale Tendenzen. Mit Erfolg: In der Landtagswahl 1992 beispielsweise hielt Palmer die Republikaner in seinem Wahlkreis Nürtingen niedrig, obwohl sie im Nachbarwahlkreis Kirchheim sogar ein deutlich höheres Wahlergebnis als im Landesmittel hatten und mit einem zweistelligen Ergebnis in den Landtag einzogen.

Die Wahlkampfkostenerstattung

Während seiner ganzen Zeit als Wahlkämpfer bei Parlamentswahlen wurden Helmut Palmer zwei Dinge vorgeworfen: Er verpulvere Steuergelder für seine Geltungssucht und bereichere sich durch die staatliche Erstattung der Wahlkampfkosten. Für die Erstattung bei Landtagswahlen musste Palmer viele Jahre lang kämpfen. Bis heute ist Helmut Palmer der einzige Einzelbewerber bei baden-württembergischen Landtagswahlen, der die

Wahlkampfkostenerstattung in Anspruch nehmen konnte. Bereichert hatte er sich dabei aber keineswegs, im Gegenteil.

Erst 1976 entschied das Bundesverfassungsgericht, dass auch unabhängige Kandidaten Anspruch auf Erstattung der Wahlkampfkosten haben. Nach Ansicht der Verfassungsrichter würde Konkurrenz den Parteien durch Einzelkandidaten guttun: „Die bloße Möglichkeit der chancengleichen Teilnahme eines unabhängigen Bewerbers" könne dafür sorgen, dass sich die Parteien nicht „allzu sehr vom Willen der Wähler entfernen". Die daraufhin 1979 erlassene Gesetzesänderung für Bundestagswahlen sah eine pauschale Wahlkampfkostenerstattung für Einzelbewerber vor, die mindestens 10 % der Erststimmen in ihrem Wahlkreis erhielten. Sie bekamen je gültiger abgegebener Erststimme, die sie erreichten, den gleichen Pauschalbetrag wie die Parteien erstattet. Parteien jedoch, die mit Landeslisten an einer Parlamentswahl teilnahmen, erhielten bereits ab 0,5 % aller abgegebenen gültigen Zweitstimmen im Wahlgebiet eine Erstattungspauschale. Die Wahlkampfkostenerstattung bildet bis heute neben den Mitgliedsbeiträgen und den Spenden eine Haupteinnahmequelle der Parteien.

„Wenn mich die unteren, für die ich mich einsetze,
so schätzen würden, wie mich die Oberen bekämpfen,
wäre ich längst gewählt."

Palmer zur Landtagswahl 1984 in Reutlingen

Für Landtagswahlkämpfe in Baden-Württemberg gab es bis 1985 keine Regelung für Einzelbewerber. Parteien erhielten, wenn sie mindestens 1 % aller abgegebenen gültigen Stimmen erreichten, eine Wahlkampfkostenerstattung pauschal je Wahlberechtigten. Bereits 1972 forderte Palmer den Landtag von Baden-Württemberg auf, ihm seine Wahlkampfkosten zu erstatten. Denn mit der Möglichkeit im Rücken, eine Wahlkampfkostenerstattung zu erhalten, ließ sich freilich stärker Wahlkampf betreiben – wenn man wie Helmut Palmer das Risiko einzugehen bereit war, am Ende die Prozenthürde nicht zu erreichen und die Ausgaben doch alleine tragen zu müssen. Doch erst 1985 wurde das „Gesetz über die Erstattung der Wahlkampfkosten von Landtagswahlen" schließlich geändert. Die Vorlage für die Gesetzesänderung wurde inoffiziell auch „Lex Palmer" genannt.

Zu einer Gesetzesänderung gezwungen, wollte die CDU es Einzelkandidaten und besonders Palmer dennoch nicht einfach machen. Der CDU-Landtagsabgeordnete Hermann Schaufler erklärte in der Beratung über das Gesetz am 22. Mai 1985 im Landtag noch, dass man ihnen nicht alle Aufwendungen erstatten wolle:

> *„Allerdings kündige ich jetzt schon an, daß Einzelbewerber für uns nicht diejenigen sein können, die, aus welcher geistigen Situation heraus auch immer, notorisch an Wahlen teilnehmen. (…) Ich rede von bestimmten Leuten, die stets, überall und mit welcher Begründung auch immer kandidieren. Denen muß man auch ein gewisses Risiko aufbürden. (…) Dieses Risiko besteht darin, daß nicht der volle Betrag der Aufwendungen erstattet werden soll, sondern daß auch ein gewisses Risiko eines Verlustes bestehen soll."*

Palmer hatte im Jahr zuvor bei der Landtagswahl in Schauflers Wahlkreis Reutlingen kandidiert und allen Parteien Stimmen abgenommen. Auf den Zwischenruf des Grünen-Abgeordneten Winfried Hermann, ob er Palmer meine, reagierte Schaufler nicht. Im Ständigen Ausschuss einigten sich die Fraktionen darauf, doch die vollen Aufwandskosten zu erstatten, soweit der Kandidat genügend Stimmen für sich verbuchen konnte. In der letzten Beratungssitzung wies der Grünen-Abgeordnete Rezzo Schlauch darauf hin, zuvor im Ausschuss versehentlich dafür gestimmt zu haben, dass Einzelbewerber eine 10 %-Hürde zu überwinden haben, um die Wahlkampfkostenerstattung zu erhalten. Die Grünen wollten jedoch Einzelbewerber stärker unterstützen und sahen eine Marge von 3 % bis 5 % für gerechtfertigt an. 10 % seien hingegen eine unverhältnismäßige Benachteiligung von Einzelbewerbern und führe dazu, für die Parteien lästige Konkurrenten abzuschrecken. Auf die Ankündigung Schlauchs, in der nächsten Ausschussberatung entsprechend einen Änderungsantrag zu stellen, wurde er von Abgeordneten der CDU und der FDP durch Zuruf aus dem Plenum darauf hingewiesen, dass dies bereits die letzte Beratung sei und daher direkt im Anschluss darüber abgestimmt werde. Und so führte Schlauchs Erwiderung: „Ja gut, dann werden wir eben keinen Antrag mehr einbringen", nicht nur zu Heiterkeit im Plenum, sondern auch dazu, dass schließlich 10 % als Hürde für Einzelbewerber gesetzlich festgeschrieben wurde.

Jene, die diese sehr hohe Marke in ihrem Wahlkreis erreichten, konnten nunmehr eine Erstattung ihrer Wahlkampfkosten für jede Stimme, höchstens aber den Gesamtbetrag der nachgewiesenen Wahlkampfaufwendungen erhalten. Einzelbewerber konnten sich bei baden-württembergischen Landtagswahlen also keinesfalls an der Wahlkampfkostenerstattung bereichern.

„Ich fange dort mit zählen an,
wo die FDP aufhört."

Palmer 1986 in Ehingen über seine
Wahlerfolge bei Parlamentswahlen

Palmers finanzieller Einsatz

Wie viel Geld Helmut Palmer in seine Wahlkämpfe investierte, lässt sich nicht erschöpfend rekonstruieren. Dass es für eine einzelne Person aber ungeheure Summen waren, zeigen einige Zahlen. Für die Bundes- und Landtagswahlen, in denen Palmer über die für staatliche Wahlkampfkostenerstattung erforderliche 10 %-Hürde kam, wurden ihm zwischen 1983 und 1992 insgesamt von Bund und Land 512 848 D-Mark erstattet. In fünf von dreizehn Parlamentswahlen konnte Helmut Palmer eine Wahlkampfkostenerstattung in Anspruch nehmen. Die restlichen acht Wahlkämpfe finanzierte er jedoch aus eigener Tasche.

Daher verlangte er wie auch bei seinen Bürgermeisterwahlen Eintrittsgelder für seine Veranstaltungen und sammelte Spenden. Nach einer Auflistung im Palmer'schen Privatarchiv investierte Helmut Palmer im Bundestagswahlkampf 1994 allein in Zeitungsanzeigen mindestens 115 762,32 D-Mark. Da Palmer mit einem Stimmenergebnis von 7,8 % die nötigen 10 % aber verfehlte, musste er die gesamten Ausgaben alleine tragen. Auch bei den Landtagswahlen, für die er Wahlkampfkostenerstattung erhielt, musste er noch viele tausend Mark selbst aufbringen. Und längst nicht alle Werbungskosten konnte Palmer von der Steuer absetzen.

Erika Palmer als gelernte Bürokauffrau und der Sohn Boris Palmer als studierter Mathematiker beziffern auf Basis der familieninternen Bilanzen die Gesamtausgaben von Helmut Palmers politischem Wirken, also sowohl für Parlaments- als auch für die Bürgermeisterwahlen, auf mehrere Millionen Mark.

Bereits ab den 1960er-Jahren wurde Helmut Palmer von seinem Steuerberater und später immer wieder von seiner Familie, Beratern seiner Bank und weiteren Personen darauf hingewiesen, dass er viel zu viel Geld in Zeitungsanzeigen investiere und sich damit unnötig verschulde. Und das trotz einer Umsatzspanne seines Obsthandels von in guten Zeiten bis zu 150 000 D-Mark monatlich. Die Kosten seines Einsatzes als Politiker ruinierten den Familienhaushalt. Palmers zweites Haus in Geradstetten wurde verkauft, das verbleibende mit mehreren Hypotheken belegt. Die 1995 ausgezahlte Lebensversicherung Palmers über eine halbe Million D-Mark als einzige Altersvorsorge, auch für seine Frau, musste ebenfalls komplett für die Schuldentilgung verwendet werden. Aber Palmer konnte von seinem Engagement nicht lassen. Auch in seinem letzten Bundestagswahlkampf in Schwäbisch Hall-Hohenlohe 1998 ließ Helmut Palmer noch Anzeigen im Wert von mehreren tausend Mark pro Tag drucken. 20 000 D-Mark schuldete er am Ende des Wahlkampfs dem *Haller Tagblatt*.

Die Polemik um die Wahlkampfkostenerstattung

Für die Zeitungen in der Region war es stets besonders berichtenswert, dass und wie viel Wahlkampfkostenerstattung Helmut Palmer vom Staat erhielt. Meist wurde die Erstattung so dargestellt, dass sich Palmers Wahlkampf finanziell gelohnt habe, Palmer also Geld hinzugewonnen habe. Welche Ausgaben dem gegenüberstanden, thematisierten die Journalisten hingegen nicht. Stattdessen unterstellten sie ihm, er habe Wahlkampf geführt, um sich persönlich zu bereichern.

So machte zum Beispiel die *SWP Tübingen* nach der Landtagswahl 1988 schon in der Doppelüberschrift einer Meldung vom 22.März 1988 deutlich, welche Information ihr wichtiger erschien: Fett hervorgehoben erschien als Erstes die Schlagzeile „Palmer erhält 60 629 Mark", erst danach, in dünneren Lettern, folgte sein – für einen Einzelkandidaten ohne Partei im Rücken spektakuläres – Wahlergebnis: „Mit 11,4 Prozent Achtungserfolg bei der Landtagswahl". „Für den ewigen ‚Remstal-Rebellen' Helmut Palmer (58) hat sich die Landtagswahl doppelt gelohnt", schrieb der Redakteur. Ein „warmer Geldregen" würde über Palmer ergehen, der ihn über seine Niederlage „hinwegtrösten" werde. Dass Palmer erhebliche Ausgaben im Wahlkampf hatte und die Wahlkampfkostenerstattung auch allerhöchstens diese (und nur wenn belegt) erstatten würde, erwähnte der Journalist nicht. Auch die politischen Eliten nutzten die Wahlkampfkostenerstattung an Palmer, um ihm unterschwellig persönliche Bereicherung vorzuwerfen. Direkt am Tag vor der Landtagswahl 1984, am 24. März, schaltete der Reutlinger Kreisgeschäftsführer der CDU eine große Anzeige im *Reutlinger Generalanzeiger*, dem Monopolblatt im Wahlkreis, und behauptete:

> *„Die Bürger müssen aber wissen, daß Palmer einen ganz beachtlichen Geldbetrag vom Land bekommt, wenn er auch nur wenige Prozente erhält. (…) Immerhin hat Palmer auch bei seiner verlorenen Wahl in*

> *Göppingen fast 100 000 Mark Wahlkampfkostenerstattung bekommen. Dies ist ein stolzer Betrag für einen Einzelkämpfer, der vom Staat für seinen Wahlkampf Kostenersatz bekommt, obwohl er danach als Abgeordneter nicht 4 Jahre täglich für die unterschiedlichsten Interessen der Bürger seines Wahlkreises, in dem er nicht einmal wohnt, arbeiten muß."*

Tatsächlich erhielt Palmer in der Wahl 1984 keine Wahlkampfkostenerstattung und trug die Kosten alleine, da es zu diesem Zeitpunkt noch keine Regelung für Einzelbewerber auf Landesebene gab. Außerdem erreichte er nur 7% der Stimmen. Darauf wies auch ein Redakteur der *Stuttgarter Nachrichten* hin, der sich wunderte: „Denn weniger als die kleine Sensation, daß Helmut Palmer mit sieben Prozent der Wählerstimmen am Fuß der Achalm selbst die FDP überholte, bestimmt sein angeblicher finanzieller Wahl-Gewinn die Spalten mancher Zeitung im Lande."

Auch ein Journalist der *Welt* stellte in einem Porträt am 6. Januar 1987 über Palmer klar: „Die Ausgaben stehen, wie so oft, in keinem Verhältnis zu den Einnahmen – ein Preis, den der agile Wahlkämpfer seinem demokratischen Einzelkämpfertum seit Jahren zu zahlen bereit ist und der ein Vermögen wiegt."

Nur die wenigsten seiner Mitmenschen erkannten Palmers Idealismus und seinen Drang, das Gemeinschaftswesen verbessern zu wollen, als Gründe für sein außergewöhnliches Engagement bei Wahlen. Stattdessen erklärten sie sich seinen Einsatz mit Motiven wie Habgier und Geltungssucht. Palmer wurde immer wieder mit der Wahlkampfkostenerstattung konfrontiert. Marktkunden fragten ihn, ob er deshalb seine Ware nicht billiger anbieten könne. Auf die Polemik, er würde an den Wahlen verdienen, entgegnete Palmer in einem Inserat vom 12. März 1988 in der *Esslinger Zeitung*: „Wenn das möglich wäre, gäbe es Betriebe, die Kandidaten wie Staubsaugervertreter in die Wahlen schicken." Und gegen die Parteien, die ihm vorwarfen, Wahlkampfkostenerstattung in Anspruch zu nehmen, konterte

Palmer in der *Esslinger Zeitung* vom 10. März 1988: „Man sollte nicht mit Dreckbollen werfen, wenn man selbst in der Lehmgrube sitzt."

Fazit: Die Parlamentswahlen

Palmers Wille, an der politischen Meinungsbildung aktiv mitzuwirken, ließ ihn immer wieder aufs Neue in die Parlamentswahlkämpfe eintreten. In seinen Inseraten kann herausgelesen werden, dass er bei jedem Anlauf seine Chance, das Direktmandat zu erlangen, als hoch ansah: „Also nicht verunsichern lassen, diesmal packt's dr Palmer – es ist höchste Zeit", schrieb er am 17. März 1988 in der *Esslinger Zeitung*. Als Helmut Palmer ab den 1980er-Jahren seine Parlamentswahlkämpfe immer intensiver bestritt und dafür auch erhebliche Geldmittel einsetzte, wuchsen seine Erfolge: Palmers Wahlergebnisse wurden zweistellig.

Die Strategie der Kandidaten, die von Palmer in Parlamentswahlen angegriffen wurden, war es, möglichst gar nicht darauf zu reagieren. Die direkte Auseinandersetzung in der Öffentlichkeit scheuten sie. Wie bei Bürgermeisterwahlen unternahmen Unterstützer und Wahlhelfer aus ihren Parteien stellvertretend Gegenangriffe, meist durch Zeitungsinserate und Leserbriefe. Die beleidigenden und anschuldigenden Angriffe Palmers gegen Zeitungsredaktionen und -redakteure sorgten zudem für eine oft negative Berichterstattung über ihn. Wo Palmer Angriffsflächen bot – sie waren bei diesem impulsiven Menschen zahlreich – wurden sie auch von Journalisten zum großen Teil weidlich genutzt.

Die Stimmen bei Landtagswahlen beziehungsweise die Erststimmen bei Bundestagswahlen waren immer auch ein Indikator für die persönliche Performanz der Kandidaten, trotz zu berücksichtigender Landes- oder Bundestrends. Palmers Erststimmenerfolge waren für die anderen etablierten Bewerber eine Blamage vor den Bürgern und innerhalb der eigenen Partei. Sie gerieten in Erklärungsnot, wenn sie durch Palmer zum Teil erheblich weniger Erststimmen bekamen als bei vorherigen Wahlen. Wie bei den Bürgermeisterwahlen, so wurde auch bei Parlamentswahlen von den Eliten und den Medien erklärt, Palmers hohe Wahlerfolge seien ein Zeichen des Protests der Bürger und ein Indikator für Parteien- und Systemverdruss. Aber auch bei den Parlamentswahlen wurden Palmers Konzeptionen eines weniger an Beamten- und Parteienstaats und eines mehr an Direktdemokratie nicht eingehender besprochen.

Das politische System der Bundesrepublik ist auf das Wirken politischer Einzelkämpfer nicht eingestellt. Dies macht der Blick auf Helmut Palmer sehr deutlich. Im Wahlkampf wird der Einzelkandidat massiv benachteiligt. Das fängt bei der Wahlkampfwerbung an. Wo offiziell Chancengleichheit gelten soll, kommt der Einzelne gegen die Werbekraft der Parteien und deren viele ehrenamtliche Helfer nicht an. Von der Möglichkeit, Wahlfernsehspots zu senden, ist der Einzelkandidat sogar per Verwaltungsvorschrift ausgeschlossen. Die Hürden, eine Erstattung der Wahlkampfkosten zu bekommen, sind sowohl im Bund als auch im Land für Einzelkandidaten extrem hoch, während sie für die Parteien viel niedriger sind.

Selbst wenn Helmut Palmer in ein Parlament gewählt worden wäre, hätte er dort nicht viel bewegen können. Als einzelner Abgeordneter wäre sein Rederecht im Plenum stark eingeschränkt gewesen und er hätte keine Gesetzesinitiativen einbringen können. In einem Ausschuss hätte er nicht einmal das Stimmrecht innegehabt. Hermann Scheer ging in seinem Buch „Die Politiker“ von 2003 davon aus, dass Helmut Palmer „ein herausragender Parlamentarier“ geworden wäre, „würde es eine Parlamentswahl ohne Parteien und ein Parlament ohne Fraktionen geben! Doch deren Akzeptanz und Integrationsbereitschaft gegenüber Solisten ist begrenzt“.

Auch wenn sich viele Menschen wünschten, dass Palmer als „Hecht im Karpfenteich“ die Parlamente aufmischte, kämpfte er aufgrund der Ausrichtung unseres politischen Systems doch auf einem von vornherein aussichtslosen Posten. Umso bemerkenswerter sind daher seine Wahlerfolge, die in der Geschichte der Bundesrepublik ohne Beispiel sind. Hier wirkte er, auch ohne je ein Parlamentsmandat zu erringen.

Palmer sah sich aufgrund seines Einsatzes in Wahlkämpfen als „Herzschrittmacher der Demokratie“, wenn er als einziger Gegenkandidat zum Amtsinhaber bei Bürgermeisterwahlen kandidierte oder wenn er durch seine kreativen Anzeigen und launigen Reden Tausende zu Wahlkampfveranstaltungen lockte. Auf der anderen Seite schien Palmers Stil mit der demokratischen Kultur der Bundesrepublik unvereinbar, sondern eher in die brutalen Auseinandersetzungen der Weimarer Republik zu passen. So hetzte er in einem Inserat vom 18. März 1988 zur Landtagswahl gegen Volksvertreter: „Desmol pack mrs mitnander. Älle en oin Sack nai und nex wiea druff. Mr trifft koin Falsche.“ Und gegen Beamte einen Tag zuvor: „Diesmal geht's um Palmer gegen die Beamten und gegen den totalen Beamten-Staat.“ Wenn ihm vorgeworfen wurde, seine politischen Gegner als Feinde anzusehen, so traf dies tatsächlich häufig zu. Das ist auf Palmers Wahrnehmung zurückzuführen. Er wähnte sich einer Verschwörung der politischen, verwaltungstechnischen und juristischen Eliten samt der Medienverantwortlichen im Land gegenüber, die ihn angreifen und mit allen Mitteln fertigmachen wollten. Helmut Palmer fühlte sich stets in der Defensive, gleichzeitig aber mit der mächtigen Eigenschaft versehen, einzelne Vertreter des politischen Establishments vernichtend schlagen zu können. Wer Palmers Idealismus und Drang, die Gesellschaft zum Besseren zu ändern, hinter seinen aggressiven Reden nicht erkannte, der konnte leicht der Auffassung unterliegen, Palmer sei ein Demagoge, den es zu verhindern gelte.

„Das ist, wie wenn Sie an einen 100-PS-Traktor ein Jauchefaß mit 100 Litern hängen.“

Palmers Antwort 1976 auf die Frage, warum er nie einen Sitz im Gemeinderat anstrebe

Wenn Palmer als belebender Faktor in oftmals sehr drögen Bürgermeister- und auch Parlamentswahlen begrüßt wurde, dann in erster Linie deshalb, weil er das meist farblose Einerlei der Kandidatenauswahl durchbrach, bei der jeder Bewerber möglichst ohne Angriffsfläche zu bieten durch den Wahlkampf kommen wollte. Anfang der 1970er-Jahre wurde Palmer als Politschock bejubelt und verdammt, mit sehr heftigen positiven und negativen Reaktionen der Bürger und zugleich starker Abwehr vonseiten der etablierten Politikakteure. Auch die Medien reagierten selten enthusiastisch, öfter aber verstört. In einer Zeit der Krisenwahrnehmung aufgrund wirtschaftlicher, sozialer und ökologischer Veränderungen erschien Palmers Erfolg bei den Menschen als Symptom für das schwindende Vertrauen der Bevölkerung in die Problemlösungsfähigkeit des parlamentarisch-demokratischen Systems. Der Vergleich mit der Propaganda und Hetze im Nationalsozialismus war ein ständig wiederkehrender Topos in den Reaktionen auf Palmer, selbst noch in den 1980er- und 1990er-Jahren. Er zeigt, dass Palmers urdemokratischer Idealismus durch sein aggressives Auftreten übertönt und von vielen seiner Mitmenschen nicht erkannt wurde.

In Landtags- und Bundestagswahlen folgten vor allem in den 1980er- und 1990er-Jahren heftige Auseinandersetzungen mit Palmer als gefährlichem Gegner, der einzelne Mandate vernichten und zu blamablen Erststimmenergebnissen seiner Konkurrenten führen konnte. Palmers Einsatz bei Parlamentswahlen stellte für die Parteien sowohl im Kreis als auch im Land oder im Bund eine ernsthafte Gefahr dar. Hier zeigte sich Palmer als Gefahr für die Fleischtöpfe der etablierten Politikakteure. Denn ein Abgeordneter weniger in der Fraktion konnte für eine Partei sehr schmerzlich sein und bei knappen Mehrheiten gar die Politik des ganzen Landes beeinflussen. Natürlich war die Schwere der Auswirkung auch abhängig von der Person des Abgeordneten, der durch Palmer sein Mandat verlieren konnte. Dass ein Hinterbänkler fehlte, wäre für die Fraktion vielleicht nur ein zahlenmäßiger Verlust gewesen. Doch Palmers Einsatz in Landtagswahlkämpfen beendete 1988 nicht nur die parlamentarische Laufbahn von Gerhard Remppis, zuvor immerhin parlamentarischer Geschäftsführer der SPD-Fraktion im Landtag, sondern sorgte auch dafür, dass 1992 Winfried Kretschmann von den Grünen zurück in den Schuldienst gehen musste. Vier Jahre später kandidierte Palmer in einem anderen Wahlkreis, Kretschmann konnte seine parlamentarische Karriere fortsetzen, wurde 2002 Fraktionsvorsitzender seiner Partei im Landtag von Baden-Württemberg und 2011 schließlich der erste grüne Ministerpräsident in Deutschland.

Viele seiner Zeitgenossen erkannten nur selten Palmers Idealismus oder stellten diesen gar als sein Hauptmotiv heraus. Stattdessen deutete man Palmers Motive negativ: Zerstörungswut, Geldgier und Geltungssucht wurden häufig als Beweggründe herangezogen, um sich Palmers großes gesellschaftspolitisches Engagement zu erklären. Seine demagogischen Züge wurden gebrandmarkt, das dahinterstehende Ideal einer Bürgergesellschaft aber, die partizipativer angelegt wäre als unsere Repräsentationsdemokratie, kaum zur Kenntnis genommen. Nur die – durchaus zahlreichen – Befürworter Palmers in der Bürgerschaft und sehr vereinzelte Medienkommentare erkannten diese gesellschaftliche Konzeption hinter der krachenden Rhetorik Palmers.

Die lange politische Aktivität Helmut Palmers beweist, dass eine gut vorgetragene Politiker- und Elitenschelte immer auf einen Resonanzboden treffen kann. Doch nicht deshalb, weil es in jeder Gesellschaft schlicht immer Unzufriedene gäbe. Mit dieser einfachen Erklärung begnügten sich erschreckend viele Kommentatoren und auch zahlreiche betroffene Politiker, wenn der Politikrebell bei einer Wahl wieder einmal sehr viele Stimmen sammeln konnte. Das große Verdienst Helmut Palmers liegt vielmehr darin, so oft und unermüdlich – dabei auch aggressiv und deshalb aufrüttelnd – darauf hingewiesen zu haben, wo es das Gemeinwesen zu verbessern gilt.

„Bei Ihnen hätte ich im Dritten Reich auch nicht angeklagt werden möchten."

Palmer zur Staatsanwältin im „Krawättles"-Prozess 1995

8. „Cedo nulli" – der Unbeugsame: 1990er-Jahre bis 2004

Helmut Palmer zeigte auch mit über 60 Jahren keine Altersmilde, sah sich weiterhin in der Defensive, beleidigte weiter zahlreiche Personen und griff tätlich an. Angehörige der Justiz kamen Palmer wie schon zuvor manches Mal entgegen, nun auch mit Rücksicht auf sein Alter und seine Mitte der 1990er-Jahre festgestellte Krebserkrankung. Doch einige Richter wandten bis zum Schluss große Härte an, mit der Absicht, den Unbeugsamen doch noch in die Knie zu zwingen.

1993 sollte für einen Strafprozess in Nürtingen ein erneutes psychiatrisches Gutachten zur Frage der strafrechtlichen Verantwortlichkeit Palmers angefertigt werden. Es war nach 1962, 1963, 1972–75 und 1977 das fünfte Mal, dass Palmer auf seinen Geisteszustand untersucht werden sollte. Doch Helmut Palmer verweigerte sich wie schon in den 1970er-Jahren. Stattdessen schickte er dem Arzt zahlreiche Schriftsätze, die er breit gestreut auch an politische Mandatsträger, die Presse und andere sandte. Palmer zitierte in einem Brief an das Amtsgericht Nürtingen vom 4. Oktober 1993 den russischen Literaturnobelpreisträger Alexander Issajewitsch Solschenizyn:

> *„Die Verbringung freidenkender, gesunder Menschen in Irrenhäuser ist geistiger Mord, ist eine Variante der Gaskammer und sogar eine grausamere; die Qual der zu Tötenden ist schlimmer und dauert länger."*

Neben vielen Bürgern und Gemeindeoberhäuptern solidarisierten sich auch Politiker wie der Grünen-Landtagsabgeordnete (und Palmers späterer Anwalt) Rezzo Schlauch, der SPD-Bundestagsabgeordnete Hermann Scheer, die stellvertretende Bundesvorsitzende der SPD, Herta Däubler-Gmelin und der Rundfunkjournalist Franz Alt mit Helmut Palmer und sprachen sich gegen die psychiatrische Begutachtung aus. Schlussendlich wurde das Verfahren gleich zu Beginn der Hauptverhandlung eingestellt, da die Strafanzeige in der Zwischenzeit zurückgezogen wurde – die ganze Aufregung war umsonst gewesen.

Die „Krawättles"-Prozesse 1995 und 1997

Einer der spektakulärsten Prozesse, der in der Öffentlichkeit als „Krawättles"-Prozess weite Beachtung fand, stand im Kontext von Streitigkeiten zwischen Palmer und einem Bürgermeister, der lange Jahre seiner Heimatgemeinde vorstand.

Wie schon mit Geradstettens Bürgermeister Wilhelm Gayer, so kam es auch mit dessen Nachfolger Winfried Kübler (Bürgermeister von 1974 bis 1990) und Helmut Palmer in der neu geschaffenen Gemeinde Remshalden immer wieder zu heftigen Reibereien. Als Kübler 1990 Oberbürgermeister von Schorndorf wurde, setzten sich die Streitigkeiten mit Palmer in der Daimlerstadt fort. Die Stadt Schorndorf sprach Palmer im Frühjahr 1991 ein halbjähriges Marktverbot aus. Damit sollten Palmers „ständigen Beschimpfungen diskriminierenden und beleidigenden Inhalts" Einhalt geboten werden, so die Verwaltung in ihrer Begründung. Palmer sei „nur gelegentlich und immer ohne vorherige Anmeldung" auf dem Wochenmarkt erschienen, habe mit seinem Stand Rettungswege behindert, die Vorgaben des Marktaufsehers ignoriert, Polizisten beleidigt und diskriminierende Plakate und Tafeln aufgehängt („Polizeiterror an Führers Geburtstag", „Juristen und andere Verbrecher sind unser Unglück"). Palmer selbst hingegen sah sich schikaniert: Andere Marktbeschicker hätten mehr Platz zugeteilt bekommen als er, auch habe er sich stets ordnungsgemäß für den Markt angemeldet, berichtete die *Waiblinger Kreiszeitung* am 27. April 1991.

„am Krawättle gepackt"

Als Helmut Palmer Mitte Dezember 1992 einen Strafzettel der Stadt Schorndorf an seinem Auto entdeckte, brannten bei ihm wieder einmal die sowieso nur spärlich vorhandenen Sicherungen durch. Er stürmte in das Rathaus und packte Kübler in dessen Dienstzimmer am Hals und der Krawatte. Kübler wehrte sich und schob Palmer aus dem Raum hinaus, wobei beide über einen Besuchertisch fielen und Palmer in der Ecke liegen blieb. Kübler wie auch Palmer wurden bei dem Handgemenge leicht verletzt. Das Amtsgericht Schorndorf stellte fest: „Kübler erlitt Schmerzen im Halsbereich und eine kleine blutende Rißwunde an der rechten Hand, in ärztliche Behandlung begab er sich nicht." Palmer „erlitt eine Beule am Hinterkopf ... und eine Schürfwunde am rechten Knie."

Palmer sprach direkt nach dem Vorfall von Schorndorf als der Stadt, die den Bürger durch ständig sich ändernde Verordnungen orientierungslos lasse. Gegen ihn selbst würde ein „beispielloser Strafzettel-Terror" durchgeführt. „Deshalb ging ich zwar stürmisch, aber sehr besonnen auf ihn zu und habe nichts anderes getan, als was Kübler mir auch schon angetan hat. Nämlich ihn am Krawättle gepackt." Palmer behauptete, Kübler habe ihn noch als Bürgermeister von Remshalden bereits einmal an der Krawatte gepackt, als Palmer ungefragt in dessen damaliges Dienstzimmer in Geradstetten gekommen war. Da die Staatsanwaltschaft danach nicht gegen Kübler vorgegangen sei, habe Palmer für sich Straffreiheit beansprucht, wenn er nun Kübler „auch mal am Krawättle" packe. Nun, in Schorndorf, sei er brutal von Kübler und dessen Mitarbeitern zusammengeschlagen und zu Boden geworfen worden, wo sein Kopf an einem Türhalter aufgeschlagen sei, gab die *Waiblinger Kreiszeitung* am 19. Dezember 1992 Palmers Version wieder.

Kübler stellte Strafanzeige wegen Hausfriedensbruch, Körperverletzung und Beleidigung. Palmer erstattete Anzeige wegen versuchten Totschlags, schwerer Körperverletzung, Beleidigung und Nötigung. Für die Zeitungen war das Ereignis eine willkommene Actionstory, sie berichteten detailliert über den Verlauf. Die *Waiblinger Kreiszeitung* wunderte sich am 18.12.1992, welch ungeahnte Kräfte in dem Oberbürgermeister schlummerten, dass er Helmut Palmer zurückdrängen konnte, „der fast einen Kopf größer und von stattlicher Statur" sei. Die *Bild-Zeitung* sprach in ihrer Stuttgarter Regionalausgabe von „Wildwest im Amtszimmer" und nahm auch gleich eindeutig Partei:

„Plötzlich bäumte sich der OB auf. Wie ein Riese, wie ein Roboter mit Armen aus Stahl. Er packte Palmer bei den Schultern, schob ihn wie ein Gummibaum nach hinten. Durch sein Zimmer, das Vorzimmer, raus auf den Flur. Dort klatschte er Palmer an die Steinwand (…). Recht so, Herr OB!"

Der Prozess vor dem Amtsgericht Schorndorf 1995

Das gerichtliche Nachspiel dauerte insgesamt mehr als viereinhalb Jahre. Dutzende Zeitungsartikel wurden darüber verfasst. Palmer bat verschiedene Persönlichkeiten, ihn in seinem Kampf gegen die Justiz zu unterstützen. Doch wiesen ihn Politiker wie Manfred Rommel, die ihm grundsätzlich wohlgesonnen waren, diesmal auch darauf hin, dass sich Kübler gegen solch einen tätlichen Angriff nun mal wehren müsse.

„Des war koi Ohrfeig, sondern bloß a Handauflegung. Wenn ich dem eine Ohrfeige gebe hätt, wär dem der Kindlesbrei hochgekommen."

Palmer zur Presse, nachdem er 1988 in einem Kirchheimer Café einen CDU-Bundestagsabgeordneten geohrfeigt hatte, der ihn zuvor als Spinner bezeichnet hatte

1995 stand er im Amtsgericht Schorndorf erneut vor Richter Heinrich Goll. Dieser hatte ihn zwei Jahrzehnte zuvor schon einmal verurteilt – in der Wahrnehmung der meisten Zeitgenossen damals sehr milde. Vier Verfahrenstage wurden darauf verwendet. Wie schon frühere Prozesse gegen Palmer dauerte auch dieser sehr lange, da er zu Anfang über Stunden gehende Angaben zur eigenen Person und zum Ende erneut stundenlange Plädoyers hielt, in denen er seine Lebens- und Leidensgeschichte immer wieder aufs Neue wiederholte. Palmer feuerte zornige Salven gegen das Gericht: Die Staatsanwältin hatte er als Vertreterin „einer kriminellen Vereinigung" bezeichnet und zu ihr gesagt: „Seien Sie froh, wenn ich Sie nur anschreie". In

„dreckiger, perfider Weise“ wolle sie den Prozess beeinflussen und rede „Schwachsinn pur“. Als die Staatsanwältin äußerte, dass sie ganz bewusst auf Palmers Beleidigungen und Provokationen nicht reagiere – denn sonst müsse sie ihn ernst nehmen, und das wolle und könne sie nicht – explodierte Palmer, spuckte in Richtung Staatsanwältin auf den Boden und lief „Heil Hitler“ rufend aus dem Saal.

Doch auch Richter Goll bekam seine überschäumende Wut zu spüren. In einem Fax beleidigte ihn Palmer als „williges Rädlein in einem sehr befleckten Berufsstand“. Der jetzige Prozess im „Obernazistädtchen“ Schorndorf sei typisch für die Justizverbrechen, die „Nazi-Staatsanwälte“ und „Nazi-Richter“, die gegen ihn vorgingen, so Palmer während der Verhandlung. Doch sowohl Richter Goll als auch die Staatsanwältin blieben ruhig und reagierten nicht auf Palmers Angriffe. Der Geschädigte Winfried Kübler gab deshalb eine öffentliche Stellungnahme ab: Palmer bestimme den Prozessverlauf „mit wirrem Geschrei, Haßtiraden und Lügen“. Es sei zunehmend daran zu zweifeln, „ob die Justiz mit Gewalttätern Palmer'schen Kalibers überhaupt noch einen angemessenen Umgang findet“.

Die Staatsanwaltschaft forderte schließlich 4800 D-Mark Geldstrafe. Palmer leide an Verfolgungswahn und einer „totalen Selbstüberschätzung“ und sei nicht bereit, andere Meinungen zu akzeptieren, so die Staatsanwältin. Daher sei ihm aber auch eine „gewisse verminderte Schuldfähigkeit zuzubilligen“ und von einer Gefängnisstrafe abzusehen. In seinem Urteil berücksichtigte Richter Goll strafmildernd die „leichte Erregbarkeit des Angeklagten“. Er habe sich beleidigt gefühlt und man dürfe „die Sache nicht überbewerten“, gaben die *Stuttgarter Nachrichten* den Richter am 30. Mai 1995 wieder. Palmer wurde wegen vorsätzlicher Körperverletzung, Beleidigung in zwei tateinheitlichen Fällen und einer weiteren Beleidigung zu 1800 D-Mark Geldstrafe verurteilt.

Das Urteil wurde von den Medien als sehr milde bewertet. Die Journalisten sahen darin „eine Sonderbehandlung, wie sie dem angeblich von der Justiz dauerverfolgten Helmut Palmer beim Amtsgericht Schorndorf widerfahren ist". Sie wäre „bei einem Normalsterblichen mit diesem einschlägigen Vorstrafenregister und diesen Mätzchen undenkbar". Auch die Zuschauer im Gerichtssaal hätten sich ob des sehr milden Urteils gewundert und nahmen eine Narrenfreiheit für Palmer an, berichtete die *Stuttgarter Zeitung* vom 9. Dezember 1995. Die Staatsanwaltschaft sah das Urteil als zu milde an und legte Berufung ein. Palmer sah es als zu hart an und tat das Gleiche.

Der Prozess vor dem Landgericht Stuttgart 1997

Es kam zur Berufungsverhandlung vor dem Landgericht Stuttgart. Palmer wurde von dem Grünen-Politiker Rezzo Schlauch, mittlerweile Bundestagsabgeordneter, verteidigt, nachdem sich Helmut Palmer mit seinem jahrelangen Anwalt Manfred Künzel überworfen hatte. Palmer blieb unbeugsam: „Vor einem deutschen Gericht stehe ich nicht auf", sagte er zu Beginn zum Richter, legte ihm das Buch „Hitlers willige Vollstrecker" von Daniel Jonah Goldhagen auf den Tisch und nannte die Strafkammer „übel" und „furchtbar". „Man kann einen Menschen auch totärgern", meinte Palmer in Bezug auf seine mittlerweile diagnostizierte Krebserkrankung in der *Waiblinger Kreiszeitung* am 7. Februar 1997.

Schlauch bezeichnete Oberbürgermeister Kübler in der Verhandlung als „sturen, unsouveränen und rechthaberischen Bürgermeister, der maßlos übertreibt", so die *NWZ Göppingen* am 12. Juli 1997. Schlauch kritisierte auch die Justiz in der jahrzehntelangen Auseinandersetzung mit Palmer: „Er wurde oft wegen dem letzten Dreck verfolgt, aber wenn er das Opfer war von Beleidigungen und Schlimmerem, wurde immer alles niedergebügelt mangels öffentlichem Interesse." Der Staatsanwalt jedoch betonte, Palmers Wahrnehmung, die Justiz würde ihn verfolgen, sei „grottenfalsch", denn genau das Gegenteil sei der Fall: „Palmer wurde von uns bevorzugt behandelt." Mit Verweis auf eine Vielzahl gleichartiger Delikte meinte der Staatsanwalt: „Wenn wir keine Milde gezeigt hätten, hätte er bereits eine jahrelange Freiheitsstrafe verbüßt", zitierten ihn die *Stuttgarter Nachrichten* am 28. Juli 1997.

„Da bisch gestellt, mit solche Kerle."
Palmer 2004 über seinen Verteidiger Rezzo Schlauch, der an einem der Verhandlungstage im „Krawättles-Prozess" die Akten seines Mandanten vergessen hatte

Manfred Rommel setzte sich während des Verfahrens öffentlich stark für Helmut Palmer ein. In einem Interview in der *Stuttgarter Zeitung* am 5. April 1997 wies er darauf hin, dass Palmer todkrank und finanziell am Ende sei: „Ich würde es begrüßen, wenn man mit dem Mann souveräner umgehen würde." Rommel hatte Kübler zudem telefonisch gebeten, die Anzeige zurückzunehmen. Palmer passe einfach nicht in die Schablonen, die unsere Rechtsordnung bereithalte. Winfried Kübler reagierte auf Rommels öffentlichen Appell ebenfalls in einem Interview der *Stuttgarter Zeitung*. Rommel verkenne, dass er Palmer nicht wegen einer Beleidigung, sondern „wegen einer massiven Körperverletzung anläßlich eines heimtückischen, ohne erkennbaren Grund ausgeführten Überfalls" angezeigt habe. Während seiner 15-jährigen Dienstzeit als Bürgermeister von Remshalden habe er sich unzählige Beleidigungen von Palmer gefallen lassen. Nun aber habe Palmer „das Maß dessen, was man sich von einem solchen Menschen gefallen läßt, eindeutig überschritten. (…) Manfred Rommel mag darüber philosophieren, wie er will – aber es war mein Hals, den Palmer zudrückte", wurde Kübler am 10. April 1997 wiedergegeben.

Doch viele Bürger schlugen sich auch auf Palmers Seite. Er habe stets für Gradlinigkeit und Gerechtigkeit gekämpft, meinte ein Ehepaar in einem Leserbrief in der *Stuttgarter Zeitung* im April 1997:

„Von seiner Sorte gibt es leider viel zu wenige, und gerade die Ohnmacht des einzelnen Bürgers gegenüber mancher Behördenwillkür hat Palmer uns immer wieder vor Augen geführt. Es gibt viele Möglichkeiten, über politische ‚Täter' Recht zu sprechen, wir wünschen uns für Helmut Palmer einen Richter, der humorvoll und über den Dingen stehend seine menschlichen Schwächen nicht so hart bewertet, wie dies der Schorndorfer Oberbürgermeister Kübler vielleicht in berechtigtem Zorn, aber mit völligem Mangel an Herzensgröße tut."

Trommeln für die eigene Sache: Mit zunehmender Verbitterung im Alter protestierte Palmer häufiger für sich selbst und seinen Kampf mit der baden-württembergischen Justiz (Foto aus den 1990er-Jahren).

Auch ein anderer Bürger sah Palmer als einen „von wenigen Mutigen“ in einer Gesellschaft von „Leisetretern“. Ein Staat, der sich durch Kritik gefährdet sehe, „steht auf einem sehr schwachen Fundament“, meinte der Leserbriefschreiber in den *Stuttgarter Nachrichten* vom 19. Juli 1997.

Palmer wurde in der Berufungsverhandlung schließlich zu 3000 D-Mark Geldstrafe verurteilt. In die Summe wurden aber auch vier weitere Geldstrafen aufgrund von neuen Beleidigungsdelikten eingerechnet. Noch zwei Jahre später, Palmer saß gerade in der Justizvollzugsanstalt Heidenheim, erreichten ihn Zuschriften bezüglich seines Angriffs auf Kübler. Ein Plochinger Bürger bedankte sich in einem Brief im Februar 1999 bei Palmer für dessen damalige Handgreiflichkeit und machte ihm sogar eine Spende über 100 D-Mark.

Haft und öffentliche Kontroverse

70-jährig und krebskrank musste Helmut Palmer im Jahr 2000 seine letzte Freiheitsstrafe absitzen – auf dem Hohenasperg, in dem Gefängnis, von dem er behauptete, zu Beginn des Justizdramas 1963 dort misshandelt und terrorisiert worden zu sein. Die Haftstrafe Palmers löste ein großes Echo in der Öffentlichkeit aus, welches Auswirkungen bis hinein in die Landesregierung haben sollte.

Als sich Helmut Palmer wegen dem Fällen einiger abgestorbener Bäume zur Verhandlung wegen Sachbeschädigung im Gebäude des Amtsgerichts Schwäbisch Gmünd 1998 einfand (das Verfahren wurde schließlich eingestellt, Palmer erhielt in der Sache recht), beleidigte er nach Ansicht des Gerichts in seinem Urteil vom 21. Januar 1999 einen Justizbeamten mit den Worten „welche Nazi-Muttermilch hast du denn gesoffen, mit deinem fetten Ranzen“ und „welcher Nazi hat dich denn aufgezogen“. Palmer gab an, von dem Beamten zuvor provoziert worden zu sein. Der Beamte stellte Strafanzeige.

Palmer, verbittert und krank, kündigte jedoch an, nicht freiwillig zur Gerichtsverhandlung „im verlogenen Gmünd" zu erscheinen (das Städtchen an der Rems nannte Palmer später einmal „Schwäbisch Nazareth, wo noch die Hühner auf den Knien rumlaufen"). Daraufhin wurde Haftbefehl erlassen. Polizisten wollten Palmer zu Hause festnehmen. Da sich Palmer verbarrikadierte und vom Fenster aus den Polizeibeamten drohte, ihnen „eins uff da Riasel" zu geben, wurde vom Aufbrechen der Tür abgesehen. Tags darauf gaben sich zwei in Zivil gekleidete Polizeibeamte als Interessierte für einen Baumschnittkurs aus, Palmer öffnete ihnen arglos die Tür, wurde festgenommen und in Handschellen abgeführt. In der Verhandlung ging es wieder gewohnt spektakulär zur Sache: Seinen Pflichtverteidiger übergoss er mit Wasser, bewarf den Staatsanwalt mit einer ungebrauchten Windel (die Palmer aufgrund seiner Blasenkrebserkrankung tragen musste) und beantragte die psychiatrische Einweisung des Richters, dem er bescheinigte, dass er „einen Muster-SS-Arzt abgegeben" hätte. Die Zuschauer hingegen spaltete Palmer wie eh und je: Während ein Bürger sich darüber erboste, wie sich die Justiz hier von Palmer vorführen lasse, bat eine andere Bürgerin: „Lassen Sie ihn doch heim (...). Der tut doch keinem was." Das Amtsgericht Schwäbisch Gmünd verurteilte Palmer 1999 zu drei Monaten Freiheitsstrafe auf Bewährung und einer Geldbuße von 1000 D-Mark an einen gemeinnützigen Verein.

Da Helmut Palmer die Geldbuße jedoch nicht zu zahlen bereit war, wurde die Strafaussetzung im Juni 2000 widerrufen. Palmer demonstrierte gegen die drohende Inhaftierung pressewirksam in der Stuttgarter Innenstadt und auf dem Hohenasperg mit einem schweren Holzkreuz (unter anderem mit einem Hakenkreuz bepinselt), das er in Anlehnung an die Passion Christi den Gefängnishügel hinaufschleifte. Dabei geriet er wie schon unzählige Male zuvor mit der Polizei zusammen, Ergebnis waren neue Strafanzeigen, das Ermittlungsverfahren wurde später aber eingestellt.

Wieder setzten sich Bürger, Amts- und Würdenträger Baden-Württembergs für Palmer ein: Die Grünen-Politiker Fritz Kuhn, Rezzo Schlauch, Jürgen Walter, Dieter Salomon und Winfried Hermann, Stuttgarts Ex-Oberbürgermeister Manfred Rommel, Tübingens Oberbürgermeisterin Brigitte Russ-Scherer und der Rektor der Universität Tübingen, Professor Eberhard Schaich, Rhetorik-Professor Walter Jens und seine Frau Inge Jens, Volkskunde-Professor Hermann Bausinger und andere sprachen sich in einem Gnadengesuch an das Justizministerium dafür aus, Palmer eine „Gesamtbegnadigung" einzuräumen. Man müsse Palmers schwierigen Lebensweg berücksichtigen und dürfe nicht nur in formaljuristischen Kategorien denken.

Ministerpräsident Erwin Teufel (CDU) sann laut Medienberichten darüber nach, Palmer ohne Bedingungen begnadigen zu lassen. Er halte ihn zwar für einen Querulanten, aber für einen im Grunde seines Herzens gutmütigen. Sein Justizminister und Koalitionspartner Ulrich Goll (FDP) gab jedoch ein Zeichen von Einsicht und Reue als mindeste Bedingung an, damit Palmer begnadigt werden könne. Mindestens zweimal stritten Teufel und Goll, beide in ihrem Amt mit einem Gnadenrecht versehen, über Palmer. „Die Begnadigung eines derart unverbesserlichen Wiederholungstäters wäre aus Sicht des Justizministers juristisch falsch und ein fatales Signal an die Bürger", gaben die *Stuttgarter Nachrichten* am 20. Oktober 2000 Golls Einschätzung wieder. Die FDP drohte der CDU laut Bericht derselben Zeitung mit einer Koalitionskrise, sollte CDU-Ministerpräsident Teufel im Alleingang Palmer begnadigen und damit die Stellung des FDP-Justizministers Goll beschädigen.

Doch Palmer lehnte jede Form einer Entschuldigung oder eines Schuldeingeständnisses strikt ab. Der Redakteur der *Schorndorfer Zeitung*, Peter Schwarz, schrieb unterdessen, dass Palmer sich in der Haft wieder einmal als Meister der Polarisierung gezeigt habe. In die Zeitungsredaktion seien zwei Schreiben aus dem Gefängnis Hohenasperg eingegangen. Ein Mithäftling Palmers schrieb in dem einen Brief, dass der „sogenannte Prominente“ permanent das Personal auf das Rüdeste beleidige und dafür auch noch belohnt werde. Er dürfe zum Beispiel rund um die Uhr fernsehen. Palmer würde ihn, den Mithäftling und Zellennachbarn, unablässig mit Zeitungsartikeln über ihn nerven. Doch auch ein anderes Schreiben erreichte die Redaktion, das genau das Gegenteil behauptete und am 3. November 2000 abgedruckt wurde, unterschrieben von 15 Häftlingen:

> *„Palmer hat keine Menge Sonderrechte, er steht mit uns an der Stahltür um 14 Uhr, darf mit uns im stacheldrahtgesicherten Hof eine Stunde frische Luft schöpfen, isst aus demselben Topf, sitzt dann wieder hinter Schloss und Riegel und darf an die weiße Decke gucken, bis die notwendige ärztliche Behandlung ihm unter diesem seelischen Druck Linderung oder Genesung bringen sollte.“*

Entgegen des Rates seiner Ministerialbeamten und auch der Einschätzung des Staatsanwalts begnadigte Justizminister Goll Palmer schließlich, nachdem dieser zwei Drittel der Haft verbüßt hatte. Palmer hatte die Begnadigung zwar abgelehnt, doch die Vollzugsbeamten setzten ihn kurzerhand in einen Rollstuhl und fuhren ihn zum Ausgang. Die Bewährungsauflage von 1000 D-Mark wurde von einer Palmer nahestehenden Person bezahlt. Goll hielt somit nach eigenen Worten „eine Entlassung nach den Regeln, die für alle Strafgefangenen gelten, für vertretbar und angemessen“. Doch musste sich der Justizminister kräftig anstrengen, um in der Nachzahlung der Strafe durch eine dritte Person das anfangs geforderte Zeichen von Einsicht bei Palmer zu erkennen. Dieser bedankte sich auf seine Weise und kündigte an, bei der nächsten Landtagswahl im Wahlkreis des Justizministers zu kandidieren.

Palmers Prozessgeschichte in Zahlen

Mindestens 21 baden-württembergische Amtsgerichte, fünf Landgerichte und die entsprechenden Staatsanwaltschaften beschäftigten sich von 1952 bis 2004 mit Helmut Palmer. Dies waren die Amtsgerichte Albstadt, Backnang, Böblingen, Ebingen, Esslingen, Göppingen, Heilbronn, Kirchheim/Teck, Konstanz, Ludwigsburg, Nürtingen, Reutlingen, Schorndorf, Schwäbisch Gmünd, Schwäbisch Hall, Singen, Stuttgart, Tübingen, Ulm, Villingen-Schwenningen und Waiblingen sowie die Landgerichte Ellwangen, Hechingen, Heilbronn, Stuttgart und Ulm/Donau. Dazu kamen noch in Bayern das Amtsgericht Dachau, das Landgericht München und sogar das Bayerische Oberste Landesgericht. Sicher ist, dass es noch mehr Verfahren gab, die aber während der staatsanwaltschaftlichen Ermittlungen oder in der Gerichtsverhandlung eingestellt wurden oder in denen Palmer freigesprochen wurde.

33-mal wurde an Helmut Palmer eine Strafe vollstreckt. Er führte aber deutlich mehr Prozesse: Über 70 Gerichtsverfahren konnten recherchiert werden. Manche davon wurden eingestellt, manches Mal wurde Palmer freigesprochen. Dies muss vor allen Dingen bei Verfahren wegen Sachbeschädigung angenommen werden, bei denen es sich meist um Baumschnittaktionen Palmers handelte. Häufig wurden diese Verfahren eingestellt oder Palmer wurde freigesprochen, da die Bäume tatsächlich bereits krank oder abgestorben waren.

Gegen Helmut Palmer liefen Gerichtsverfahren wegen Beleidigung, öffentlicher Beleidigung, fahrlässiger, leichter, vorsätzlicher sowie gefährlicher Körperverletzung, Sachbeschädigung, gemeinschädlicher Sachbeschädigung und Anstiftung zur Sachbeschädigung, Hausfriedensbruchs, übler Nachrede, übler Nachrede gegen Personen des öffentlichen Lebens, Verleumdung, Widerstands gegen Vollstreckungsbeamte, Nötigung, Beamtennötigung, unbefugter Ingebrauchnahme eines Kraftfahrzeugs, Unfallflucht, Verwendung von Kennzeichen verfassungswidriger Organisationen und Urkundenunterdrückung.

Viele der Urteile beruhten auf Taten Palmers, die sich in einer solchen Auflistung gewaltiger anhören, als sie es tatsächlich waren. Urkundenunterdrückung bedeutete beispielsweise lediglich, dass sich Palmer gegenüber Polizisten nicht ausweisen wollte, da er landesweit bekannt sei.

„Ich halte Sie wirklich für den Polizeidienst ungeeignet, wenn Sie von einem Palmer einen Ausweis wollen. Ich komme an die Grenzen ohne Ausweis, da sagen die Schweizer: ‚Grüezi, Herr Palmer!' (…) Wenn Sie das nicht wissen: Es gibt drei bekannte Helmut in Deutschland: Helmut Schmidt, Helmut Kohl und Helmut Palmer, jawohl."

Palmer gegenüber Polizeibeamten während des OB-Wahlkampfs in Albstadt 1999, als sie nach seinen Personalien fragen

Mit der unbefugten Ingebrauchnahme eines Kraftfahrzeugs ordnete die Staatsanwaltschaft Palmers harmlosen Schelmenstreich gegen einen Polizisten juristisch ein: Das nicht abgeschlossene Dienstfahrzeug des Polizeibeamten entwendete er kurz, parkte es um und gab den Zündschlüssel im Polizeirevier ab. Bei der Unfallflucht handelte es sich sehr wahrscheinlich um einen leichten Auffahrunfall 1978, bei dem lediglich Blechschaden entstanden war und Palmer mit seinem LKW, voll mit verderblicher Ware, nicht auf die Polizei warten wollte. Bei den Sachbeschädigungen handelte es sich zumeist um von Palmer geschnittene oder gefällte Bäume oder um seine eigenmächtig durchgeführten Straßenbaumaßnahmen. 27 von 33 Strafen erhielt Helmut Palmer wegen Beleidigung. Die meisten dieser Urteile fassten aber mehrere Delikte aus zum Teil längeren Zeiträumen zusammen, sodass Palmer nur etwa in der Hälfte der Verurteilungen ausschließlich wegen Beleidigung bestraft wurde.

Die Strafen, zu denen Helmut Palmer zwischen 1952 und 2003 rechtskräftig verurteilt wurde, können fast alle in Tageseinheiten zusammengerechnet werden. Palmer wurde demnach zu Geldstrafen in Höhe von 1060 Tagessätzen, zu 621 Tagen Freiheitsstrafe auf Bewährung und zu 120 Tagen Freiheitsstrafe ohne Bewährung verurteilt. Manche Bewährung für die Freiheitsstrafen wurde aufgehoben, da Palmer innerhalb des

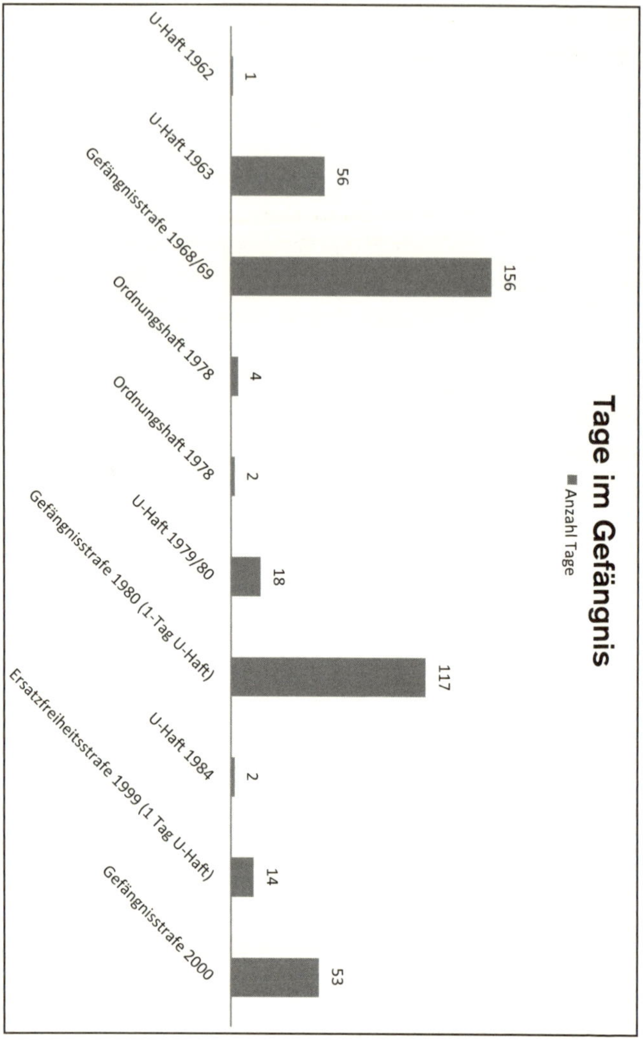

423 Tage: So lange saß Palmer insgesamt in seinem Leben in einem baden-württembergischen Gefängnis. Die längste Zeit davon in den Justizvollzugsanstalten Ludwigsburg, Hohenasperg und Stuttgart-Stammheim.

Bewährungszeitraums erneut straffällig wurde. Soweit rekonstruierbar, verbrachte Helmut Palmer insgesamt 423 Tage seines Lebens in Justizvollzugsanstalten. Davon waren 326 Tage Gefängnis- bzw. Freiheitsstrafe, 78 Tage Untersuchungshaft, 13 Tage Ersatzfreiheitsstrafe und 6 Tage Ordnungshaft. Die längste

Zeit saß Palmer in den Justizvollzugsanstalten Ludwigsburg, Hohenasperg und Stuttgart-Stammheim ein. Unzählige Male wurde Helmut Palmer kurzzeitig festgenommen, abgeführt und zu Polizeiwachen gebracht.

Das Verhalten von Angehörigen der Justiz gegenüber Palmer

Wie die einzelnen Beteiligten aufseiten der Justiz auf Palmer reagierten, hatte starke Auswirkungen auf den Fortgang des Palmer'schen Justizdramas. Nicht wenige Polizisten, Richter und Staatsanwälte ignorierten seine Angriffe, deeskalierten und entschärften Situationen. Doch viele Angehörige der Justiz und Vollzugsbeamte gingen auf Palmers Provokationen ein oder störten sich an seiner gesamten Persönlichkeit. Das Justizministerium ließ sich über Palmers Attacken berichten und erstellte zahlreiche Aktenvermerke über ihn, nach außen hin aber reagierte es fast nie auf das Justizdrama.

Beispiele für Milde und Deeskalation

Polizeibeamte trugen zur Deeskalation trotz der andauernden heftigen Auseinandersetzungen zwischen Palmer und ihnen immer wieder bei. Als beispielsweise Palmer in einer Verkehrskontrolle 1974 die Polizisten „Bettseicher" nannte und sich der nächste Strafantrag schon zusammenbraute, sei laut Palmer ein Polizist höheren Ranges aufgekreuzt und habe alle beschwichtigt. Palmer berichtete der Presse später: „Der hat halt g'sagt, laßt den Palmer doch laufen." Auch angegriffene Staatsanwälte hielten sich oftmals mit strafrechtlichen Reaktionen auf Angriffe Palmers zurück, wenn Palmer sie als „Drecksäue" oder „Terroristen" bezeichnete.

Manche Richter reagierten empfindlich auf Palmers andauernde Provokationen, andere nicht. So ließ sich der Richter am

Amtsgericht Tübingen 1973 auch nicht provozieren, als Palmer in Richterrobe und Barett erschien: „… durch die Kostümierung des Angeklagten werde die Würde Justitias nicht ernstlich verletzt, viel eher gebe sich Palmer selber der Lächerlichkeit preis", gab die *Stuttgarter Zeitung* 1973 die Reaktion des Gerichts wieder. Als Palmer am 20. Juli 1974 „Denkbomben" platzen ließ, nämlich in Form zertrümmerter Fensterscheiben der Amtsgerichte Tübingen und Esslingen sowie einer zertrümmerten Türscheibe am Haus des Politologen Eschenburg, wollte er nicht nur gegen den ihm verhassten Professor demonstrieren, der ihn zuvor im Fernsehen als Geisteskranken abgestempelt hatte, sondern auch dafür sorgen, dass der 20. Juli „als Tag des Widerstands ins Bewußtsein der Bevölkerung" zurückkehre. Weil es Palmer dabei um den Symbolgehalt gegangen sei, habe er die kleinen Fenster der Toilettenräume für seine „Denkbomben"-Aktion gewählt: „Die kosten nicht so viel", so Palmer. Eschenburg zog seine Strafanzeige schließlich zurück, und auch das Amtsgericht Tübingen maß der Aktion keine strafrechtliche Bedeutung zu.

„Das Scheuklappendenken, nur für sich sorgen, möglichst ungeschoren durchgehen durchs Leben, fünf Mark auch dann zahlen, wenn sie hundertprozentig zu Unrecht ergangen sind, bloß daß man seine Ruhe hat – ein solcher Bürger bin ich nicht."

Palmer im Landtagswahlkampf in Reutlingen 1984

Immer wieder hatte es Palmer mit Richtern zu tun, die sich von seinem Verhalten nicht aus der Ruhe bringen ließen. Als in einem Berufungsprozess Anfang September 1976 vor dem Landgericht Stuttgart Palmer noch während der Urteilsbegründung (Palmers Berufung wurde abgelehnt) den Verhandlungssaal mit dem Ausruf „Heil Hitler" türknallend verließ, verhängte der Vorsitzende Richter nicht wie viele seiner Kollegen eine Ordnungsstrafe, sondern beließ es laut Bericht der *Esslinger Zeitung* vom 2. September 1976 bei der lakonischen Feststellung: „Die Verhandlung ist geschlossen, der Angeklagte ist bereits gegangen."

Das herausstechendste Beispiel selbstkritischer Reflexion über das Justizwesen zeigte ein Richter anlässlich eines Verfahrens gegen Palmer Ende der 1970er-Jahre. Vor dem Amtsgericht Ebingen wurde im Januar 1979 Palmers Vergehen der Amtsanmaßung durch das Tragen eines Richtertalars und die Verwendung von Kennzeichen verfassungswidriger Organisationen verhandelt. Bei einer seiner öffentlichen Kundgebungen hatte Palmer gegen die deutsche Justiz im Allgemeinen und Ministerpräsident Filbinger im Besonderen protestiert. Gekleidet war er damals im schwarzen Talar, um den Arm hatte er eine Hakenkreuzbinde geschlungen. Der Oberstaatsanwalt warf Palmer vor, mit seinen Aktionen die Ehre von Ministerpräsident Filbinger verletzt zu haben. Palmer erwiderte: „… der Mann hat keinen Funken Ehre und dem Land mehr Schaden zugefügt, als die Baader-Meinhof-Bande". Palmer wurde zwar für schuldig gesprochen, sich der Verwendung von Kennzeichen verfassungswidriger Organisationen strafbar gemacht zu haben. Die Hakenkreuzbinde wurde eingezogen, Palmer hatte die Gerichtskosten zu tragen. Von einer eigentlichen Strafe wurde aber abgesehen. Der Richter wollte eine Amtsanmaßung durch das Tragen des Talars nicht sehen, vor allem, da Palmer ja auch eine Hakenkreuzbinde dazu trug. Der Amtsrichter meinte: „…ein schlimmeres Eigentor könnte die Justiz gar nicht schießen, als sich heutzutage durch einen Richtertalar mit einer Hakenkreuzbinde diffamiert zu fühlen". Einen Freispruch wollte er Palmer nicht geben, da sich das Tragen von NS-Abzeichen aus welchen Gründen auch immer nicht einbürgern dürfe.

„Für jede Vorstrafe hätte ich ein Bundesverdienstkreuz bekommen müssen, weil es mir immer um die Bürgerrechte gegangen war."

Palmer im Oberbürgermeisterwahlkampf 1985 in Rottweil

Sodann ging der Amtsrichter in der Urteilsbegründung auch auf die Stellung der Justiz im Staat ein. In dem überfüllten Gerichts-

Gegen die Großkopfete: Palmer protestierte auch gegen Verfehlungen von Wirtschaftsbossen, so am 14. Oktober 2003 gegen den ehemaligen Südmilch-Chef Wolfgang Weber, der sich nach zehnjähriger Flucht wegen Untreue vor dem Landgericht Stuttgart verantworten musste und schließlich eine sehr milde Bewährungsstrafe bekam.

saal sagte er, dass sich das Gericht um diesen Prozess nicht gerade gerissen habe. „Es kommt nicht ganz von ungefähr, daß wir in den Geruch geraten, juristische Landsknechte zu sein", erklärte der Richter. Die Justiz müsse sich diesem Vorwurf stellen. Als Beispiel nannte er den Röhm-Putsch von 1934, der als „nackter Mord" von den damaligen Juristen im Namen des Volkes in Recht umgewandelt worden sei. „Wenn man gegen alle Filbingers vorgehen wollte, dann würde das Hakenkreuz bald wieder allgemein üblich sein", meinte der Richter mit Bezug auf Palmers Methode, bei seinen Protesten gegen den Ministerpräsidenten und andere Politiker das Hakenkreuz zu verwenden. Man könne es Palmer auch nicht verdenken, auf Filbingers Wort – „was damals Recht war, kann heute nicht Unrecht sein" – so zu reagieren. Direkt an Palmer gerichtet meinte er: „Sie wollen sehr viel sehr schnell erreichen". In so einem konservativen Land seien jedoch schon „ganz andere" gescheitert.

Nicht „mit dem Tempo, aber mit der Beharrlichkeit einer Schnecke“, solle Palmer fortan in die richtige Richtung gehen.

Beispiele für Härte und Eskalation

Auf der anderen Seite gab es viele Situationen, durch die Helmut Palmer sich bestätigt fühlte, von der Justiz verfolgt und ungerecht behandelt zu werden.

Palmer stand 1975 vor dem Amtsgericht Stuttgart, weil er auf dem Stuttgarter Großmarkt einem Gärtnereibesitzer eine Ohrfeige verpasst hatte. Er gab zu, dem Gärtner „oine auf d'Gosch nuff g'schlage“ zu haben. Palmer ging für die Ohrfeige zwar letztlich straffrei aus, denn das Gericht wertete Palmers Aussage als entscheidend, dass der Gärtner ihn davor als „Vollidiot“ und „Spinner“ beleidigt habe. Doch da Palmer sich damals nicht vorschriftsgemäß gegenüber den hinzugekommenen Polizisten auf dem Großmarkt ausgewiesen hatte, wurde er zu 50 D-Mark und den Prozesskosten der Nebenklage verurteilt. Palmer habe zu den Beamten damals lediglich gesagt: „Ich bin der Palmer – die Staatsanwaltschaft kennt mich!“ Im Lauf des Prozesses erhielt Palmer, wie so oft, Ordnungsstrafen, da er sich ungerecht behandelt fühlte und die Fassung verlor. Den Staatsanwalt beschimpfte er als „Drecksnazi“ und „Drecksfaschisten“ und wurde nur deswegen nicht handgreiflich gegen ihn, weil ihn mehrere Vollzugsbeamte im Verhandlungssaal festhielten, als er auf den Staatsanwalt losgehen wollte. Dies brachte Palmer 300 D-Mark Ordnungsgeld ein. Zuvor hatte der Staatsanwalt laut *Stuttgarter Zeitung* „leise Zweifel am Verstand des Angeklagten“ angemeldet, als Palmer laut und mit allerlei schwäbischen Kraftausdrücken der Wiedergabe von Angaben des Gärtners widersprochen hatte. Palmer war schon beim ersten Verhandlungstag explodiert, weil sich ein Polizeibeamter in der Vernehmung angeblich an die Beleidigungen des Gärtners gegen Palmer nicht mehr erinnern konnte. Doch Palmers Wut hatte einen Grund. Denn ein zweiter befragter Polizeibeamter rückte nach mehrmaligem

Nachfragen schließlich heraus, dass der Gärtner Palmer in dessen Gegenwart doch mindestens einmal einen „Idioten" genannt habe. Der Redakteur der *Waiblinger Kreiszeitung* fragte sich am Ende des Verfahrens am 9. Dezember 1975, ob sich „die dritte Gewalt mit diesem Prozeß" einen guten Dienst erwiesen habe. Er merkte an, dass der vorgesehene Paragraf für die Ahndung des Sich-nicht-Ausweisens noch nicht einmal bei RAF-Terroristen angewandt worden sei. Für Palmer war es ein „weiteres Mosaiksteinchen in der seit 15 Jahren währenden Kampagne der Justiz gegen mich und meine Familie". In Palmers Wahrnehmung handelte es sich um ein Komplott der Polizisten und des Gärtnereibesitzers. Obwohl er freigesprochen wurde, erhielt Palmer dennoch Geldstrafen und musste anteilig die Prozesskosten zahlen. Er behauptete, die Polizisten damals vergeblich ersucht zu haben, die Beschimpfungen des Gärtners aufzunehmen und strafrechtlich zu verfolgen.

Palmers Ausfälle vor Gericht bescherten ihm immer wieder drakonische Strafen. 400 D-Mark Ordnungsstrafe und zwei Tage Ordnungshaft obendrauf erhielt Palmer in einem Prozess im Juni 1977 vor dem Amtsgericht Stuttgart gegen einen Kaufmann, den Palmer angezeigt hatte. Er trat daher nur als Zeuge auf und ausnahmsweise nicht als Angeklagter. Der Richter sprach von Palmers „unglückselige[m] Temperament, er hätte den Prozeß ja höchstwahrscheinlich gewonnen", berichtete die *Waiblinger Kreiszeitung* am 29. Juli 1978. Die Ordnungsstrafe über 400 D-Mark erhielt Palmer jedoch allein deshalb, weil er zum Amtsrichter gesagt hatte: „Der Richter von seinem hohen Roß macht es sich leicht." Die zwei Tage Ordnungshaft kamen hinzu, weil er dem Gericht in seiner Wut entgegenschleuderte, „keine Achtung vor dieser Drecksjustiz" zu haben. Helmut Palmers Ehefrau Erika äußerte sich daraufhin resigniert, dass man ihn nicht einmal als Zeugen zum Gericht schicken könne, ohne dass er bestraft nach Hause zurückkehre.

Oft waren es nicht nur die Urteile gegen Palmer, sondern auch, wie die Polizei und die Justizorgane ihn bei Festnahmen oder in Verfahrensfragen behandelten, was bei Palmer dafür sorgte, sich noch weiter in seiner Wahrnehmung als ein vom deutschen Justizwesen Verfolgter bestätigt zu fühlen. Zum Beispiel, wenn er von einer großen Überzahl an Polizisten überwältigt wurde, auf dem Marktplatz vor den Augen seiner Kinder verhaftet wurde, oder wenn die Polizisten im Übereifer ihre Schusswaffen gegen Palmer zogen, weil sie sich von ihm gefährdet sahen. Als Schikane der Justiz sah es der Redakteur Werner Müller in der *Waiblinger Kreiszeitung* am 20. Januar 1979 an, dass Palmer Anfang des Jahres zu einem Prozess am über 100 Kilometer entfernt, auf der Schwäbischen Alb gelegenen Amtsgericht Ebingen um 8 Uhr in der Früh einbestellt wurde – „… was sie [die Justiz; J.K.] wohl kaum getan hätte, müßte nicht der Angeklagte, sondern der Herr Staatsanwalt an einem Wintertag aus Waiblingen anreisen."

Palmers Anwalt Manfred Künzel bezichtigte während Palmers Haft 1979/80 in Stuttgart-Stammheim die Justiz, bei der Festnahme und Inhaftierung seines Mandanten die Verhältnismäßigkeit der Mittel weit überschritten zu haben. So äußerte er während einer Pressekonferenz in Palmers Haus den Verdacht, dass mit Palmer abgerechnet werde: „Der Justiz fehlt das Augenmaß." Offensichtlich wolle sie den Behörden, die Palmer immer wieder attackiere, beispringen. Dabei resultierten die meisten Vorstrafen, so der Anwalt in der *Stuttgarter Zeitung* vom 4. Januar 1980, aus „Reaktionen Palmers auf Unbotmäßigkeiten von Behörden" Einige Monate später bezichtigte Künzel die Staatsanwaltschaft Stuttgart, das Verfahren gegen Palmer wegen der Winnender Verfolgungsjagd absichtlich so konstruiert zu haben, damit die Verhandlung vor dem Amtsgericht Stuttgart und nicht vor dem eigentlich zuständigen Amtsgericht Schorndorf stattfände – die Staatsanwaltschaft grolle gegen das Amtsgericht Schorndorf, da dort Palmer immer sehr milde behandelt werde.

Helmut Palmer, seine Anwälte und Sympathisanten orientierten sich grundsätzlich daran, wie der Staat mit einem gewöhnlichen Bürger umzugehen habe, um die Verhältnismäßigkeit beim Vorgehen gegen Helmut Palmer zu wahren. Hingegen scheint es, als ob die Polizei- und Justizorgane stärker Palmers Verhalten und die Erfahrungen aus der Vergangenheit mit ihm als Grundlage für ihr Handeln nahmen und sich entsprechend anpassten, da sie mit starkem Widerstand und spektakulären Aktionen Palmers aus Erfahrung rechnen mussten. Dazu kam aber auch Palmers Eigenschaft, vor der Autorität von Amtsträgern nicht zurückzuweichen, sondern diese im Gegenteil aggressiv anzugehen und zu provozieren. Dies irritierte viele dieser von Amts wegen mit hoheitlichen Befugnissen ausgestatteten Personen in höchstem Maße.

Palmer kratzte durch das Tragen eines Talars an der institutionellen Autorität des Gerichts und damit auch an der Autorität der Justizangehörigen. Die häufig aufgetretenen Diskussionen in den Verhandlungen, ob Palmer wegen Amtsanmaßung zu bestrafen sei, zeugen davon, dass zahlreiche Staatsanwälte und Richter meinten, mit Zwangsmaßnahmen gegen diese Palmer'sche Provokation vorgehen zu müssen. In einem Fernsehinterview sprach Manfred Künzel 2003 von Helmut Palmer als „Prüfstein", der die emotionale Ausgeglichenheit der Richter getestet habe. Die Atmosphäre in jenen Gerichtsverhandlungen beispielsweise, in denen der Richter negativ darauf reagierte, dass Palmer in einem Talar erschien, habe sich bereits zu Beginn auf beiden Seiten voller Feindseligkeit gefüllt, meinte Künzel in einem SW3-Fernsehinterview 2004:

> *„Die Richter, die mehr Humor hatten oder die sicherer in sich selbst, die gelassener waren, die haben das zur Kenntnis genommen, dass da ein Mensch im Talar sitzt und haben gar nichts gemacht, und nach zehn Minuten ist der Palmer aufgestanden und hat den Talar ausgezogen, gell. Er war immer schon ein massiver Prüfstein für die Sicherheit, die der Richter aufbringt."*

Setzten Polizisten oder andere Staatsdiener weniger auf Verhandlung, sondern wendeten gegen Palmer Zwangsmittel an, so verlor dieser die Fassung und die Situation eskalierte regelmäßig. Manfred Künzel erklärt sich heute die zum Teil überzogenen Reaktionen der Justiz damit, dass Helmut Palmer in unvorstellbarer Weise explodieren und ausfällig werden konnte. Palmer habe damit Ängste auf der Gegenseite geschürt und Anlass zu überharten Maßnahmen gegeben. Diese wären aber gar nicht nötig gewesen, so Künzel, wenn man gewaltfrei gegen Palmer vorgegangen wäre. Hätte man mit ihm auf gleicher Ebene, zivil, gesprochen und ihn nicht wie häufig von oben herab autoritär behandelt, dann hätte es nicht diese Schwierigkeiten mit ihm gegeben.

Reaktionen von Richtern

Palmer stand mehrmals sehr langmütigen und ihm auch wohlwollenden Richtern gegenüber. Doch viele Male war das Gegenteil der Fall. Die Persönlichkeit des jeweiligen Richters sorgte für ganz unterschiedliche Folgen eines Prozesses gegen ihn. Zur Illustration: Ein Amtsrichter in Schwäbisch Gmünd belegte Helmut Palmer 1998 mit einer sehr hohen Ordnungsstrafe von 1000 D-Mark, ersatzweise vier Tagen Ordnungshaft, da Palmer bei dessen Erscheinen demonstrativ sitzen geblieben war. Als Palmer im „Krawättles"-Prozess ein Jahr zuvor unter dem Hinweis, vor einem deutschen Gericht nicht aufzustehen, schon einmal sitzen blieb, beließ es der Richter des Landgerichts Stuttgart hingegen bei der lakonischen Antwort: „… wenn Sie meinen".

„Bitte teilen Sie mir doch mit, bei welcher NS-Gruppierung Ihre Eltern aktiv waren."
Palmer an das Amtsgericht Böblingen 1994

Auch bei einer Verhandlung vor dem Amtsgericht Ulm wegen Nötigung und Beleidigung von Verkehrsteilnehmern hatte 1991 nach dem Bericht mehrerer anwesender Journalisten ein besonders ruhiger Richter den Vorsitz inne. Er habe sich von Palmer als Terroristen beschimpfen lassen, der ihn wegen eines

„Muckenschiß" herzitiert habe. Als der Richter zu einem Zeugen meinte, er solle sich nicht wundern, „wenn es hier etwas munterer zugeht", schmetterte Palmer ihm entgegen: „Unverschämtheit! Sie hätten auch im KZ gesagt, daß es hier munterer zugeht!", und verließ wutentbrannt den Sitzungssaal. Darauf reagierte der Richter nicht wie manch anderer mit Ordnungsstrafen, sondern vertagte lediglich die Verhandlung auf einen unbestimmten Termin. Das Gericht wollte Palmer „den Gefallen nicht tun", ihn mithilfe der Polizei zurück in den Gerichtssaal zu bringen. Palmer wartete derweil draußen genau darauf. Zuvor hatte er bereits verkündet, er habe andere Termine abgesagt und sich schon auf eine Ordnungshaft eingerichtet. Doch nichts dergleichen geschah, wunderte sich die *Schwäbische Zeitung* am 28. Februar 1991.

Doch es gab auch andere Richter. Der Redakteur der *Süddeutschen Zeitung* schrieb am 7. Oktober 2000 vom „beleidigte[n] Staat". Der baden-württembergischen Justiz gelinge es nicht, „mit dem Hass eines NS-Verfolgten umzugehen". Er kritisierte, dass Palmer im Oktober 2000 vom Gefängniskrankenhaus Hohenasperg mit dem Krankenwagen durch halb Baden-Württemberg zum Amtsgericht Singen gefahren wurde, da dort ein neuer Prozess wegen der Beleidigung zweier Polizeibeamter stattfand. Laut seiner Gefangenenakte war Palmer während der Fahrt sogar an Händen und Füßen gefesselt. Der „mit seiner norddeutschen Herkunft kokettierende Richter" habe Palmers Trauma der Nazi-Verfolgung nicht berücksichtigen wollen. Palmer beschwerte sich laut, dass er wie ein Schwerverbrecher behandelt werde, warf Akten nach dem Staatsanwalt und bezichtigte wie üblich die Justizangehörigen des Terrors gegen ihn. Laut dem Pressebericht würgte der Richter Palmers Schlussplädoyer ab, verschwand für zehn Minuten und sprach daraufhin das Urteil: drei Monate Freiheitsstrafe ohne Bewährung. Der Richter begründete das Urteil mit dem Grundsatz der Gleichbehandlung und der Generalprävention: „Die Öffentlichkeit muss sehen, dass der Staat reagiert." Der Redakteur der *Süddeutschen*

Zeitung sah das Urteil als völlig überzogen an und zitierte Rommel, der meinte, dass der Rechtsstaat nicht untergehe, wenn Palmer seine Strafe nicht absitzen müsse. Im Gegenteil ehre es den Rechtsstaat, wenn er in solchen Fällen stattdessen menschlichen Erwägungen Raum gebe.

Reaktionen von Staatsanwälten

Wie bei den Richtern, so lag es auch mit in der Persönlichkeit der Staatsanwälte, wie das Justizdrama verlaufen sollte. Es gab auch Staatsanwälte, die die unglückselige Kette Palmer'scher Strafverfahren durchschlagen wollten. Doch Palmer schaffte es immer wieder durch seine impulsive Art, deren Bereitschaft zum Entgegenkommen zu zerstören.

Bis auf einige Ausnahmen lässt sich zumeist ein aggressives Vorgehen der Staatsanwaltschaft gegen Helmut Palmer konstatieren. Wie am Beispiel der Prozesse um Palmers Verhalten in der Gedenkstätte Dachau Anfang der 1980er-Jahre ersichtlich, griff die Staatsanwaltschaft ihn teilweise so lange an, bis Palmer schließlich verurteilt wurde. Bei vielen Vorfällen lag es im Ermessen der Staatsanwälte, ob sie Anklage gegen Palmer erhoben oder nicht. Wenn er Beamte angriff, bejahten sie grundsätzlich das öffentliche Interesse. Dazu waren die Staatsanwälte jedoch nicht verpflichtet. Sie hätten den in seiner Ehre Verletzten auch auf den Privatklageweg verweisen können, so wie dies bei Privatpersonen und bei Palmers eigenen Strafanträgen fast immer getan wurde. Einen eigenen Tatbestand der Beamtenbeleidigung gibt es nicht. Mit Sicherheit hätte die Mehrzahl der Beamten, die einen Strafantrag gegen Palmer stellten, auf einen Prozess als Privatkläger verzichtet. Denn das Risiko, nicht recht zu bekommen, vor allem aber die Wahrscheinlichkeit einer Einstellung des Verfahrens waren hoch. In diesen Fällen wäre der Privatkläger auf seinen Rechtsanwalts- und den Prozesskosten sitzen geblieben. Nimmt man die Umstände und Scherereien eines solchen Prozesses für alle Beteiligten noch dazu, so hätten sich die meisten eine Privatklage wegen Palmers meist im Eifer der Situation ausgesprochenen Beleidigungen sicherlich erspart.

„Bei Beamten ist die Gürtellinie über der Nase."

Palmer in der ARD-Fernsehsendung
Boulevard Bio im Jahr 2001, als Moderator
Alfred Biolek anmerkte, Palmers Beleidigungen
seien manchmal unter der Gürtellinie

Dass die Staatsanwaltschaft nach milden Urteilen häufig in Berufung ging, war ebenso wenig notwendig. Denn mit der Entscheidung des Richters war der Rechtsfrieden wieder hergestellt. Die Staatsanwälte hätten es dabei belassen können und sich wichtigeren Fällen widmen können, anstatt den Justizapparat weiter mit den Palmer'schen Injurien zu beschäftigen. Es lag im staatsanwaltlichen Ermessen und damit letztlich in der persönlichen Sichtweise des zuständigen Staatsanwalts, ob die Strafe als zu gering zu bewerten war. Wenn Palmer gegen das Urteil in Berufung ging, so folgte ihm zumeist auch die Staatsanwaltschaft. Dadurch erhöhte sich das Risiko für Palmer. Denn wäre nur Palmers Berufung verhandelt worden, so hätte das neue Urteil keine höhere Strafe beinhalten dürfen. Legte die Staatsanwaltschaft jedoch ebenfalls Berufung ein, riskierte Palmer, dass er auch in der nächsthöheren Instanz zu einer härteren Strafe verurteilt werden konnte – was häufig auch passierte. Auch zu diesem Verhalten war die Staatsanwaltschaft aber nicht verpflichtet.

Auffallend ist, dass die Staatsanwaltschaften das öffentliche Interesse fast immer bejahten, wenn Beamte oder ihre Dienstvorgesetzten Strafanzeige beziehungsweise Strafantrag gegen Palmer stellten. Dieses Verhalten fußt nach Einschätzung von heute tätigen Angehörigen der Justiz darauf, dass Staatsanwälte dadurch ihre Solidarität mit anderen Beamten und Polizisten bekunden, beziehungsweise den Staat dadurch allgemein schützen wollten.

Reaktionen von Polizisten

Bei den Auseinandersetzungen zwischen Palmer und Ordnungsbeamten fehlt es zumeist an Dokumenten, die die Vorkommnisse aus verschiedenen Blickwinkeln beleuchten könnten. Palmer beklagte sich immer wieder bitterlich über Schikanen, so auch in seinem Buch 1979:

> *„Auf welchen Markt auch immer ich kam, die Herren Beamten von der Gewichtskontrolle standen schon im Anschlag. Während gemeinhin einmal im Jahr die Gewichte und die Waage geprüft werden, bei mir nahmen sie zwei-, dreimal täglich die Gewichte in die Hand, die kleinen Messingstücke betrachteten sie auffällig und für jeden Kunden sichtbar. Prüften sie oft eine halbe Stunde und mehr …"*

Auch die Lebensmittelkontrolleure hätten ihn schikaniert, behauptete Palmer. Polizeibeamte hätten ihn ebenso immer wieder getriezt, indem sie ihn wegen Kleinigkeiten angegangen seien. Helmut Palmers viele Strafanzeigen gegen Polizisten führten hingegen nie zu Anklagen.

Manche Polizisten reagierten äußerst aggressiv auf Palmer. Als Palmer im Februar 1979 im Amtsgericht Waiblingen als Zuhörer in eine Verhandlung gegen Jugendliche in den Saal treten wollte, hinderten ihn Polizisten daran. Es kam zu einem Handgemenge und einem Wortgefecht. Palmer wurde daraufhin von einem Polizisten mehrfach mit Fausthieben direkt ins Gesicht geschlagen, sodass er aus Mund und Nase blutete. Ein Journalist war bei dem Geschehen dabei und stellte sich Palmer als Zeuge zur Verfügung. Dieser suchte vergebens noch Jahre später nach dem Polizisten, um ihn anzuzeigen.

Nur ein einziges Beispiel findet sich, in dem Polizei und Staatsanwaltschaft von sich aus zu ermitteln begannen, als ihnen eine Straftat gegen Palmer zur Kenntnis kam. Kurz vor Weihnachten 1993 erhielt Palmer als Reaktion auf einen von ihm gegen den Dienstleiter der Polizeidirektion Waiblingen verfassten Leserbrief ein antisemitisches Schreiben voller Gehässigkeiten und

Drohungen. Absender war ein „aufrichtiger Deutscher Polizist und 20 andre", als Briefadresse war handschriftlich „Waiblingen" angegeben, gestempelt wurde das Schreiben in Remshalden. Es wandte sich konkret gegen Palmers Leserbrief. Der Verfasser schrieb schützende Worte für „unseren geliebten und menschlich sehr korrekten Polizeichef". Palmer sei ein

> *„... Rechtsbrecher ein Gesinnungslump, der Polackennutten unterstützt, bis wir ihnen das Handwerk legten, ein Verbrecher, der Bürgermeister beleidigt und tätlich angreift. Aber, die Mühlen unserer Gesetze mahlen langsam aber klein, sehr sehr klein! Unsere Staatsanwälte unsere Richter und wir bringen Dich schon zur Strecke und da hilft Dir auch die linke Presse und Dein Judengeld nicht mehr! Legal werden wir Dir Dein großes dummes Krämermaul stopfen und in Stammheim kannst Du Dir die Seele aus dem Leib schreien. Warte ab, was 1993 nicht gelang gelingt 1994 denn nach den Wahlen wird sich einiges ändern, dann brauchst Du auch nicht mehr auf die Schwarzen schimpfen dann ist braun angesagt mindestens 13% und Dein läppisches Politisches Schicksal ist entgültig besiegelt! Frohe Weihnachten und ein grauenhaftes neues 1994! Ein aufrichtiger Deutscher Polizist und 20 andre die ein noch besseres Auge auf solche Rechtsbrecher wie Dich haben werden wie sonst."*

Die Polizeidirektion Waiblingen und die Staatsanwaltschaft Stuttgart leiteten ein „Ermittlungsverfahren gegen Unbekannt wegen Volksverhetzung, Beleidigung und Verleumdung" ein. Die eingeleiteten Ermittlungen führten jedoch nicht zur Ergreifung des Täters.

Die vielleicht eindrücklichste, auf Video dokumentierte Reaktion von Polizisten auf Palmer spielte sich am 6. Januar 2003 in Stuttgart ab. Vor der Staatsoper, in die die FDP zu ihrem traditionellen Dreikönigstreffen einlud, befanden sich nicht nur wie seit vielen Jahren Helmut Palmer, sondern in diesem Jahr auch eine große Anzahl an Polizisten im Rahmen einer Demonstration der Gewerkschaft der Polizei und der Deutschen

Polizeigewerkschaft. Palmer demonstrierte mit einem Plakat unter anderem gegen „50 Jahre Polizeiterror“. Die Polizeigewerkschaften demonstrierten für höhere Löhne. Als die Polizisten, laut Zeitungsberichten mehrere Hundert Frauen und Männer, Palmer gewahr wurden, trat ein Mann aus der Menge, riss ihm unter dem Gejohle seiner Kollegen das Plakat vom Leib und zerstörte es. Die Menge skandierte „Palmer raus!“ und pfiff ihn aus. Eine „Hasswelle“ gegen Helmut Palmer verspürte der Augenzeuge Hermann-Arndt Riethmüller, Geschäftsführer des Tübinger Buchhandelsunternehmens Osiander. Er begleitete mit seinem Sohn, der das Geschehen auf Video festhielt, Helmut Palmer am Dreikönigstreffen der FDP, „weil wir uns davon überzeugen wollten, ob Palmer Recht hat mit seiner Behauptung, er würde von der Polizei bei der Ausübung seiner Bürgerrechte behindert“. In einer Pressemitteilung fragte sich Hermann-Arndt Riethmüller, „wie die Polizei mit Palmer umgeht, wenn keine Zeugen, keine Kameras in der Nähe sind“. Die Redakteurin der *Stuttgarter Zeitung* zeigte sich am 8. Januar 2003 ebenfalls schockiert von dem Verhalten der Polizisten:

> *„Mit ihren ‚Palmer-raus‘-Sprechchören haben die Polizeigewerkschafter ihrem politischen Anliegen und ihrem Ansehen geschadet. (…) Dass sich gerade die Polizeigewerkschaften von Palmers Sprüchen provozieren lassen, dass gerade sie einem Einzelnen gegenüber als Gruppe ausfällig werden – das hinterlässt nicht nur ein schlechtes Gefühl bei den Bürgern. Das weckt Zweifel an einer Ordnungsmacht, die Bürger ohne Ansehen der Person behandeln soll und muss.“*

Ein Sekretär der Gewerkschaft der Polizei erklärte später den Zwischenfall mit einem „Spontanverhalten“ seiner Kollegen gegenüber Palmers provokantem Plakat. Die Deutsche Polizeigewerkschaft hingegen bedauerte die Vorfälle: „Damit haben wir uns eigentlich mehr geschadet“, so der Pressesprecher am 10. Januar 2003 in *das magazin*.

Der Umgang mit Palmers Beleidigungen

„Der Palmer ist natürlich ein genialer Beleidiger, gell. Der wird nur noch übertroffen von Martin Luther (…). Wer beleidigen lernen will, der kann beim Luther in die Schule gehen, und dann beim Heinrich Heine, der macht's eleganter, und dann beim Helmut Palmer, der macht's bäurischer."

So beschrieb Palmers Rechtsanwalt Manfred Künzel in einem SW3-Fernsehinterview 2004 dessen Beleidigungskunst. Stuttgarts Oberbürgermeister Manfred Rommel setzte sich wiederholt bei hochrangigen Landespolitikern einschließlich des Ministerpräsidenten Lothar Späth für Helmut Palmer ein, wenn Letzterer wegen seiner Vergehen belangt werden sollte. Doch hatten die Politiker auf die unabhängige Justiz keinen Einfluss. Rommels Fazit in einem Interview in den 1980er-Jahren: „Die oben würden es lieber sehen, wenn man ihn springen lassen würde. Das bringt ja nichts, ist ja lächerlich." Tatsächlich wurde Helmut Palmer nur einmal wegen Beleidigung eines Ministers der Landesregierung verurteilt. Das war 1963, als er auf einer Postkarte den baden-württembergischen Landwirtschaftsminister als Nazi bezeichnete. Danach beleidigte er über Jahrzehnte vielfach Spitzenpolitiker, Minister und die Ministerpräsidenten des Landes. Doch Strafanzeige gestellt, verklagt und verurteilt wurde er hauptsächlich wegen Vergehen gegen Polizisten, Verwaltungsbeamte, einige Abgeordnete und Privatpersonen, die nicht im öffentlichen Leben standen. Weder Minister noch die Ministerpräsidenten Filbinger, Späth, Teufel oder Günter Oettinger, die von Palmer direkt oder indirekt und zumeist schriftlich beleidigt wurden, leiteten rechtliche Schritte gegen ihn ein.

„Ich will Sie nicht beleidigen (…), Sie taugen zur Sozialdemokratie wie der Igel zum Arschputzen. So was feiges wie Sie, da wird mir's wirklich schlecht. Sie hätten wahrhaftig auch keinen Juden gerettet. Und Sie wären, auch

wenn Sie das nicht wahrhaben wollen, hundertprozentig ein Funktionär der Deutschen Arbeitsfront gewesen. Ihre begnadete Geburt hat Sie davor bewahrt."

Palmer in einem Brief an einen Mitkandidaten im Nachgang der Oberbürgermeisterwahl in Waiblingen 1993

Manfred Rommel merkte im Jahr 2003 in einem Interview mit Michael Ohnewald an, dass man Palmer aushalten müsse, anstatt die Polizei und die Staatsanwaltschaft damit zu beschäftigen. Unser Recht sei in diesem Punkt „ein bisschen starr. Es ist nicht mit der Zeit gegangen. Heute weiß man so viel über Aggressionen und Fixierungen", wir besäßen jedoch „noch ein Ehrenschutzrecht, als ob alle Chorstudenten wären". Er empfahl Palmer mehrfach, statt „Nazi" lieber einen anderen Begriff wie „Rindvieh" oder „Dackel" zu wählen. Derartige Beleidigungen seien im Schwäbischen üblicher.

Nach Auskunft einiger aktuell tätiger Richter und Staatsanwälte in Zentralwürttemberg reagieren zum einen bundesrepublikanische Angehörige der Justiz früher wie heute besonders allergisch gegen Beleidigungen, durch die eine Verbindung mit der nationalsozialistischen Vergangenheit – also Nazivergleiche oder Nazibeleidigungen – geknüpft wird. Zum anderen verfolge die Staatsanwaltschaft Beleidigungen gegen Beamte grundsätzlich, während sie beleidigte Privatpersonen meist auf den Privatklageweg verweise. Begründet wird dies von manchen dadurch, dass bei Beamtenbeleidigung das Staatswesen als solches angegriffen werde und daher geschützt werden müsse. Hohe Geld- oder gar Freiheitsstrafen würden heute aber nur bei massiven Beleidigungen – vor allem im sexuellen Kontext, aber gerade auch bei Nazivergleichen – und im Wiederholungsfall verhängt. Wenn so auch jene Richter, die über Helmut Palmer zu urteilen hatten, eingestellt waren, so werden die zum Teil sehr harten Strafen erklärlicher. Denn Helmut Palmer tat genau das, was bundesdeutsche Richter zur Verhängung der schärfsten Strafen veranlasste: Er deckte wiederholt massiv Vertreter des Staates mit Nazibeleidigungen ein. Gleichzeitig bestätigen heute tätige Staatsanwälte und Richter aber auch, dass das deutsche Strafrecht für einen solchen Fall wie Helmut Palmer, der sich selbst von drakonischen Strafen nicht beeindrucken ließ, keine geeigneten Instrumente besitzt.

Fazit: Palmer und die Justiz

„Es gab in diesem Lande, im Badischen noch mehr, immer Aufständige, die den Hochmögenden mal die Meinung sagten. Und oft recht hatten. Und ich bin auch verwundert, dass man einen aufständischen Mann – mit friedlichen Mitteln hat er gehandelt, von unten, mein Gott, verbale Injurien, was ist das schon – dass man den so schlecht behandelt hat, und zu gleicher Zeit einen ehrenhaften Empfang für Hans Filbinger gemacht hat. Da ist etwas nicht in Ordnung. Die Ehre gebührt hier Helmut Palmer und nicht Hans Filbinger. Da sollen sie [die Schwaben; J.K.] mal ein bisschen auf ihre Schubart'sche Tradition zurückgreifen."

So ordnete der Tübinger Rhetorikprofessor Walter Jens in einem SW3-Fernsehinterview 2004 Helmut Palmers Kampf mit der baden-württembergischen Justiz ein. Es gab keine Verschwörung der deutschen Justiz gegen Helmut Palmer. Vielmehr lag es oft an der Persönlichkeit des zuständigen Richters und Staatsanwalts sowie dessen rechtlicher Beurteilung, ob das Verfahren gegen Palmer überhaupt eröffnet werden sollte und wie hart ein Urteil gegen Palmer ausfiel. Richter Goll am Amtsgericht Schorndorf, der ihn 1976 in weiten Teilen freisprach und zu einer sehr geringen Geldstrafe verurteilte, steht in dem jahrzehntelangen Drama exemplarisch einem Richter des Amtsgerichts Singen im Jahr 2000 gegenüber, der Palmer in einem kurzen Prozess wegen zwei Beleidigungen zu drei Monaten Freiheitsstrafe ohne Bewährung verurteilte. Palmers Justizdrama kann daher vor allem als Paradebeispiel dienen, wie unterschiedlich

Urteile im deutschen Recht ausfallen können. Denn Palmer war als Wiederholungstäter schon früh einzuordnen, und seine Vergehen waren im Grunde immer die gleichen.

„Vielstraferei trägt auch nicht zur Staatsliebe bei … Aber ohne Liebe zu einem Staatswesen geht es nicht."

Palmer in einem Vortrag an der Universität Tübingen 2004

Die generalisierende Einschätzung von Angehörigen der Justiz bis hin zum Justizministerium, dass Helmut Palmer zu Anfang des Justizdramas in den 1960er-Jahren zu hart und aufgrund der damals versuchten Psychiatrierung unfair, danach aber sehr milde behandelt worden sei, da sich das Justizwesen zunehmend liberalisiert habe, ist falsch. Zwar gab es später – auch schon in den 1970er-Jahren – immer wieder Verfahren, in denen Palmer die Hand gereicht wurde. Doch finden sich in den 1980er-Jahren und bis in das neue Jahrtausend hinein Verfahren und Urteile, die gar nicht anders aufgefasst werden können, als dass die zuständigen Richter Palmers nicht enden wollende Ehrverletzungen und seinen Widerstand mit den ihnen zur Verfügung stehenden Zwangsmitteln brechen wollten. Auch sahen viele nicht, dass eine Psychiatrierung Palmers nicht nur in den 1960er-Jahren, sondern mehrmals und das letzte Mal sogar noch Anfang der 1990er-Jahre versucht wurde. Das wiederholte Vorhaben mancher Richter und Staatsanwälte, die Kette endloser Prozesse Palmers mithilfe einer Bescheinigung der Unzurechnungsfähigkeit zu durchbrechen, scheiterte. Zu Recht, nach Ansicht vieler Bürger und Angehöriger der politischen Elite – und auch von so manchem Juristen.

Es kann konstatiert werden, dass es auch zu Anfang des 21. Jahrhunderts noch Richter und Staatsanwälte gibt, die ein ähnliches Verständnis von Recht, Staatsautorität und Berufsethos an den Tag legen wie ihre Vorgänger in den noch viel stärker in obrigkeitlichen Vorstellungen verhafteten 1960er-Jahren. Diesen Juristen waren Recht und Ordnung wichtigere Maßstäbe als Pluralismus und Toleranz. Auffallend ist auch, dass im

Zweifel die Staatsanwälte und Richter Palmers Aussagen so gut wie nie Glauben schenkten, den Aussagen der Polizeibeamten jedoch so gut wie immer.

Zahlreiche Angehörige des Justizwesens – Richter, Staatsanwälte, Beamte im Justizministerium und Verantwortliche des Strafvollzugs – versuchten, den Gleichheitsgrundsatz zu wahren und dennoch der besonderen Situation Palmers gerecht zu werden. Mit Helmut Palmer aber hatten sie einen unerbittlichen Gegner vor sich, der justiziell unbelehrbar war, bei dem kein Zwangsmittel die erhoffte Wirkung erzielte und der in maßlosem Zorn ständig weiter andere angriff. Gleichzeitig war Helmut Palmer jedoch bei vielen Menschen hoch angesehen, auch wenn er sich selbst stets ausgegrenzt und allein gelassen fühlte. Doch gerade für seine Zivilcourage und seinen Einsatz für die Demokratie wurde er von vielen bewundert – auch von Richtern, die über ihn urteilen mussten. Und so wird vor allen Dingen eines in dem Justizdrama Palmers deutlich: Die deutsche Justiz hatte und hat bis heute keine Instrumente zur Hand, einen Menschen wie Helmut Palmer so zu behandeln, dass eine gerechte und für alle Beteiligten glimpfliche Lösung zustande kommen könnte.

Helmut Palmer agierte im Laufe der Jahrzehnte zunehmend verbissener und kompromissloser, vor allem in den letzten Verfahren wie dem „Krawättles"-Prozess. Palmer sah viele Verschwörer an den Schalthebeln der Macht, in der Politik und der Verwaltung. Aber besonders im Zuge seiner Auseinandersetzungen mit der Justiz sah er schon früh nur ein einziges großes Komplott gegen ihn. Alle, selbst sehr wohlwollende Richter, wurden von Palmer als Verbrecher gebrandmarkt, die alle Teil einer großen Verschwörung gegen ihn seien. Konnte Helmut Palmer auf der politischen Bühne mit Satire und lockerem Witz agieren, so verlor er im Gericht jede Gelassenheit und regelmäßig auch die Beherrschung. Er schrie, warf mit Gegenständen und beleidigte die Beteiligten. Prozesse gegen Palmer waren jedes Mal ein Spektakel. So tragisch sein Kampf mit der bundesrepublikanischen Justiz war, Palmers Widerstand war für seine Mitmenschen auch sehr unterhaltsam.

Palmers skandalöses Aufbegehren gegen die Staatsgewalt rief durchgehend heftige Reaktionen hervor. Die Justiz sah sich schon früh starker Kritik ausgesetzt. Viele Bürger zweifelten wegen des Umgangs mit Palmer am Rechtsstaat. Die einen sahen eine überharte und unfaire Justiz, die wegen Palmers Angriffen gegen den Staat und die Justizangehörigen nachtragend sei und ihn ungerecht behandle. Das war die große Mehrheit der Meinungsäußerungen der Bürger, Journalisten und Politiker, die sich anlässlich Palmers Justizdramas zu Wort meldeten. Doch es gab auch Stimmen, die ebenfalls an der Richtigkeit der Entscheidungen der Justiz zweifelten, jedoch im umgekehrten Sinne: In ihrer Wahrnehmung wurde Palmer immer wieder Narrenfreiheit zugesprochen. Er könne sich alles erlauben, wodurch eine der entscheidenden Grundfesten des Rechtsstaates, das Prinzip der Gleichbehandlung, angegriffen werde. Palmers Auseinandersetzungen mit der Justiz brachten zahlreiche Menschen dazu, über den Rechtsstaat und dessen Prinzipien nachzudenken, besonders mit Blick darauf, wie das Gemeinwesen mit Außenseitern umgeht. Wenn diese Tragödie überhaupt etwas Gutes hervorgebracht hat, so war es vielleicht dieses Reflektieren vieler.

Erst Heiligabend 2004 endete mit Helmut Palmers Tod, was mehr als ein halbes Jahrhundert zuvor begann – ein Justizdrama, welches nur Verlierer sah: in erster Linie Helmut Palmer und seine Familie; doch auch etliche von Palmer beleidigte und angegriffene Menschen; Vollzugsbeamte, Staatsanwälte und Richter, die einen Mann als Gegner hatten, der sich als Verfolgter immer zu Unrecht bestraft sah und in maßlosem Furor gegen jeden Bediensteten des Staates austeilte; sehr viele Bürger, die stark an der Justiz zu zweifeln begannen und sie als viel zu milde oder umgekehrt als viel zu hart gegenüber Palmer wahrnahmen; und der Rechtsstaat im Allgemeinen, der in der Auseinandersetzung mit Helmut Palmer an seine Grenzen stieß.

„Helmut Palmers Person und sein Leben werden Generationen überdauern und vermutlich noch in 100 Jahren wird der Name ‚Helmut Palmer' ein Begriff sein."

Remshaldens Bürgermeister Norbert Zeidler in einem Nachruf für Palmer 2004

9. Was bleibt?

> *„Der Stoff, aus dem Helden gemacht werden, hat eine schimmernde, fein gewebte, haltbare Struktur (...) die Gesellschaft nachhaltig und positiv zu verändern, erfordert nicht nur Hass auf Unterdrücker, sondern auch Liebe. Liebe zum Menschen, Liebe zum Land, Liebe zur Natur, Liebe zur Gerechtigkeit",*

schrieb die Journalistin Sabine Reichel in einem Artikel über die Mitglieder der RAF am 25. September 2008 auf *Spiegel Online*.

Viele Menschen hat Helmut Palmer zu Unrecht schwer beleidigt und öffentlich verunglimpft. Und dennoch: Die Lebensgeschichte Palmers wurde mit jenem Stoff gewebt, aus dem Helden gemacht werden. Denn die Grundlage seines Engagements war stets sein ungestümer Idealismus, sich für seine Mitmenschen und für seine Umwelt bedingungslos einzusetzen.

Helmut Palmer war ein Gewächs des Landes. Sein Erfolg lässt sich nur erklären, wenn man Palmers Prägungen berücksichtigt, welche es seinen Mitmenschen ermöglichten, sich mit ihm zu identifizieren: Er verinnerlichte die pietistische Schaffermentalität, war Organisationen wie Parteien gegenüber misstrauisch, ihnen sogar weitgehend feindlich eingestellt. Keinen Respekt vor Autoritäten, verkörperte und lebte er das Ideal einer egalitären Gesellschaft, wo Amt und Würden, festlicher Kleidung oder verklausulierter Sprache keine Bedeutung zukommen: Palmer überzeugte als brillanter Redner, engagierter Bürger und politisches Wesen gleichermaßen gerade dadurch, dass er Politik mit vollem Einsatz und in der Sprache des Volkes betrieb – ob nun morgens in kurzen Hosen auf dem Marktplatz, nachmittags im orangenen Arbeitsoverall von der Obstleiter herab oder abends im Anzug bei einer Kandidatenvorstellung.

Helmut Palmer war aber auch ein Phänomen seiner Zeit: Er fand einen starken Resonanzboden auf sein politisches Wirken, als sich die Autoritätshörigkeit in der Bevölkerung zunehmend verringerte und gleichzeitig der Verdruss über die etablierten politischen Eliten wuchs. Als das Ende einer beispiellosen industriellen Wachstumsphase in Westeuropa gekommen schien, trauten viele Menschen ihren politischen Entscheidungsträgern für die aktuellen Problemfelder – wirtschaftliche Rezession, steigende Arbeitslosigkeit, die Grenzen des Wachstums und zunehmende Umweltprobleme – nur noch geringe Lösungskompetenz zu. Viele Menschen wünschten sich und ihren Nachkommen mehr Lebensqualität und ein umweltbewusstes Wirtschaften, darüber hinaus mehr Rückbesinnung auf das Lokale. Palmer verkörperte diese Wünsche schon früh – sehr viel früher als die meisten Meinungsmacher und Politiker – und lebte auch danach.

Dennoch nahmen seine Zeitgenossen nicht Palmers gesellschaftliche Konzeptionen wahr, sondern allein seine Behörden- und Parteienkritik. Anfang der 1970er-Jahre, als man im konservativ geführten Baden-Württemberg nur wenig von der Aufbruchstimmung und dem sozialreformerischen Elan der sozial-liberalen Politik auf Bundesebene spüren konnte, war der unerschrockene Widerständler, der es dem Establishment mit rhetorisch überlegener Argumentationskraft und Schlagfertigkeit zeigte, vielen willkommen. Palmer rüttelte die Menschen auf, diente als Sprachrohr und testete jene öffentlich, die sich zu einem Amt berufen fühlten. Demokratie wurde durch seinen Einsatz lebendiger. In den 1970er-Jahren erschien vielen Palmer als bessere Alternative im Verwaltungshandeln und in der Art, Politik zu betreiben. Viele begrüßten Palmers Engagement, doch etliche verstörte auch sein aggressiver Politikstil und das Anprangern der Eliten. Sie fürchteten seine Redegewalt. Palmer wurde als Politschock gleichermaßen bejubelt, wie verdammt. Die etablierten Politikakteure wehrten sich, verteufelten ihn regelrecht. Auch die Medien reagierten meist verstört. Palmers Triumph in Schwäbisch Hall und seine Erfolge danach wurden als Zeichen ernsthaften Politikverdrusses in der Bevölkerung gedeutet, als Symptom für das sinkende Vertrauen der Bürger in die parlamentarischen Institutionen. In den 1970er-Jahren herrschte daher noch die ernste Furcht vor einer Palmer-Bewegung gegen das etablierte Parteiensystem in Baden-Württemberg und der Bundesrepublik.

„Sicher werden Sie sich manchmal die Frage gestellt haben, ob der Erfolg den Einsatz gerechtfertigt hat. Wenn man sich aber ausschließlich am zählbaren Erfolg orientieren würde, käme die Welt nicht voran."

Brief eines Oberbürgermeisters 1995 zu Palmers 65. Geburtstag

Doch die Mehrheit der Bürger konnte Helmut Palmer nie gewinnen. Nie reichte die Zustimmung aus der Wählerschaft für ein Amt oder Mandat. Sein Einfluss war punktuell, was freilich auch den sehr geringen Ressourcen geschuldet war, die Palmer als Einzelnem im Meinungskampf zur Verfügung standen. Vom Krisensymptom wandelte sich Helmut Palmer in den 1980er-Jahren zu einer festen, rebellischen Größe bei Bürgermeisterwahlkämpfen und Parlamentswahlen in Baden-Württemberg. Die Gefahr, für die er noch in den 1970er-Jahren gehalten wurde, sah man nun nicht mehr. Dennoch wurden die Auseinandersetzungen weiterhin zum Teil sehr hart geführt. Denn Palmers Auftreten war unerhört aggressiv, gerade für baden-württembergische Wahlkämpfe. Er kandidierte aus der besonderen Position heraus, nicht das Amt oder Mandat um jeden Preis erringen zu wollen, sondern seine Meinung kundzutun und dabei auch die anderen Kandidaten zu testen. Seinen Mitbewerbern war Helmut Palmer ein Prüfstein für ihre eigene Selbstsicherheit und Argumentationsstärke. Die Kandidaten mussten sich offenbaren und zeigen, wie sie auf einen so ungewöhnlichen Gegner reagierten. Palmer griff aggressiv und gleichzeitig gestaltend in die Wahlkämpfe ein, wissend um seine Macht, auch ohne Siegeschance Wahlentscheidungen beeinflussen zu können. In Landtags- und Bundestagswahlen konnte Palmer einzelne Mandate vernichten. Hier zeigte er sich als Gefahr für Politiker, die oft auch ganz persönlich von ihm vorgeführt wurden.

Durch seine Protestschreiben, seine Inserate und öffentlichen Auftritte wurde er aber auch abseits von Wahlen ein Teil des politischen Lebens in Baden-Württemberg. Der Mahner, der Bürgern wie auch Politikern die Meinung unverblümt vor den

Latz knallte, bereicherte das demokratische Leben der Baden-Württemberger in den 1980er- und 1990er-Jahren. Politiker zeigten sich gerne mit Palmer bei öffentlichen Veranstaltungen, als sie erkannten, dass er in der Bevölkerung nicht nur als Querulant wahrgenommen wurde, sondern in seiner schillernden Art durchaus positive Resonanzen auslöste. So spannten immer wieder einzelne Politiker Palmer, den Volkstribun, für ihre Zwecke ein. Doch mit wenigen Ausnahmen wie dem Stuttgarter Oberbürgermeister Manfred Rommel oder dem SPD-Bundestagsabgeordneten Hermann Scheer hielten die Angehörigen der politischen Elite in der Öffentlichkeit nicht zu Palmer, der durch seine aggressive Rede nicht nur zahlreiche Menschen verschreckte und düpierte, sondern deswegen auch in ständige Konflikte mit der Justiz geriet.

Die Freiheit in den Bäumen: Palmer nutzte die Obstleiter auch als Kanzel, von der aus er über den richtigen Schnitt und die richtige Politik dozierte.

Helmut Palmer war gefangen in der Vorstellung, von einer mit nazistischem, antidemokratischem Gedankengut durchwirkten Verwaltung und Justiz verfolgt zu werden. Er erlebte als junger Heranwachsender selbst – in seinem Heimatdorf und im ganzen Land – wie die Mehrheit der Deutschen sich nach dem Ende des Krieges rasch wendete. Palmer nannte sie „Nazi-Muß-Demokraten". Dieser offen gezeigte Opportunismus seiner Mitmenschen war ihm eine Lehre: sich niemals verbiegen zu lassen, sondern seinen eigenen, in seinen Augen einzig richtigen Weg als überzeugter Demokrat zu gehen – zur Not bis zum bitteren Ende. Die sehr harten, überzogenen und unfairen Reaktionen, die er durch seinen Feuereifer und von Beleidigungen durchwirkten Stil in den 1950er- und 1960er-Jahren auslöste, verfestigten sich in seinem Kopf zu einem Bild einer ihm feindlichen Umwelt. War er in diesen Jahrzehnten noch tatsächlich konfrontiert mit einem Establishment, dessen Akteure bereits im NS-Unrechtsstaat Ämter innegehabt und Macht ausgeübt hatten, so galt dies nach dem Generationenwechsel und den gesellschaftlichen Umbrüchen immer weniger. Palmer blieb seinen Vorstellungen verhaftet, doch seine Umwelt änderte sich. Die Bundesrepublik und ihre Menschen demokratisierten sich. Palmer jedoch sah den Untertanengeist der Deutschen ungebrochen als Grundübel der Gesellschaft, fühlte sich stets in der Defensive und schlug deswegen wild um sich, da er sich allein gelassen sah. Der Rechtsstaat jedoch fand kein Maß und kein Mittel, um dieses Drama glimpflich beenden zu können. Justizangehörige versuchten über Jahrzehnte alles in ihrer Macht stehende: von hohen Gefängnisstrafen bis zur Keule der Psychiatrierung, milde Geldstrafen oder Gnadenerlasse – doch es fand sich kein Ausweg. Viele Menschen, Bürger wie Angehörige der politischen Elite, machten sich aufgrund dieses Justizdramas ernsthafte Sorgen um den Rechtsstaat. Die Beschäftigung mit Helmut Palmer zeigt daher auch, dass unsere als freiheitlich und tolerant gepriesene Gesellschaft mit schillernden Einzelgängern, die Anpassung verweigern, nur wenig bis gar nichts anfangen kann.

Die politischen Eliten, die Medien und auch Teile der Bevölkerung stempelten ihn häufig als Querulant ab. Genauso gab es aber sehr viele Bürger, die ihn anders wahrnahmen: als Rebellen, als Möglichkeit, mit seiner Hilfe Protest zu äußern, als Prüfstein für Demokratie und Rechtsstaat. Meist bewertete man ihn extrem, Palmer polarisierte stark. Sein Wirken fiel völlig aus dem Rahmen des Bekannten und Verständlichen. Er bezeichnete sich selbst als „Hecht im Karpfenteich". Die Parteien erklärten nach Palmer-Erfolgen stets das Gleiche: Sie wollten in Zukunft die Basisarbeit stärken und den Bürgern ihre Politik besser vermitteln. Versagt hätten also die Palmer-Wähler. Deren Urteilskraft wurde auch von vielen Journalisten als sehr niedrig eingeschätzt. Die vielen Wählerstimmen für Palmer wurden fast immer mit dem Unmut und Parteienverdruss der Bürger erklärt. Palmers Konzeption eines mehr an Bürgerbeteiligung und eines weniger an Parteiendominanz wurde hingegen kaum wahrgenommen, auch nicht, dass sich viele Menschen davon angezogen fühlten. Angesichts seiner Wahlerfolge muss aber davon ausgegangen werden, dass Palmer vielen Bürgern als eine wirkliche Alternative galt: für mehr Bürgernähe, mehr Bürgerbeteiligung und weniger Parteienherrschaft.

Palmers öffentliches Wirken kann auch als Reibungsfläche verstanden werden, an der sich die Menschen seiner Zeit unterschiedlich abarbeiten konnten. Den politischen Eliten galt er sowohl als Stimmungsbarometer der Bevölkerung als auch als harter Konkurrent, gegenüber dem sich die anderen Kandidaten messen mussten. Für die Bevölkerung war er ein Garant für unterhaltsamen Wahlkampf und füllte Säle, die ohne ihn deutlich leerer gewesen wären. Palmer sorgte dafür, dass sich mehr Bürger mit den politischen Entscheidungen, also mit der „res publica", befassten. Zudem erfüllte er die Funktion eines Sprachrohrs des Protests. Für die Medien war er ein willkommener, da völlig aus dem Rahmen fallender, hoch unterhaltsamer Faktor in ansonsten teils sehr drögen kommunalpolitischen Wahlkämpfen.

An Helmut Palmers einzigartigem, radikalem Eintreten für eigenverantwortliches Engagement des Einzelnen und für die politische Beteiligung aller Bürger konnten sich seine Mitmenschen reiben und Überlegungen über ihr Gemeinwesen anstellen.

„… er hätte es durch seine Begabung und seinen Fleiß in seinem Geschäft weit bringen können, wenn er die Finger von der Politik gelassen hätte. Aber im politischen Leben wäre eine Lücke entstanden."

Manfred Rommel über Palmer 1999 in einem Beitrag in der *Stuttgarter Zeitung*

Was hat Helmut Palmer in seinem politischen Leben erreicht? In erster Linie etwas, das sich nicht messen lässt: Er brachte eine Vielzahl an Menschen zum Nachdenken, über das Gemeinwesen, über die Politik, über Umwelt und Verkehr, über die Demokratie im Allgemeinen und über den Rechtsstaat im Besonderen. Über die Frage also, in was für einem Gemeinwesen man leben möchte und wie man es positiv verändern kann. Helmut Palmer ließ ahnen, wie wir die Gesellschaft, in der wir leben, auch anders gestalten können: mit einer Rückkehr und Stärkung des Lokalen und einem umsichtigen und nachhaltigen Umgang mit begrenzten Ressourcen. Mit einer Politikform, in der sich die Bürger stärker engagieren und für das gemeinsame Wohl einsetzen, dafür aber auch Plattformen und Instrumente zur Verfügung bekommen, um sich effizient und Erfolg versprechend am Willensbildungs- und Entscheidungsprozess beteiligen zu können. Vor allem hat er aber Beispiele gegeben, sich für seine Überzeugungen einzusetzen und die Courage zum eigenverantwortlichen Handeln aufzubringen, auch wenn dadurch Ungemach droht und kein Erfolg zu erwarten ist. Helmut Palmer ermutigte seine Mitmenschen, sich einzumischen und teilzuhaben am Staat, an der gemeinsamen Sache, die alle angeht und alle betrifft. Das machte ihn schon zu Lebzeiten zu einer Legende.

Anhang

Personenindex

Danksagung

Danken möchte ich meinem Doktorvater Dieter Langewiesche für seine Unterstützung, die maßgeblich zum Gelingen der Dissertation und somit auch dieses Buches beigetragen hat. Für den freien Zugang zum Palmer'schen Privatarchiv danke ich Erika und Boris Palmer, die das Projekt von Anfang an unterstützt haben. Michael Ohnewald danke ich für die freundliche Weitergabe seiner Rechercheergebnisse. Ebenso gilt mein Dank Elke Koch und Wolfgang Schneider vom Staatsarchiv Ludwigsburg, der SWR-Redakteurin Tina Fuchs sowie Stefan Rothmund und Georg Polster im SWR-Archiv und Jan Dietzel im Justizministerium Baden-Württemberg. Besonders möchte ich die Mithilfe der kommunalen Verwaltungen von über Hundert Städten und Gemeinden Baden-Württembergs betonen, die für mich in ihren Archiven nach Palmer'schen Spuren suchten. Elvira Weißmann vom Theiss Verlag und meiner Lektorin Ulrike Burgi ist es zu verdanken, dass das Buch schön geworden und gefällig zu lesen ist. Sehr dankbar bin ich meinen Eltern und Sara, die mich während des Schreibprozesses unterstützt haben.

Münster, im Februar 2014 Jan Knauer

Bildnachweis

AP / Süddeutsche Zeitung Photo 150;
Privat 38, 48, 77, 110, 116, 121, 129, 143, 159, 168, 172, 197, 226, 231;
Picture alliance/akg-images 8, 63, 70, 105, 140, 167, 188, 208;
Bartel-Bild, Unterkochen-Aalen 16, 85;
Münzfreunde Rems 25;
wikimedia commons 60, 69, 113.
Zum Teil konnten die Bildinhaber nicht ermittelt werden, bei Hinweisen wenden Sie sich bitte an den Verlag (S. 22, 67, 93, 98).

Literatur

Biege, Hans-Peter/Fabritius, Georg/Siewert, H.-Jörg/ Wehling, Hans-Georg: Zwischen Persönlichkeitswahl und Parteientscheidung. Kommunales Wahlverhalten im Lichte einer Oberbürgermeisterwahl, Hain 1978.

Fuchs, Tina: Der Remstalrebell. Helmut Palmer – Querdenker und Quertreiber, *SW3-Baden-Württemberg*, 6.1.2004.

Knauer, Jan: Bürgerengagement und Protestpolitik. Das politische Wirken des „Remstalrebellen“ Helmut Palmer und die Reaktionen seiner Mitmenschen. Phil. Diss. Universität Tübingen (http://nbn-resolving.de/urn:nbn:de:bsz:21-opus-61072, Stand: 1.9.2013).

Ders.: Helmut Palmer, der „Remstal-Rebell“, in: Weber, Reinhold (Hg.): Aufbruch, Protest und Provokation. Die bewegten 70er- und 80er-Jahre in Baden-Württemberg, Stuttgart 2013, S. 97–117.

Ohnewald, Michael: Helmut Palmer. Lebensweg eines Rebellen, Stuttgart 2004.

Palmer, Helmut: Mein Kampf und Widerstand. Späth-Lese, Genf 1979.

Ders.: Ein Martyrium wider Willen. Mit Kreuzen und Haken, Leck 1988.

Reichel, Sabine: Die RAF-Jahre. Leben mit der Meyer-Bahnhof-Bande, *Spiegel Online*, 25.9.2008, URL: http://einestages.spiegel.de/static/topicalbumbackground/2808/leben_mit_der_meyer_bahnhof_bande.html (Stand: 20.12.2010).

Scheer, Hermann: Die Politiker, München 2003, S. 250.

Staatsarchiv Ludwigsburg, StaLu EL 2014, Bü 153.

Staatsarchiv Ludwigsburg, StaLu EL 334 I, Bü 3580.

Wallraff, Günter: 13 unerwünschte Reportagen, Köln 1969.

Wehling, Hans-Georg/Siewert, H.-Jörg: Der Bürgermeister in Baden-Württemberg. Eine Monographie, Stuttgart 1984.

Bibliografische Information der Deutschen Nationalbibliothek
Die Deutsche Nationalbibliothek verzeichnet diese Publikation in der Deutschen Nationalbibliografie; detaillierte bibliografische Daten sind im Internet über http://dnb.dnb.de abrufbar.

Der Konrad Theiss Verlag ist ein Imprint der WBG

Die Herausgabe des Werkes wurde durch die Vereinsmitglieder der WBG ermöglicht.
Lektorat und Bildredaktion: Ulrike Burgi, Köln
Gestaltung und Satz: DOPPELPUNKT, Stuttgart
Gedruckt auf säurefreiem und alterungsbeständigem Papier
Printed in Germany

Besuchen Sie uns im Internet: www.wbg-wissenverbindet.de
ISBN 978-3-8062-2899-1

Elektronisch sind folgende Ausgaben erhältlich:
eBook (PDF) 978-3-8062-2929-5
eBook (epub) 978-3-8062-2930-1